MEDEDELINGEN EN VERHANDELINGEN

VAN HET

VOORAZIATISCH-EGYPTISCH GENOOTSCHAP "EX ORIENTE LUX"

Mémoires de la Société d'Études Orientales "Ex Oriente Lux"

XXIX

DE SCHILDERSKARAVAAN
1868

WILLEM DE FAMARS TESTAS

DE SCHILDERSKARAVAAN

1868

naar een ongepubliceerd handschrift
uit het Frans vertaald, ingeleid en geannoteerd
door

Maarten J. Raven

LEIDEN
EX ORIENTE LUX 1992
LEUVEN
UITGEVERIJ PEETERS

Gedrukt met financiële steun van de
Stichting Laméris Foundation

CIP-GEGEVEN KONINKLIJKE BIBLIOTHEEK, DEN HAAG

Famars Testas, Willem de

De schilderskaravaan 1868 / Willem de Famars Testas; naar een ongepubliceerd handschrift uit het Frans vert., ingel. en geann. door Maarten J. Raven. — Leiden: Ex Oriente Lux; Leuven: Uitgeverij Peeters. — Ill. — (Mededelingen en verhandelingen van het Vooraziatisch-Egyptisch Genootschap "Ex Oriente Lux"; 29)
Met reg.
ISBN 90-72690-05-2
NUGI 470/642
D. 1992/0602/83
ISBN 90-6831-446-7
Trefw.: Midden-Oosten; geschiedenis; 1868; reisbeschrijvingen / schilderkunst; Midden-Oosten; geschiedenis; 1868.

PRINTED IN BELGIUM
BY ORIENTALISTE, LEUVEN

INHOUD

VOORWOORD

Willem de Famars Testas behoorde tot voor kort tot die vele kunstenaars van de 19de eeuw die heden ten dage geheel vergeten zijn. Door een serie toevalsvondsten is in die situatie inmiddels verandering gekomen. In 1985 werden bij registratiewerkzaamheden in de archieven van het Rijksmuseum van Oudheden te Leiden enkele handschriften van Testas ontdekt. Het betrof hier een tweetal dagboeken, een map met brieven en enkele andere documenten met betrekking tot de twee Oriëntreizen van de schilder. Het materiaal was zo interessant dat het leidde tot een zoektocht langs een groot aantal musea en archieven waar werk van Testas wordt bewaard. Dankzij de medewerking en het enthousiasme van de eigenaars is daar nu ook een aantal privé-collecties bijgekomen. Zo zijn we nu weer in staat om een beeld te schetsen van de carrière van Willem de Famars Testas.

Testas was de enige Nederlandse kunstenaar die van het Oriëntalisme zijn specialiteit maakte. Geen ander had dan ook zo'n grote kennis van het Nabije Oosten. De reisdagboeken stellen ons in staat om na te gaan hoe diepgaand die kennismaking geweest was en waar de bronnen van Testas' latere doeken en aquarellen lagen. Het dagboek en de brieven van de eerste Oriëntreis (1858-1860) werden eerder uitgegeven onder de titel *Reisschetsen uit Egypte* (Gary Schwartz/SDU 1988). Tegelijkertijd werd in het Rijksmuseum van Oudheden een tentoonstelling aan dit materiaal gewijd. Nu doet zich de mogelijkheid voor om ook het tweede dagboek integraal te publiceren, dat een verslag geeft van een echte 'kunstenaarskaravaan' in 1868.

Het bestuur van het Vooraziatisch-Egyptisch Genootschap „Ex Oriente Lux" ben ik zeer erkentelijk voor de beslissing deze tekst te publiceren als deel in de serie *Mededelingen en Verhandelingen.* De beheerders van Teylers Museum te Haarlem, het Rijksprentenkabinet te Amsterdam, het Prentenkabinet der Rijksuniversiteit te Leiden en de Gemeentelijke Archiefdienst te Utrecht dank ik voor toestemming werken uit hun collecties te mogen afbeelden en voor hun medewerking tijdens het onderzoek. Ook het Rijksbureau voor Kunsthistorische Documentatie was mij opnieuw behulpzaam bij het vergaren van illustratiemateriaal. Veel informatie dank ik ook aan A. Boyadjian, wijlen Mw. E.S.J. Bernink-Uhlenbroek, P. Brandt, P.M.C. van den Dries, F. Hendriks, en Mw. C.P.J.M. Ritter. De kaart werd vervaardigd door J.N.J. Caspers en J.M. Bulk, vele foto's door P.J. Bomhof, Mw. M. Bestebreurtje en Mw. A.J. de Kemp; aan allen hiervoor mijn dank.

Maarten J. Raven, Leiden, maart 1992

INLEIDING

1. LEVEN EN WERK VAN WILLEM DE FAMARS TESTAS

Willem de Famars Testas werd op 30 augustus 1834 te Utrecht geboren als zoon van Marij Frederica Duim (1807-1877) en Hendrik Johan Testas (1796-1871), die daar een jaar eerder in de Waalse kerk waren getrouwd. Het geslacht Testas stamde oorspronkelijk uit Bordeaux; bij de herroeping van het Edict van Nantes in 1685 was het protestante deel van de familie echter uitgeweken naar Amsterdam. Daar hadden Willems voorouders in de handel fortuin gemaakt. Bij Koninklijk Besluit van 13 januari 1856 mochten Hendrik Testas en zijn nakomelingen zich voortaan 'de Famars Testas' noemen, een vernoeming naar Willems betovergrootmoeder Louisa Constantia de Famars (1713-1781), die in 1734 was gehuwd met Jean Testas, koopman te Amsterdam.

Over Willems kindertijd zijn wij voornamelijk geïnformeerd door de herinneringen die zijn moeder kort voor haar dood op schrift zette ten behoeve van haar kinderen (dit document is gelukkig steeds door de familie bewaard). Willems vader was op het moment van zijn geboorte als kapitein der infanterie gelegerd in het garnizoen te Leeuwarden, maar werd spoedig overgeplaatst naar Utrecht; ook Willems moeder stamde uit een militair milieu. Het gezin behoorde duidelijk tot de bovenlaag van de maatschappij. Ondanks de veelvuldige verhuizingen die het beroep van de vader met zich meebracht (1844 Amsterdam, 1847 Leeuwarden, 1849 Den Haag, 1850 Delft), groeide Willem op in een beschermd milieu, samen met zijn broer Frits (Frederik Hendrik, geboren 1836) en zijn zusters Marie (Marie Madeleine, geboren 1839) en Anna (Henrietta Johanna, geboren 1840).

Zijn kunstzinnige gaven erfde hij van zijn ouders: Marij Duim had als meisje veel gemusiceerd en getekend, terwijl Hendrik Testas graag gedichten schreef. Hoewel Willem aanvankelijk een militaire loopbaan overwoog, legde hij zich rond 1850 geheel toe op de tekenkunst. Een aantal schetsboeken uit die tijd belandde onlangs in het Rijksmuseum van Oudheden; het betreft voornamelijk illustraties geïnspireerd door de grote historische romans van de periode en zelfs al enkele oosterse fantasieën. Zo vaardig zijn deze schetsen dat het geen verbazing wekt dat Testas zich in 1851 inschreef voor het onderwijs aan de Haagse Teekenacademie, waar hij tot 1856 zou blijven. Onder toezicht van J.E.J. van den Berg (1802-1861) bekwaamde hij zich daar in de klassieke vakken compositie, anatomie, tekenen naar naaktmodel en naar antieke pleisterbeelden. Testas moet een goede leerling zijn geweest,

Fig. 1. Portret van Willem de Famars Testas in reiskostuum, 1868. Visitekaartje (W.C. van Dijk, photographe, Utrecht). Rijksmuseum van Oudheden, Leiden.

want bij het prijstekenen aan het eind van ieder cursusjaar behaalde hij enkele keren onderscheidingen. Daarnaast volgde hij schilderlessen, die in die tijd niet aan de academie zelf werden gegeven maar in de vorm van privélessen bij een schilder. In Teylers Museum te Haarlem wordt nog een map bewaard met Testas' werk uit deze periode.

Na de voltooiing van zijn studie moest de jonge schilder zich een plaats zien te veroveren in de toenmalige kunstwereld. Veel van zijn studiegenoten gingen eerst voor een periode naar het buitenland, met name naar Parijs waar op dat ogenblik vele nieuwe kunststromingen in opkomst waren. Zelf richtte Testas zich aanvankelijk op Nederland. Hij was lid geworden van het Haagse Schilderkundig Genootschap Pulchri Studio en nam in 1857 voor het eerst deel aan een 'Tentoonstelling van Levende Meesters' met een portret. Hij vestigde zich weer bij zijn ouders in Utrecht, waar zijn vader sinds 1852 luitenant-kolonel van het depot en later Commandant der Stad was, en nam met een viertal werken deel aan een expositie van het plaatselijke Genootschap Kunstliefde. Drie daarvan waren voorstellingen van dieren, één van Testas' favoriete genres.

Toch was dit op de lange duur een te smalle basis voor een vestiging als zelfstandig kunstenaar. Door een gelukkige samenloop van omstandigheden kreeg Testas echter de kans zich te bekwamen in een genre dat juist in deze jaren een grote doorbraak beleefde: het Oriëntalisme. Een oudtante van Willem was in 1798 getrouwd met een telg van het Franse geslacht Prisse, en beide families onderhielden vriendschappelijke betrekkingen. Zo kwam hem ter ore dat zijn verre familielid Emile Prisse d'Avennes (1807-1879), een beroemd oriëntalist, op het punt stond een wetenschappelijke expeditie naar Egypte uit te rusten, waar hij al van 1827 tot 1844 als ingenieur in dienst van onderkoning Mohammed Ali en als oudheidkundige zijn sporen had verdiend. Hoewel de twee mannen elkaar nog nooit eerder hadden ontmoet, kwam er contact tot stand en kreeg Testas de uitnodiging de expeditie mee te maken.

Het rampzalige verloop van deze eerste Oriëntreis is door Willem zelf vastgelegd in zijn dagboek en in de brieven aan zijn ouders. Deze boeiende documenten zijn in 1988 gepubliceerd onder de titel *Reisschetsen uit Egypte, 1858-1860* (Gary Schwartz/SDU, Maarssen/'s-Gravenhage), zodat we hier met een korte samenvatting zullen volstaan. Testas verliet Utrecht op 6 mei 1858, om er pas op 3 juli 1860 terug te keren, hoewel gerekend was op een verblijf in Egypte van ten hoogste zes maanden. Ofschoon afgesproken was dat Willem op eigen kosten zou meereizen om ter plekke zijn eigen schetsen en studies te maken, werd hij in feite door Prisse ingeschakeld voor het wetenschappelijke werk van de expeditie, daar diens eigen tekenaar op het laatste ogenblik verstek had doen gaan. Daarbij kwam nog het bijzonder onaangename en veeleisende karakter van Prisse, de ontberingen van het verblijf in Kaïro of op de Nijl, en de maandenlange dysenterie. Het is geen wonder dat het derde lid van de expeditie, de jonge fotograaf Jarrot, op het eind gek werd, terwijl Testas' moeder opmerkte dat haar zoon 'bij zijne terugkomst bijna onkenbaar was geworden, zoo erg bruin van kleur en zoo mager'.

Zij voegt daar aan toe: 'Zijne richting in 't teekenen is geheel Egyptische stijl en voorstelling geworden'. Daarmee is deze reis de beslissende ervaring in Testas' carrière geweest. Hij was de enige Nederlandse kunstenaar die kon bogen op zo'n langdurig verblijf in de Oriënt. Dankzij de gedegen training in archeologische accuratesse onder leiding van Prisse had hij zich zowel de Islamitische als de Oud-Egyptische cultuur geheel eigen gemaakt. Bij zijn thuiskomst bracht hij niet alleen de voorstudies mee voor Prisse's grote publicaties *Atlas de l'art égyptien* (1858-1877) en *L'art arabe* (1867-1879), maar ook talloze schetsen van landschappen, figuren, monumenten en gebruiksvoorwerpen voor eigen gebruik. Gedurende de volgende jaren dienden deze hem als documentatiemateriaal voor zijn schilderijen, die voor het overgrote deel oosterse scènes weergeven.

Met name in Frankrijk en Engeland waren dergelijke voorstellingen zeer in de mode. Deze belangstelling kwam voort uit de sterk toegenomen politieke, militaire en commerciële contacten tussen Europa en het Nabije Oosten. Sinds de expeditie van Napoleon was Egypte, en weldra ook de andere landen van de regio, het werkterrein van archeologen; vaak waren dezen gedreven door de ambitie om het gelijk van de Bijbel te bewijzen in een tijd waarin het Christendom in Europa in een crisis verkeerde. Stromingen als de Romantiek en later het Realisme, Impressionisme en Symbolisme bouwden ieder op eigen wijze voort op deze ondergrond en bepaalden daardoor in hoge mate het beeld dat de gemiddelde Europeaan zich van de Oriënt vormde. Zo verenigde het Oriëntalisme schilders van totaal verschillende school en achtergrond. Veel kunstenaars bereisden zelf de Levant voor kortere of langere tijd, en sommigen vestigden zich daar zelfs permanent. Anderen bedreven vanuit de veilige beschutting van hun ateliers een soort salon-oriëntalisme, hun inspiratie ontlenend aan de doeken van hun meer vermetele vakbroeders of aan de wetenschappelijke platenatlassen van mannen zoals Prisse. Op de Parijse Salons maakten dergelijke werken altijd weer furore, niet in het minst door de lovende recensies van Théophile Gautier. Ook in de contemporaine literatuur vierde het Oriëntalisme immers hoogtij.

In het altijd wat provincialere Nederland was Testas de onbetwiste leider van de oriëntalistische stroming. Anderen proefden wel eens aan het genre (met name Kruseman, Ary Scheffer, Jacob Maris en later Marius Bauer en Philippe Zilcken), maar Testas was de enige schilder in wiens œuvre het Oriëntalisme de hoofdmoot vormde. Daarbij bediende hij zich van een realistische stijl, zonder te vervallen in de romantische lichtval of perspectivische vertekeningen die het werk van de Franse of Engelse vertegenwoordigers van het genre vaak kenmerken. Zijn nuchtere weergave van landschappen en monumenten is vaak van een fotografische accuratesse en verraadt zijn training als archeologisch tekenaar. Direct na zijn terugkeer in Utrecht knoopte hij de banden met Kunstliefde weer aan. Ook op de Tentoonstelling van Levende Meesters was hij jaarlijks met oosterse doeken vertegenwoordigd. Deze waren steeds gewijd aan de Islamitische Oriënt; faraonische scènes waren voor het Nederlandse publiek kennelijk te bizar en bleven in het stadium van schetsen en voorstudies steken. Testas' doeken trokken ook de aandacht van de internationale kunstwereld, en dit verklaart zijn vriendschappelijke contacten met de Parijse firma Goupil en met de ongekroonde koning van het Franse Oriëntalisme, Jean-Léon Gérôme (1824-1904). Ook Gérôme kende de Levant uit eigen aanschouwing; toen hij in 1868 een nieuwe reis plande, werd ook Willem de Famars Testas uitgenodigd om van de partij te zijn. Deze tweede reis, die duurde van 1 januari tot 2 juli, was voor Testas niet alleen een weerzien met Egypte, maar ook een eerste kennismaking met Palestina en Syrië. Voor zijn werk betekende dit een welkome uitbreiding van inspiratiemateriaal.

Bij terugkeer in Utrecht stond niets Testas' carrière meer in de weg. Kunstliefde verleende hem in 1870 een aanmoedigingspremie van driehonderd gulden en in 1875 het erelidmaatschap. Hij werd lid van de Amsterdamse kunstenaarsvereniging Arti et Amicitiae; voor zijn inzending op de jaarlijkse tentoonstelling ontving hij in 1870 in aanwezigheid van koning Willem III een zilveren medaille. Toch bleef Testas een vreemde eend in de bijt van de Nederlandse kunstwereld, waar het publiek de voorkeur gaf aan de oer-Hollandse landschapjes van de Haagse school boven Testas' gezichten op de Nijl of langs de Rode Zee. Na de dood van zijn vader besloot hij daarom Utrecht te verlaten. In februari 1872 vestigde hij zich in Brussel, waar mede dankzij de aanwezigheid van een filiaal van Goupils galerie een heel wat gunstiger klimaat heerste. Dit betekende geenszins dat hij alle banden met de familie verbrak: in haar levensherinneringen verhaalt zijn moeder hoe zij met haar nog ongetrouwde dochter Marie de winters in Brusselse pensions doorbracht, waar Willem zich iedere avond bij hen voegde. 's Zomers vertoefden zij gedrieën in Utrecht of op diverse buitenplaatsen.

Pas na de dood van zijn moeder, in 1882, trad Testas in het huwelijk met Johanna Françoise Leonardine van der Mandere (1847-1921). Het paar kreeg twee kinderen: Henri Baudouin (1883-1942) en Marie Madeleine (1885-1945), die later als schilderes in de voetsporen van haar vader zou treden. Om in het levensonderhoud van zijn gezin te kunnen voorzien, moest Testas wat water in de wijn doen. Het Oriëntalisme had zijn langste tijd gehad, al bleef de schilder het genre tot het eind van zijn leven trouw. Daarnaast maakte hij in toenemende mate vaderlandse historiestukken; ook deed hij illustratiewerk voor de populaire romans van Van Lennep. Terecht stelt zijn necrologie in de *Wereldkroniek* van 4 april 1896: 'Hij kon zich met de moderne opvatting der kunst niet goed vereenigen; strijdlustig van karakter was hij niet, zoodat hij zich als het ware in zijn tent terugtrok.' Testas' terugkeer naar Nederland in 1891 markeert wel het einde van zijn actieve kunstbeoefening, ook al zond hij sporadisch nog wel wat in voor tentoonstellingen. De schilder werd in deze tijd geplaagd door een longemfyseem, dat hij zelf weet aan zijn ongezonde inspanningen in Egypte met Prisse. Vijf jaar lang bracht hij zo door te Arnhem, waar hij op 24 maart 1896 overleed.

2. DE NADAGEN VAN HET OSMAANSE RIJK

De tweede reis van Willem de Famars Testas voerde hem door grote delen van het Osmaanse rijk en door andere landen die zich daar recentelijk van hadden losgemaakt. De Osmaanse dynastie werd gesticht door Osman I (ca. 1300-1324), één van de kleine Turkse vorsten die profiteerden van het uiteenvallen van het Seldjoekenrijk. Gaandeweg breidden de Osmanen hun macht uit ten koste van de Byzantijnen, en in 1453 viel ook Constantinopel zelf, nadat al eerder de gehele Balkan was ingenomen. Met de veroveringen van sultan Selim I (1512-1520) werden geheel Syrië, Palestina en tenslotte ook Egypte aan het Osmaanse rijk toegevoegd. Daarmee waren de sultans op het toppunt van hun macht. Het verval zette echter al gauw in; de sultans waren te afhankelijk van hun keurkorps, de janitsaren, en in vele gebieden braken opstanden uit tegen het centrale gezag. In de 19de eeuw gingen de veroveringen dan ook geleidelijk verloren: Egypte in 1801, Griekenland in 1830, Walachije, Moldavië en Servië in 1856, Cyprus, Bosnië en Bulgarije in 1878. Pogingen tot modernisering, inclusief de bloedige vernietiging van het janitsarenkorps in 1826, kwamen te laat en het Osmaanse rijk van Testas' tijd, toen bestuurd door sultan Abdül-Aziz (1861-1876) bezat nog slechts een schaduw van zijn oude luister. De situatie verschilde echter van provincie tot provincie.

Syrië en Palestina werden tot 1919 in naam direct door de Porte bestuurd. In feite lag de macht er primair in handen van de Turkse provinciebestuurders of Pasha's, die vaak zeer eigenmachtig optraden. Naast de drie Pashaliks van Aleppo, Damascus en Sidon was in 1854 ook een Pasha over Jeruzalem aangesteld, dat voordien bij Sidon hoorde. Om te voorkomen dat ze een te onafhankelijke politiek gingen voeren, liet de sultan deze gouverneurs slechts kort op één post. Allen trachtten zich in die korte tijd te verrijken door het afpersen van belastingen ten koste van de locale bevolking. Het bestuur over kleinere centra als Haifa of Nablus werd weer bij opbod uitbesteed aan andere Turken of aan plaatselijke notabelen, die ook op hun beurt poogden door corrupte praktijken uit de kosten te komen. Het gevolg was dat grote gebieden braak bleven liggen en dat irrigatiesystemen in verval raakten, omdat landeigenaren bang waren dat verbeteringen en ontginningen alleen maar roofzuchtige blikken zouden uitlokken. In sommige afgelegen streken, zoals de Libanon of de bergen rond Nablus, heerste in feite een staat van anarchie. Reizigers werden uitgeschud of vermoord door struikrovers of werden aangehouden om voor hun doortocht of bescherming te betalen. De onzekerheid werd nog versterkt door de veelvuldige veten tussen rivaliserende machthebbers of godsdienstige groeperingen en door de invallen van nomadische Bedoeïnen. Berucht was het bloedige treffen van 1860 tussen Druzen en Christenen in Damascus en Libanon; dit leidde tot interventie door Frankrijk en Engeland en tot de aanstelling van een Christelijke gouverneur onder internationaal toezicht over de Libanon. Joden woonden er in de 19de eeuw nog nauwelijks in Palestina. In 1850 werd hun aantal geschat op 10.000, waarvan driekwart gevestigd was in Jeruzalem of Zefat.

In Egypte was de situatie in de 18de eeuw net zo erbarmelijk geweest, met elkaar bestrijdende Mamelukken-bey's (afstammelingen van Circassische, Turkse en Slavische huursoldaten) die het Europeanen vrijwel onmogelijk maakten zuidelijker dan Kaïro door te dringen. Dat hadden ook de Franse soldaten van Napoleons expeditieleger ondervonden, die van 1798 tot 1801 tevergeefs poogden het Nijlland in handen te krijgen. Na het vertrek van de Fransen had Mohammed Ali (1769-1849), een officier van de Turkse garde en zelf van Albanese afkomst, handig gebruik gemaakt van het zo ontstane machtsvacuüm. In 1805 verdreef hij eerst de troepen van de Turkse sultan en in 1811 lokte hij zijn Mameluksе bondgenoten in een hinderlaag tijdens een feest in de citadel van Kaïro. Aldus had hij zich opgewerkt tot alleenheerser van Egypte, en de Osmaanse sultan kon niet anders dan zich bij de ontstane situatie neerleggen en Mohammed Ali erkennen als Pasha van Egypte. Daarmee was het gevaar echter nog niet bezworen. Onder leiding van Mohammed Ali's zoon Ibrahim veroverden de Egyptische legers eerst de Arabische Rode Zeekust inclusief de heilige stad Mekka (1811-1819) en daarna de Soedan (1820-1822). Een directe bedreiging van Turkse belangen zette in met de Egyptische bemoeienis met de Griekse vrijheidsoorlog (1822-1828), terwijl het voortbestaan van het Osmaanse rijk echt in gevaar kwam met Ibrahims invasie in Palestina en Syrië in 1831. Negen jaar lang waren de Egyptenaren heer en meester in deze gebieden, tot de verpletterende overwinning over de Turkse troepen in de slag bij Nezib in 1839 de Europese mogendheden dwong om het machtsevenwicht te herstellen. Mohammed Ali werd gedwongen tot onderhandelingen, en in ruil voor het erfelijk maken van het Pashalik van Egypte binnen zijn familie trok hij zijn troepen terug uit Palestina; ook mocht hij zelf tot aan zijn dood Accra blijven besturen.

Daarmee had Egypte een eigen statuut gekregen binnen het Osmaanse rijk; aan de aldus ontstane dynastie kwam pas met de verdrijving van koning

Faroek in 1952 een einde. De Pasha's gebruikten hun machtspositie voor het in snel tempo moderniseren van Egypte. Mohammed Ali had al tientallen Europese adviseurs aangetrokken voor grootscheepse hervormingen van de krijgsmacht, de landbouw en irrigatie, de industrie, de gezondheidszorg, en het onderwijs. Hoewel zijn opvolger Abbas (1849-1854) een heel andere politiek was toegedaan, namen Mohammed Saïd (1854-1863) en vooral Ismaïl (1863-1879) de draad weer op. Belangrijke ontwikkelingen waren de aanleg van de spoorverbinding tussen Alexandrië en Kaïro, in 1854 geopend als eerste lijn van het Nabije Oosten, en de aanleg van het Suezkanaal, een oud Napoleontisch plan waarmee in 1859 daadwerkelijk werd begonnen.

De inhuldiging van het kanaal in 1869 was het absolute hoogtepunt van de regeringsperiode van Ismaïl. Honderden hoge gasten uit Europa waren aanwezig bij de dagenlange feestelijkheden in de nieuwe stad Ismaïliya aan het kanaal. Eregast was de Franse keizerin Eugénie, zelf een nicht van Ferdinand de Lesseps, voor wie Ismaïl kosten nog moeite spaarde. Zo liet hij op het bij Kaïro in de Nijl gelegen eiland Gezira een paleis voor haar bouwen (het huidige Marriott Hotel), terwijl een acht kilometer lange kaarsrechte weg werd aangelegd voor haar uitstapjes naar de piramiden van Gizeh, waar een jachtpaleis (nu het Mena House) voor haar gereed stond. De Egyptische hoofdstad werd in snel tempo gemoderniseerd. Rond het centrale Ezbekieh-plein verrezen niet alleen hotels en villa's in Europese stijl, maar ook een Opera waarin ter gelegenheid van de kanaal-opening Verdi's 'Rigoletto' werd opgevoerd (de speciaal voor de gelegenheid gecomponeerde 'Aïda' was niet op tijd klaar). Ten noorden van dit centrum verrees de modieuze buitenwijk Ismaïliya langs statige boulevards. Geen wonder dat reizigers als Testas klaagden dat de oosterse sfeer uit de hoofdstad aan het verdwijnen was! Maar ook Ismaïl zelf werd weldra met de keerzijde van de medaille geconfronteerd: zijn buitensporige uitgaven dwongen hem al in 1875 om zijn aandelen in de Suezkanaalmaatschappij te verkopen aan Engeland, dat hem vier jaar later zelfs tot aftreden aanzette. Zijn zoon Tewfik mocht onder Europese curatele de dynastie voortzetten.

Testas' terugreis naar Europa tenslotte voerde hem langs de Turkse westkust, die ondanks eeuwenlange Osmaanse bezetting nog sterk een Grieks karakter had, naar Constantinopel, de hoofdstad van het Osmaanse rijk, en tenslotte door de nog maar net van het Turkse juk bevrijde Donaulanden. Het moet hem een goed inzicht gegeven hebben in de politieke realiteit in het rijk van de 'zieke man van Europa', een rijk waar een halve eeuw later niets meer van over zou zijn.

3. DE TWEEDE ORIENTREIS VAN WILLEM DE FAMARS TESTAS

Testas' tweede Oriëntreis verschilde aanmerkelijk van zijn eerste expeditie met Prisse d'Avennes. Allereerst hebben we in het dagboek van deze reis te maken met een geheel verschillende auteur. In 1858 was Testas nog een onzekere jongeman die nog nooit voor langere tijd uit de beschutting van het ouderlijk huis was weggeweest en grote moeite had zich aan de ontberingen in Egypte aan te passen. Tien jaar later leren we een man van de wereld kennen, die zijn eerste successen behaald had met zijn schilderijen en die door zijn reisgenoten voor vol werd aangezien vanwege zijn grote ervaring met de plaatselijke situatie, met de oudheden en met de Arabische taal. Het tweede verschil zit in de reisomstandigheden: van 1858 tot 1860 had Testas slavenwerk verricht tijdens een wetenschappelijke expeditie, terwijl hij nu in gezelschap van gelijkgestemden een comfortabele 'Grand Tour' maakte. Daarbij onderscheidden de reisgenoten zich slechts van standaardtoeristen doordat zij op gezette tijden halt hielden om te schilderen. Het derde onderscheid betreft de afgelegde route: tijdens zijn eerste reis woonde Testas eerst een vol jaar in Kaïro, om daarna een reis stroomopwaarts over de Nijl te maken tot aan de Nubische tempels van Abu Simbel. Nu had hij de gelegenheid om ook de Sinaï, Palestina en Syrië te leren kennen. Tenslotte moeten we ons realiseren dat in de tussenliggende tien jaar ook de landen van het Nabije Oosten zelf een snelle verandering hadden doorgemaakt.

Een dergelijke Oriëntreis was in de 19de eeuw niet zo uniek als het lijkt. De eerste vergelijkbare tours uit de jaren twintig en dertig van die eeuw waren nog pionierswerk. Rond 1840 hadden de Messageries Françaises en de Oostenrijkse Lloyd echter al een regelmatige stoombootverbinding van Marseille of Triëste naar Alexandrië en Constantinopel. Een overland-verbinding tussen Kaïro en Suez bestond al sinds 1837 en de oprichting van de Peninsular & Oriental stoomvaartmaatschappij rond diezelfde tijd zorgde voor stromen Engelse reizigers op weg naar India. In 1854 kreeg Egypte zijn eerste spoorlijn, terwijl het Congres van Parijs aan het eind van de Krimoorlog een scheepvaartverbinding over de Donau mogelijk maakte. De opening van het Suezkanaal in 1869 en de eerste door Thomas Cook georganiseerde 'Grand Tour of the East' enkele maanden eerder markeerden het einde van het pionierstijdperk en het begin van het massatoerisme. Cook maakte daarbij slim gebruik van de ervaringen van eerdere reizigers, zoals gepubliceerd in de talloze reisverslagen van de periode; zelfs bestond er al een aantal reguliere reisgidsen, waarvan die van Murray uit 1840 en Joanne's *Orient* uit 1861 de belangrijkste waren.

Testas' gezelschap hoefde dus zeker niet onvoorbereid op reis te gaan. Integendeel, zowel de route als de bezochte monumenten waren al grotendeels gestandaardiseerd en de reizigers met hun locale gidsen bewogen zich over elkaars platgetreden paden. In Egypte bezochten de heren Alexandrië en Kaïro; hun uitstapje naar de Fayum is heel origineel en slechts verklaarbaar uit het feit dat enkelen van het gezelschap Egypte al eerder bezocht hadden — anders waren ze ongetwijfeld naar Opper-Egypte gegaan. Van Egypte naar Palestina waren er twee routes: de korte langs de Gazastrook en de lange via het Katharinaklooster in de Sinaï; een comfortabeler alternatief was de scheepsverbinding tussen Alexandrië en Beirut. Testas' groep verkoos de Sinaï en bracht daarna een avontuurlijk bezoek aan de unieke monumenten van Petra, die pas in 1812 door de Zwitserse avonturier Burckhardt waren ontdekt en waar Testas waarschijnlijk de eerste Nederlandse bezoeker was. Voor een schilder was deze excursie sinds David Roberts' bezoek in 1839 echter een must. Daarna haastten ze zich voort om de Paasweek in Jeruzalem te kunnen doorbrengen, zoals het behoorde op dergelijke tours. Ook de uitstapjes naar de Dode Zee en Jericho waren gebruikelijk, zij het niet zonder risico: in 1834 liep Robert Curzon in de kloof bij San Saba in een hinderlaag en in 1850 werd Flaubert er beschoten. De reis werd daarna in noordwaartse richting voortgezet, langs Nablus, Samaria en Jenin naar Nazareth. Veel reizigers waagden zich niet verder in de hooglanden van Galilea en de Golan en volgden de kustroute naar Beirut. Testas trad echter in de voetsporen van Flaubert met een woeste rit naar Damascus, om vandaar per postkoets de beschaving van Beirut op te zoeken. Daar begon in feite zijn terugreis naar huis.

Het wordt tijd om eens kennis te maken met Testas' reisgenoten (Pl. I). Net als tijdens zijn eerste reis verkeerde hij in Frans gezelschap, waarin hij zich door zijn afkomst, opvoeding en vorige reiservaring zeer goed schijnt te hebben thuisgevoeld. De groep was als volgt samengesteld:

- Jean-Léon Gérôme (1824-1904), de leider van de expeditie en toonaangevend schilder van het oriëntalistische genre. Gérôme was opgeleid door de schilders Delaroche, die hem meenam naar Rome, en Gleyre, zelf een oriëntalist. Hij maakte in 1847 zijn debuut in de Parijse Salon met een neoklassiek 'Hanengevecht' dat hem meteen beroemd maakte. Zijn specialismen waren anecdotische genre-schilderijen in de klassieke of oriëntaalse sfeer, vaak met een zekere erotische inslag, en daarnaast ook eigentijdse historiescènes en portretten. Zijn archeologisch verantwoorde composities gleden steeds meer af tot banale routine en werden deels door leerlingen uitgevoerd. Vanaf 1878 hield Gérôme zich ook met marmersculptuur en bronsplastiek bezig. Gérôme was een invloedrijk leraar aan de École des Beaux-Arts te Parijs en liet zich op deze reis vergezellen door enkele leerlingen. Hij was in 1856 en 1862 al eerder in Egypte geweest en zou er in 1869, 1871, 1874 en 1880 terugkeren; Constantinopel bezocht hij in 1854, 1871 en 1875. Gérôme was in 1868 op het toppunt van zijn roem en zijn schilderijen behaalden

Fig. 2. Portret van Jean-Léon Gérôme, 1860. Visitekaartje. Naar Ackerman, Gérôme, p. 13.

prijzen van soms 20.000,- francs per stuk. Aan deze positie dankte hij ook de officiële aanbevelingsbrieven, waarmee de expeditie onder andere kamelen ter beschikking kreeg gesteld door de Egyptische overheid. Gérôme zou de expeditie in Jeruzalem verlaten, maar was het jaar daarop een genodigde voor de opening van het Suezkanaal.

- Albert Goupil (1840-1884), de oudste zoon en associé van de beroemde Parijse uitgever van kunstreproducties Adolphe Goupil. De uitgeverij was in 1827 opgericht en vervaardigde prenten en later fotogravures van oude en moderne meesters. In 1862 bezat de galerie al filialen in Londen, Berlijn en New York en verkocht Goupil ook schilderijen. Voor de verbreiding van het Impressionisme was de firma zeer belangrijk; saillant detail is dat ook Vincent van Gogh in 1886 korte tijd bij Goupils Londense filiaal werkte, terwijl zijn broer Theo aan de Parijse vestiging verbonden was. Gérôme was met een zuster van Albert Goupil getrouwd, en zo werden ook van zijn werk veel reproducties verspreid. Albert was bovendien een student van Gérôme en verzamelde net als deze oosterse kunstvoorwerpen. De beide zwagers deelden tijdens de expeditie steeds een tent, en ook Goupils belangstelling voor fotografie is nu verklaard. Goupil reisde mee tot Constantinopel.

- Joseph Florentin Léon Bonnat (1833-1922), een schilder die door zijn opleiding in Spanje en door een verblijf in Italië (1858-1861) sterk beïnvloed was door de grote meesters van de Barok. Bonnat was een gevierd man die portretten schilderde van alle beroemdheden van zijn tijd en zich verder toelegde op fresco's, etsen, landschappen en religieuze stukken. In 1900 zou hij directeur worden van de École des Beaux-Arts, waar hij jaren lang Gérôme's naaste collega en vriend was geweest. Zijn reis van 1868 had slechts een kortstondig effect op zijn onderwerpkeuze. Bonnat verliet het gezelschap in Beirut en reisde later via Constantinopel en Athene naar Marseille.

- Jean-Richard Goubie (1842-1899), een leerling van Gérôme die vanaf 1869 zijn zorgvuldig geschilderde jacht-, sport- en paardenscènes exposeerde, doeken die vooral op de Amerikaanse markt gretig aftrek vonden. Tijdens de reis manifesteerde Goubie zich voornamelijk door zijn natuurhistorische belangstelling; overal kocht hij eieren en de opbrengst van jachtpartijen werd niet zelden door hem met stro gevuld en opgezet. De bijziende en wat sullige Goubie had in Egypte wat problemen met zijn gezondheid; hij miste daardoor een deel van de excursie naar de Fayum en durfde ook de zware tocht door de Sinaï niet mee te maken. In plaats daarvan ging hij per schip naar Jaffa, om verder van Jeruzalem tot Wenen met Testas op te reizen.

- Ernest Journault, bekend als landschapsschilder te Parijs in de periode 1864-1876 en daarmee waarschijnlijk ook een leerling van Gérôme. Zijn Oriëntreis gaf hem de mogelijkheid om na terugkeer zijn Italiaanse of Zwitserse landschappen af te wisselen met oosterse gezichten. Tijdens de reis beheerde Journault tevens de reisapotheek. Hij verliet de groep voor een langduriger verblijf in Damascus, maar was toch ook eind juni terug in Parijs (blijkens een brief aan Testas, nu in het archief van het Rijksmuseum van Oudheden). - Paul Marie Lenoir (overleden 1881), eveneens een leerling van Gérôme, met wie hij in 1874 opnieuw naar Egypte zou gaan. Lenoir, de jongste en tevens de grappenmaker van het gezelschap, was een groot reiziger. Hij bleef nog langer dan Journault in Damascus en zag daarna ook Bagdad en Mosul, Perzië, Athene en Constantinopel en zelfs Japan. Van 1870 tot 1880 exposeerde hij op de Parijse Salon exotische schilderijen geïnspireerd op al deze culturen. Lenoir trachtte onderweg voortdurend souvenirs aan te kopen die hem van pas zouden kunnen komen als oosterse stoffage van zijn schilderijen; daarbij kwam hij door zijn indiscretie wel eens in hachelijke situaties terecht, zoals ook toen hij het in zijn hoofd haalde schetsen te maken van halfnaakte badende dorpsvrouwen!

Bij dit (met Testas erbij) zevenkoppige gezelschap voegde zich in Kaïro de Franse reiziger Wilfrid de Barthélemy, over wie verder niets bekend is. Barthélemy kende Egypte en Palestina van een eerder bezoek, maar had nog niet eerder door de Sinaï gereisd; na aankomst in Jeruzalem verliet hij het gezelschap weer om zich in Jaffa in te schepen voor een bezoek aan Smyrna. Zijn plaats werd in Jeruzalem ingenomen door de historicus Frédéric Masson (1847-1923), die als bibliothecaris werkzaam was op de kanselarij van het Ministerie van Buitenlandse Zaken te Parijs en die de Heilige Stad wellicht als pelgrim voor het Paasfeest had bezocht. Hij vergezelde Testas tot aan Wenen en schreef hem enige tijd later nog een brief (nu eveneens te Leiden bewaard). Masson was bevriend geweest met de prins Napoleon, die hem bij zijn dood zijn familiedocumenten vermaakte. Zo werd Masson de eerste grote Napoleon-biograaf, die vanaf 1893 het ene na het andere boek over de keizer en zijn familie deed verschijnen. Ook Masson bleef gedurende de rest van zijn leven een goede vriend van Gérôme. Na diens dood in 1904 schreef hij een necrologie van de schilder.

Uiteraard lieten de heren zich vergezellen door een omvangrijk gevolg. Naast de onmisbare gids Yusuf Mussali, een Syrische Christen, bestond dat uit twee bedienden, de Nubiër Ibrahim en de Syriër 'Michel', uit de kok Ahmed en diens negerslaafje 'Gcheir' (door Lenoir pesterig 'Sneeuwbal' genoemd), en natuurlijk uit een groot aantal locale drijvers voor de ezels (in de Fayum), de kamelen (tussen Suez en Hebron) of de paarden en muilezels (tussen Hebron en Damascus). Vooral de kamelenkaravaan moet een indrukwekkend gezicht zijn geweest. In de Sinaï bestond deze uit negen 'dromedarissen', uitgelezen rijdieren voor de reizigers zelf, en achtendertig lastkamelen: achttien met voedsel, twee met wijn, vier met water, drie met de tenten, zeven met veevoer, één met fotografische artikelen en drie met keukenartikelen en bagage.

Het spreekt vanzelf dat deze manier van reizen niet goedkoop was. Thomas

Cook rekende voor zijn 'Grand Tour of the East' een bedrag van 150 guineas voor honderd dagen, toen bijna 2000 gulden. De *Guide Joanne* begrootte in 1861 de dagelijkse kosten (dus zonder reis) op 40 à 50 francs, dus 20 tot 25 gulden per dag. Testas meldt dat de reis met Yusuf 33 francs per dag zou kosten, maar toen hij na een rit van zeventig dagen moest afrekenen, bleek het tarief bijna het dubbele te zijn geworden (totaal meer dan 4500 francs). Dit zegt ons heel wat over Testas' welstand van dat moment, al is moeilijk uit te maken of hij hier zijn familiekapitaal of het met zijn schilderijen verdiende geld verteerde.

Vast staat dat een dergelijke reis niet voor iedereen was weggelegd. Voor Testas was dit echter een investering in de toekomst. In zijn dagboek noemt hij de vele schetsen en studies die hij ter plekke maakte van landschap en monumenten. Gelukkig is een aantal van de door deze reis geïnspireerde werken ook tegenwoordig nog terug te vinden. Van vele andere kennen we slechts de titels uit de catalogi van de tentoonstellingen voor Levende Meesters: 1868 — 'De vallei Moketteb in het Sinaïgebergte' en 'Straat in Jeruzalem', 1871 — De woestijn tussen Suez en Sinaï' en 'In de nabijheid van Caïro', 1873 — 'Een fantasie van Bedoeïnen', 1874 — 'Eene straat te Damascus', 1877 — 'Boorden der Roode Zee', en 1893 — 'Het klooster van den berg Sinaï of van St. Katharina' en 'De oevers van de Doode Zee'.

4. HET DAGBOEK VAN DE TWEEDE REIS

Het dagboek van Testas' tweede Oriëntreis bestaat uit een schrift van ongelinieerd papier, ingebonden in een linnen omslag met groenleren rug. De afmetingen zijn 21,3 × 17 cm. Het schrift bevat 140 ongenummerde bladen, waarvan er 78 aan weerszijden zijn beschreven in zwarte inkt, met correcties soms in potlood. Deze tekst is duidelijk van dag tot dag ingeschreven, zoals blijkt uit de regelmatige wisselingen in het handschrift. Enkele schetsjes zijn ter verduidelijking van sommige beschrijvingen in de tekst opgenomen. Op het voorste schutblad prijkt aan de binnenzijde de naam van de auteur en het jaartal 1868; op het achterste schutblad zijn enkele losse aantekeningen gekrabbeld van zaken die Testas onderweg wilde memoreren (meest woorden en een adres). In het dagboek lagen enkele losse papieren: een groepsportret van de reizigers van de hand van Testas zelf, brieven van Gérôme, Journault en Masson, een drietal gedrukte kaartjes van het Nabije Oosten en een knipsel over de dood van de legendarische Lady Digby, die hij op zijn reis had ontmoet.

Evenals het dagboek van de eerste reis van Willem de Famars Testas en de tijdens die reis geschreven brieven is ook dit reisverslag in het archief van het Rijksmuseum van Oudheden in Leiden beland, waar het in 1985 tijdens

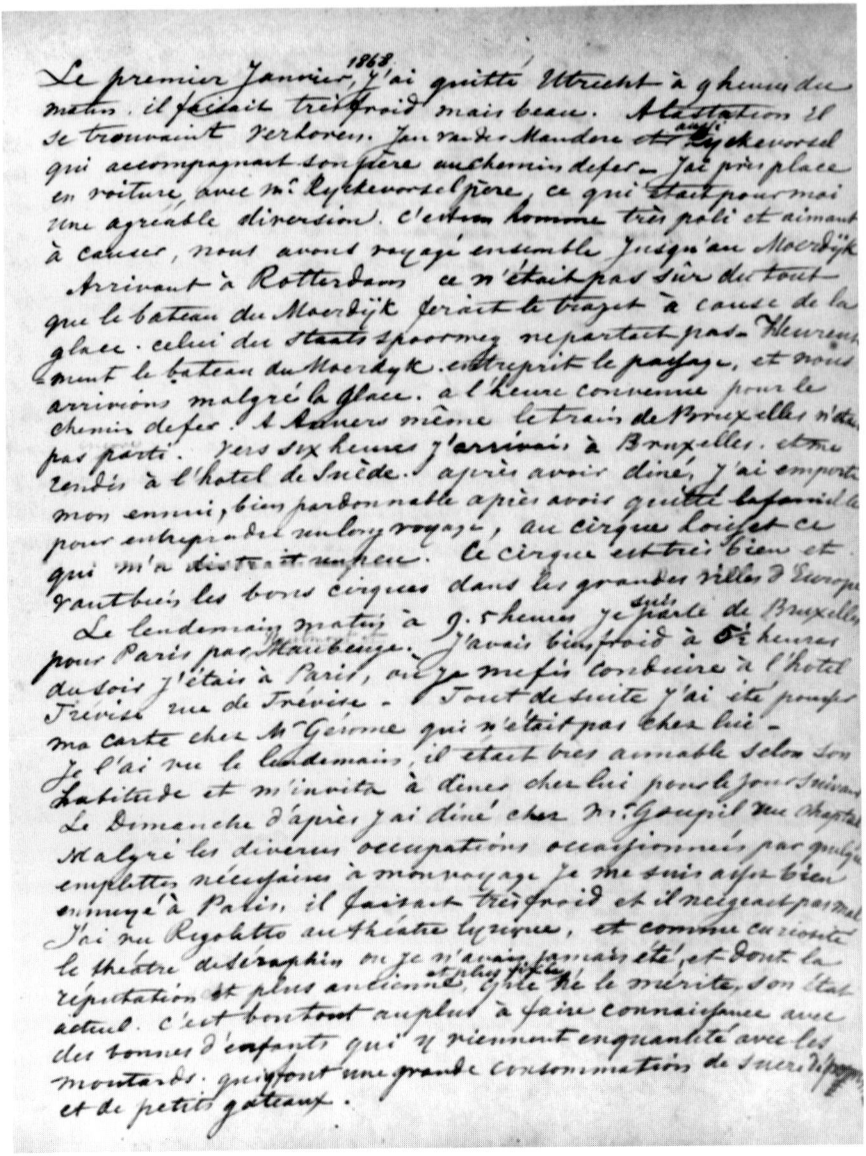

Le premier Janvier 1868, j'ai quitté Utrecht à 9 heures du
matin. il faisait très froid mais beau. A la station il
se trouvaient Verloren. Jan van der Mandere et [illegible] Ryckevorsel
qui accompagnait son père au chemin de fer. J'ai pris place
en voiture, avec Mr Ryckevorsel père, ce qui était pour moi
une agréable diversion. C'est un homme très poli et aimant
à causer, nous avons voyagé ensemble jusqu'au Moerdijk
Arrivant à Rotterdam ce n'était pas sûr du tout
que le bateau du Moerdijk ferait le trajet à cause de la
glace. celui des Staats spoorweg ne partait pas. Heureuse-
ment le bateau du Moerdyk entreprit le passage, et nous
arrivions malgré la glace. à l'heure convenue pour le
chemin de fer. A Anvers même le train de Bruxelles n'était
pas parti. Vers six heures j'arrivai à Bruxelles. et me
rendis à l'hotel de Suède. après avoir dîné, j'ai emporté
mon ennui, bien pardonnable après avoir quitté la famille
pour entreprendre un long voyage, au cirque Loisset ce
qui m'a distrait un peu. Le cirque est très bien et
vaut bien les bons cirques dans les grandes villes d'Europe
Le lendemain matin à 9.5 heures je suis parti de Bruxelles
pour Paris par Maubeuge. J'avais bien froid à 5½ heures
du soir j'étais à Paris, où je me fis conduire à l'hotel
Trévise rue de Trévise. Tout de suite j'ai été pour porter
ma carte chez Mr Gérome qui n'était pas chez lui.
Je l'ai vu le lendemain, il était très aimable selon son
habitude et m'invita à dîner chez lui pour le jour suivant
Le Dimanche d'après j'ai dîné chez Mr Goupil rue Chaptal
Malgré les diverses occupations occasionnées par quelques
emplettes nécessaires à mon voyage je me suis assez bien
ennuyé à Paris, il faisait très froid et il neigeait par moments
J'ai vu Rigoletto au théâtre lyrique, et comme curiosité
le théâtre de Séraphin où je n'avais jamais été, et dont la
réputation est plus ancienne et plus fixée que ne le mérite, son état
actuel. C'est bon tout au plus à faire connaissance avec
des bonnes d'enfants qui y viennent en quantité avec les
moutards. qui y font une grande consommation de sucre d'orge
et de petits gâteaux.

Fig. 3. Eerste pagina van het dagboek van Willem de Famars Testas. Rijksmuseum van Oudheden, Leiden.

inventarisatiewerk werd gevonden. In de publicatie over de eerste reis (*Reisschetsen uit Egypte*, 18) werd ten onrechte verondersteld dat deze documenten in 1939 via Testas' zoon Henri Baudouin door het museum zijn verworven, die toen een gouden amulet kwam verkopen dat zijn vader uit Egypte had meegenomen. Het is waar dat dit sinds de dood van de schilder het eerste contact was tussen de familie Testas en het museum. Inmiddels weten we dat er een tweede (indirect) contact is geweest en dat de archivalia bij die gelegenheid naar Leiden kwamen. In 1946 meldde zich namelijk een zekere L. Geradts uit Aalsmeer bij museumdirecteur Van Wijngaarden; zij was de vriendin van Testas' dochter Marie Madeleine, die een jaar eerder was overleden. In de nalatenschap waren enkele voorwerpen aangetroffen die het museum zouden kunnen interesseren, omdat ze eveneens door Willem de Famars Testas in Egypte waren verworven. Een kalkstenen koningskopje en een bronzen beeldje van de god Ptah werden door het museum aangekocht (inv.nrs. F 1947/12.2-3), terwijl wat kralen, scherven, een ketting en een ander klein voorwerp 'uit het graf van Ramses II' niet interessant genoeg werden geacht. Het is in de correspondentie rond deze aankoop dat we voor het eerst horen over de dagboeken, die Van Wijngaarden ter inzage kreeg toegezonden. Kennelijk vond deze ze belangrijk genoeg om ze voor het museum te behouden, al horen we daar verder niets over. Zo lag deze documentatie bijna veertig jaar onaangeroerd in het museumarchief.

In 1988 kon het eerste dagboek en excerpten uit de brieven worden gepubliceerd, onze enige nauwkeurige bronnen over één der laatste egyptologische expedities van de pionierstijd. Ook het tweede dagboek is een publicatie waard. Als verslag van een typische kunstenaarsreis in de bloeiperiode van het Oriëntalisme, een genre dat tegenwoordig weer sterk in de belangstelling staat, is het van groot gewicht. Bovendien werd het reisgezelschap door niemand minder dan de grote Gérôme geleid, de belangrijkste Franse vertegenwoordiger van het genre van dat moment. Afgezien van enkele korte dagboekaantekeningen door Gérôme zelf (in 1906 gepubliceerd door zijn biograaf Moreau-Vauthier) en enkele herinneringen van Masson (gepubliceerd in 1901 in *Le Figaro Illustré*), was tot dusver de enige bron over deze reis het in 1872 onder de titel *Le Fayoum, le Sinaï et Pétra, expédition dans la Moyenne Égypte et l'Arabie Pétrée sous la direction de J.L. Gérôme* verschenen verslag van Paul Lenoir. Dit breekt echter af bij de aankomst in Hebron en mist dus de gehele episode in Jeruzalem (waar Gérôme het gezelschap verliet) en de omzwervingen door Galilea en Syrië daarna. Bovendien is het nogal warrig en 'impressionistisch' geschreven, geenszins een dag-tot-dag rapport van het afgelegde traject of de ondernomen activiteiten. Namen, zelfs die van de reisgenoten, worden niet gegeven; op grond van deze onvolmaakte bron is daarom ten onrechte wel aangenomen dat Edmond About deel uitmaakte van het gezelschap. Verder is Lenoirs stijl nogal gewild-komisch en zelfingenomen, hetgeen op den duur behoorlijk gaat irriteren.

Hoeveel nuchterder en accurater is dan Testas' verslag. Hij schreef niet om zijn lezers te behagen (of om zichzelf beter voor te doen dan hij was!) maar puur om voor zichzelf vast te leggen waar hij geweest was en wat hij wilde onthouden. Alweer treft hij ons door zijn grote liefde voor de Oriënt, voor de planten- en dierenwereld, de bevolking (al is hij niet vrij van zekere vooroordelen met betrekking tot andere rassen) en de Arabische taal — heel anders dan Lenoir die graag de draak stak met de inheemse gebruiken en zich duidelijk zeer superieur voelde. Het dagboek is geschreven in het Frans, de taal die Testas opnieuw maandenlang om zich heen hoorde en waarin hij zich moeiteloos kon uitdrukken. Voor deze editie is deze tekst vertaald, waarbij een poging is gedaan hier en daar het wat plechtstatige negentiende-eeuwse woordgebruik van de auteur te laten doorklinken. Testas zelf had het ongetwijfeld beter gedaan...

Fig. 4. De tweede Oriëntreis van Willem de Famars Testas.

1. WEERZIEN MET DE ORIENT

Op de eerste Januari 1868 heb ik Utrecht om 9 uur 's ochtends verlaten. Het was erg koud maar mooi weer. Op het station bevonden zich Verhoven[1], Jan van der Mandere[2], en ook Rijckevorsel die zijn vader naar de trein vergezelde. Met Rijckevorsel Sr. nam ik in een rijtuig plaats, wat een aangename afleiding vormde: hij is een zeer beleefde en praatgrage heer, en wij hebben samen gereisd tot aan de Moerdijk.

Bij aankomst in Rotterdam was het heel niet zeker dat de Moerdijkboot[3] zou uitvaren vanwege de ijsgang; die van de Staatsspoorweg vertrok niet. Maar gelukkig ondernam de boot van de Moerdijk de overtocht, en ondanks het ijs kwamen we op de vastgestelde tijd aan voor de spoorweg. Zelfs was in Antwerpen de trein naar Brussel nog niet vertrokken. Tegen zes uur arriveerde ik te Brussel en begaf ik mij naar het Hotel de Suède. Na het diner heb ik mijn onlustgevoelens — heel vergeeflijk na mijn familie te hebben verlaten om een lange reis te ondernemen — verdreven in het Circus Loisset, wat mij een beetje afleiding heeft bezorgd. Dit circus is zeer goed en kan zich meten met de beste circussen in de grote steden van Europa.

De volgende dag om half tien 's ochtends ben ik van Brussel naar Parijs vertrokken, via Hautmont en Maubeuge. Ik had het behoorlijk koud. Om half zes 's avonds was ik in Parijs, waar ik me naar het Hotel Trévise in de Rue de Trévise liet rijden. Onmiddellijk ben ik mijn visitekaartje gaan afgeven bij Mr Gérôme, die niet thuis was[4]. De volgende dag heb ik hem gezien; hij was zoals gewoonlijk zeer vriendelijk en nodigde mij uit om de dag daarna bij hem te komen dineren. De Zondag daarop heb ik bij Mr Goupil gegeten, Rue Chaptal 9[5]. Ondanks de diverse bezigheden als gevolg van enkele aankopen van reisbenodigdheden, heb ik me nogal verveeld in Parijs. Het was erg koud en sneeuwde flink. In het Théâtre Lyrique heb ik Rigoletto[6] gezien, en voor

[1] P. Verhoven uit Utrecht was een goede vriend van Testas. Nog in 1875 bracht de schilder enkele dagen door in diens buitenverblijf te Zeist.

[2] Johan Paulus Balthazar van der Mandere (1844-1894), een broer van Françoise met wie de schilder in 1882 in het huwelijk zou treden. Hun vader Boudewijn van der Mandere was oud-burgemeester van 's Gravenpolder en lid van de Provinciale Staten van Zeeland.

[3] De spoorbrug bij de Moerdijk, met één kilometer lengte destijds één der langste van Europa, werd pas in 1872 gebouwd.

[4] Gérôme woonde sinds 1862 in de Rue de Bruxelles nr. 6. Het huis had drie verdiepingen rond een hof met stallen, met een beeldhouwerswerkplaats op de begane grond en een groot atelier op de bovenverdieping.

[5] Op dit adres was ook de kunsthandel van de familie Goupil gevestigd. De straat loopt uit op de Place Blanche, waar de Moulin Rouge stond.

[6] Opera uit 1851 van Giuseppe Verdi (1813-1901) naar een verhaal van Victor Hugo. Het Théâtre Lyrique was één van de beroemdste theaters van Parijs, gelegen aan de Place du Chatelet.

de curiositeit ben ik naar het Théatre de Séraphin[7] gegaan, waar ik nog nooit geweest was en dat in zijn huidige toestand geen recht doet aan zijn gevestigde reputatie uit het verleden. Het is hoogstens geschikt om kennis te maken met de kindermeiden die er in groten getale komen met hun kleuters, die zich volstoppen met appelsuiker en kleine gebakjes.

Op 7 Januari heb ik Parijs verlaten in gezelschap van de heren L. Bonnat, A. Goupil, E. Journault, R. Goubie, P. Le Noir en J.L. Gérôme, na bij de laatste te hebben gedineerd, met hem en zijn twee kinderen. Madame Gérôme[8] was teveel aangedaan door het vertrek van haar echtgenoot om aan tafel te kunnen verschijnen. Om kwart voor zeven zijn wij van zijn huis vertrokken in een kleine omnibus, waarbij wij langs de Rue Chaptal reden om Goupil op te pikken. Op de hoek van deze straat zagen wij een brand. Samen met Goupil stapte ene meneer Rousselet in, de fotograaf van de firma Goupil en Co. die zijn vriend naar het station vergezelde. Om 8 uur vertrokken wij naar Marseille. Het was heel koud gedurende de nacht, die wij desalniettemin nogal vrolijk hebben doorgebracht met praten, roken en van tijd tot tijd slapen.

De volgende dag stapten wij om 1.30 uur uit in Marseille, waar wij naar het Hotel du Louvre et de la Paix zijn gegaan. De dag daarop (9 Januari) zijn wij gaan dejeuneren in La Réserve, een restaurant op de kliffen buiten Marseille. Het was heerlijk in de zon, het was als een voorjaarsdag bij ons. Ik heb er de beroemde bouillabaisse leren kennen, een gerecht bereid met heel veel vis en gekleurd met saffraan. Buiten dat waren er zeeëgels, tapijtschelpen en oesters, voortbrengselen van de Middellandse Zee die heerlijk zijn om te eten. De oesters halen het niet bij die van ons: ze zijn klein en groenachtig. Van de hoogte waarop het etablissement van La Réserve ligt, heeft men een prachtig uitzicht over de mooie blauwe zee, waartegen verscheidene kleine eilandjes helder afsteken; op één daarvan is het kasteel van If gebouwd, bekend uit de roman Monte Cristo van Mr Dumas[9].

Op de avond van diezelfde dag zijn we om 6 uur ingescheept aan boord van de Saïd, een schip van de Messageries Impériales met kapitein Desfaudais. Het weer is superbe, de temperatuur is al merkbaar zachter en de zee is kalm, de deining is heel onbetekenend. Gedurende de overtocht van de vorige pakketboten heeft het vrij ernstig gestormd, maar deze keer verloopt de overtocht heerlijk. Zeer weinig personen zijn zeeziek, al zijn er altijd die bij

[7] Kindertheater met schimmenspel ('ombres chinoises') en marionetten, in 1784 door Séraphin gesticht in een galerij van het Palais Royal.

[8] Marie Goupil (1842-1912) was in januari 1861 met Gérôme getrouwd. In 1868 had het paar in feite al drie kinderen: Blanche Valentine (1860), Jeanne Elisabeth (1863) en Jean (1864).

[9] Alexandre Dumas père (1802-1870), Frans schrijver van toneelstukken, reisverhalen en historische romans. Tot het laatste genre behoort *Le Comte de Monte-Cristo* (1845-1846).

onverschillig welk weer misselijk zijn. Ik deel een hut met Bonnat en Journault; de kooien zijn wat nauw maar vrij goed ingericht. De keuken is nogal overvloedig maar kon beter. Dat hangt van de kapitein af: als die een gastronoom is, eet men er bijna altijd goed van; is hij het niet, dan is men nalatiger op het culinaire vlak. Om zeven uur 's ochtends kan men café au lait, chocolademelk of thee naar keuze bestellen; om 10 uur wordt er gebeld voor het déjeuner dat wel voor een diner kon doorgaan; om 12 uur een lunch bestaande uit bier, wijn, ham, kaas, fruit enz. Om half zes begint het diner, en vervolgens kan men tussen acht en negen uur nog thee of een grog krijgen. Men ziet dat er op het punt van de vreterij geen gevaar bestaat van honger om te komen.

Zaterdagavond de 11de kwamen wij in de heldere maneschijn voor Messina aan. Onmiddellijk was het schip omringd door vaartuigjes uit de stad, met aan boord verkopers van fruit, snuisterijen van koraal enz. Er waren zelfs muzikanten die naar hartelust wijsjes uit Rigoletto en Il Trovatore van Verdi[10] speelden (of liever krasten). Le Noir voerde, gehuld in een Algerijnse boernoes[11] zodat men hem voor een Arabier hield, een charge uit en haalde allerlei kluchten uit die de verbaasde passagiers enorm intrigeerden. Hij deed alsof hij ziek was en liet zich achterover vallen. Twee jonge Amerikaanse missjes bekommerden zich om zijn lot en keken raar op, toen hij plotseling in onvervalst Parijs jargon begon te praten nadat hij in het Arabisch was aangesproken. Na een onderbreking van twee uur vertrokken we weer. De volgende dag was er meer wind en de zee was onrustiger. Op maandag voeren we langs het eiland Kreta; er lag sneeuw op de bergtoppen. Op dit moment is men daar wellicht slaags[12].

14 Januari. Alexandrië.

Na een uitzonderlijk voorspoedige overtocht zijn wij vandaag binnengelopen in de haven van Alexandrië[13]. Gisteravond tegen middernacht waren

[10] Opera uit 1853, naar een drama van A. García-Guttiérez.

[11] (Arabisch) burnus = mantel met capuchon.

[12] Kreta was van 1645-1669 door de Turken veroverd op Venetië. Er waren gedurende de 19e eeuw voortdurend opstanden van de Griekse bevolking, culminerend in de Grieks-Turkse oorlog van 1896-1897, die ertoe leidde dat het eiland definitief Grieks werd.

[13] De havenstad Alexandrië is tegenwoordig met meer dan drie miljoen inwoners de tweede stad van Egypte. Gesticht in 332 v. Chr. door Alexander de Grote, kende het een ongekende bloei als hoofdstad van het Hellenistische Egypte, dat in 31 v. Chr. een Romeinse provincie werd. De Ptolemaeïsche farao's en Romeinse keizers verfraaiden de stad met bouwwerken als de 180 meter hoge vuurtoren of Pharos (één van de wereldwonderen der Oudheid) en de 900.000 boekrollen tellende bibliotheek van het Mouseion. Onder de Arabische en Turkse overheersing was het met deze bloei gedaan. De stad slonk tot de dimensies van een vissersdorp en werd door de nieuwe havens Rosette en Damiëtte overvleugeld. De inval van Napoleon vestigde echter weer de aandacht op de strategische positie van Alexandrië en weldra groeide de stad weer door een

wij al op de rede aangekomen, maar pas vanochtend om 8 uur wierp men in de haven zelf het anker uit, aangezien de toegang tot de haven van Alexandrië gevaarlijk genoeg is om hem niet gedurende de nacht te nemen. Onze aankomst in Egypte werd aanvankelijk begroet door een vrij hevige stortbui; gelukkig was de regen van korte duur. Weldra zag ik opnieuw dat wonderlijke schouwspel dat men hier altijd meemaakt, namelijk de luidruchtige entering door benden bootslui, drogmans[14] enz. In een oogwenk was het dek ingenomen door een menigte schreeuwende mensen, die elkaar de gunst betwistten om de bagage van de reizigers aan wal te dragen. Het regende aan alle kanten aanbevelingen van hotels. Het gewoonlijk zo schone dek was veranderd in een modderpoel.

De meeste reizigers begaven zich zo snel mogelijk aan wal, na zich zeer boos te hebben gemaakt vanwege de overlast die de Arabieren U veroorzaken met hun getwist over Uw persoon en Uw bagage. De een na de ander zagen wij in bootjes zich naar de oever begeven, waar hen weer overlast van andere aard wachtte, namelijk een bezoek aan de even nauwgezette als trage douane. Daarom bleven wij nog wat langer aan boord, in afwachting van het moment dat Mr Gérôme uit de stad zou terugkomen met een Janitsaar[15] van het Franse Consulaat. Na twee uren wachten arriveerden zij, en spoedig daarna waren wij aan wal, waarbij we de douane zonder visitatie passeerden, terwijl onze onfortuinlijke voorgangers nog aan de klauwen van de indiscrete douaniers waren overgeleverd.

Zoals iedere Europese reiziger die in Egypte aankomt, ondergingen wij allen dezelfde gewaarwording van verrukking bij de aanblik van deze nieuwe wereld, die zich aan ons voordeed in zulke gevarieerde kleuren en met zulke pittoreske vormen. Ik was uiterst tevreden om me weer in deze omgeving te bevinden, waarvan de herinneringen nog steeds mijn gemoed bezig hielden. Ook Mr Gérôme was zeer vergenoegd over het weerzien met de Oriënt. Het was wel degelijk opnieuw dezelfde indruk die mijn eerste aankomst alhier op mij had gemaakt.

Na orde op zaken te hebben gesteld in onze nogal omvangrijke bagage, klommen wij in de omnibus van het Hotel Abbat[16], dat doorgaat voor het beste hotel van Alexandrië. Men heeft het er zeer goed. Op de rit door de

toevloed van buitenlanders. Ten tijde van Testas' tweede bezoek telde het ongeveer 60.000 inwoners en was het opnieuw een centrum van handel en nijverheid.

[14] (Arabisch) turjumân = vertaler, tolk, gids.

[15] (Turks) yeni çeri = nieuw leger. Turks infanteriekorps, rond 1360 opgericht om evenwicht te bieden aan de feodale ruiterij. De soldaten, veelal gerecruteerd uit het Christelijk bevolkingsdeel, vormden de kern van het Osmaanse leger. Vanaf de 17e eeuw verslapte de tucht en kwam het korps vaak in opstand. In 1826 werd zo'n opstand in bloed gesmoord en het korps afgeschaft. In het taalgebruik van de Europese reizigers vaak verward met de qawwâs of consulaire wachter.

[16] Gelegen aan de Place de l'Église (nu Midan Ibrahim) nabij de Catharinakerk in de Europese havenwijk van Alexandrië.

straten van Alexandrië zag ik weer dezelfde bonte wervelende menigte van altijd: mensen, rijtuigen, paarden, kamelen en ezels, alles dooreen, onder de modder en voortglibberend door de straten, die als gevolg van de regen doornat waren. Het was een ware modderpoel; de fijne grijze modder had de huizen tot op een aanzienlijke hoogte bespat. In het Quartier Franc[17] heerste meer zindelijkheid. Men heeft er trottoirs aangelegd, waarop Europese voeten zich kunnen wagen zonder tot over de enkel besmeurd te worden.

Na in het hotel te hebben gedéjeuneerd, zijn wij in twee open rijtuigen uitgegaan om de Zuil van Focas[18] te bezoeken (die ten onrechte Zuil van Pompeius wordt genoemd) en om een heerlijk ritje te maken langs het Machmoudiëh-kanaal[19]. Ik had Holland in sneeuw en ijs verlaten. Hier zat men echter midden in het voorjaar: alle bomen van een mooie kleur groen, nog frisser dan in de zomer, een zachte temperatuur met een zonnetje dat al behoorlijk warm was, en gelukkig geen regen meer. Daarbij, juist vanwege de recente regen, geen stof, waardoor Alexandrië in de zomerhitte zo verschrikkelijk geplaagd wordt.

Bij onze terugkeer in de stad hebben we een telegram naar Europa verstuurd (dat 62 franc[20] kostte!) om onze behouden aankomst in Egypte te laten weten. Vervolgens heb ik me naar het Consulaat der Nederlanden begeven, om aan Mr Anslijn[21] (de kanselier) een brief van zijn moeder te overhandigen. Ik heb ook Mr Ruyssenaers[22] gezien; hij was zeer voorkomend

[17] (Arabisch) ifranjî = Europees.

[18] Dit monument wordt meestal zuil van Pompeius genoemd, omdat men het in de Middeleeuwen als grafteken beschouwde van Caesars in 48 v. Chr. te Alexandrië vermoorde rivaal. In feite is deze dertig meter hoge granieten zuil volgens een opschrift op de basis in 296 na Chr. opgericht voor keizer Diocletianus als dank voor bewezen diensten; hij werd bekroond door een ruiterbeeld van de keizer. Oorspronkelijk stamt de zuil uit de ruïnes van de Serapistempel, die op deze plek ten zuiden van het oude centrum stond. Testas' benaming Focaszuil is foutief en berust op verwarring met een monument op het Forum te Rome.

[19] Het 78 km lange Mahmudieh-kanaal verbindt Alexandrië met de Rosette-arm van de Nijl. Het werd in 1819 door Mohammed Ali aangelegd en maakte de hernieuwde opbloei van Alexandrië als handelsstad pas goed mogelijk. Het kanaal werd geflankeerd door een mooie beboomde weg. — Volgens Lenoir werden daarna ook de beide obelisken van Alexandrië bezocht.

[20] 1 Franse franc = ongeveer 50 Nederlandse centen.

[21] Johannes Nicolaas Anslijn (1831-1905), Nederlands diplomaat. Na een theologische opleiding aan de Utrechtse Hogeschool begon hij zijn carrière als privé-secretaris en huisonderwijzer van de Nederlandse consul-generaal te Alexandrië, Ruyssenaers. Later werd hij diens opvolger; dankzij zijn contacten met Ferdinand de Lesseps kreeg hij tevens de post van administrateur van de Suezkanaalmaatschappij. Anslijn was evenals Testas uit Utrecht afkomstig en kende deze nog van zijn vorige bezoek in 1858-1860.

[22] Samuel Willem Ruyssenaers (1815-1877), Nederlands diplomaat. Ruyssenaers verbleef al sinds de jaren veertig als consul-generaal in Alexandrië, waar hij zich intensief bezighield met propaganda voor de aanleg van het Suezkanaal, dat voor Nederland als zeevarende en koloniale mogendheid van groot belang zou zijn. Ruyssenaers is ook bekend als verzamelaar van oudheden, waarvan een deel in het Rijksmuseum van Oudheden belandde. Ook hem had Testas eerder ontmoet.

en bood mij in geval van nood zijn diensten aan; ik hoop ze niet nodig te hebben. 's Avonds om zeven uur waren wij weer verenigd aan de table d'hôte, waar wij een groot gedeelte van de passagiers van de Saïd terugzagen.

In de avond zijn enkelen van ons naar een soort van café-concert geweest op de plaats waar vroeger het India Family Hotel stond, waar ik eerder gelogeerd had gedurende mijn eerste Egyptereis. Het is gelegen aan de Place des Francs of Place des Consuls[23]. De toegang kostte één franc. Het was redelijk en ook tamelijk gevarieerd; naast zangstukken en orkestwerken en komische scènes, waren er ook werkelijk zeer goede danseressen. Bij het aanschouwen van deze flauwe afspiegelingen van het Europese amusement kreeg men een bedrukt gevoel. Men was zich er van bewust dat men hier voormalige beroemdheden van overal vandaan zag optreden die hun laatste zwanenzangen en hun laatste kuiteflikkers ten beste gaven, en dat voor een weinig uitgelezen publiek dat rookte en praatte zonder al te veel te letten op de moeite die dit waarschijnlijk mager betaalde gezelschap zich gaf om in de smaak te vallen.

16 Januari. Kaïro.

En nu zijn wij dan vervolgens in Kaïro[24], de plaats die ik zo gaarne wilde terugzien. Vanochtend om 8 uur uit Alexandrië vertrokken, zijn wij hier tegen half een aangekomen. Onderweg was het mooi weer, met een zachte temperatuur en geen stof. Het landschap biedt over dit hele traject weinig verscheidenheid. Het herinnert mij (althans in dit seizoen) zeer aan Holland: een vlak maar vruchtbaar terrein, groen tot aan de horizon waar zich wat geboomte (waaronder weinig dadelpalmen) en behuizingen enz. aftekenen. Kortom, een vergezicht zoals wij dat voortdurend zien wanneer wij thuis in de trein zitten. Ik kan wel zeggen dat het een aangename indruk op mij maakte door de herinnering aan het vaderland. De uitwerking van de vrij talrijke wolken op het landschap droeg er nog toe bij de illusie te vervolmaken. Wat het effect

[23] Tegenwoordig Midan al-Taḥrir (Bevrijdingsplein). Dit plein van 450 × 100 meter bevindt zich bij de oostelijke haven.

[24] Het meest strategische punt voor een hoofdstad ligt in Egypte niet aan de geïsoleerde kust bij Alexandrië, maar daar waar Nijldelta en Nijldal (de Twee Landen van de oude Egyptenaren) elkaar raken. Daar lag het oude Memphis; daar ook stichtte Amr ibn al-As, die in 639 Egypte voor de Arabische kalief Omar veroverde, zijn legerkamp Fustat (= de Tent). Onder de latere kaliefen schoof het centrum van de stad geleidelijk zo'n vijf kilometer op naar het noorden, waar in 969 al-Qahira (= de Overwinnende) werd gesticht. De zuidelijke buitenwijken of oud-Kaïro ontwikkelden zich tot een voornamelijk Koptische voorstad. Kaïro zelf werd in de 11de eeuw ommuurd, maar groeide met name in de 19de eeuw snel uit, westwaarts in de richting van de Nijl waar het havenstadje Bulak en vervolgens ook het dorp Gizeh op de westoever werden opgeslokt, en naar het noordoosten in de richting van het oude Heliopolis. In 1868 telde de stad ongeveer 200.000 inwoners; tegenwoordig is dat zo'n twaalf miljoen. Sinds 1854 was de stad door middel van een 208 kilometer lange spoorbaan verbonden met Alexandrië, aangelegd door de Engelse ingenieur Robert Stephenson als eerste treinverbinding van de Oriënt.

daarentegen teniet deed waren in de eerste plaats de physionomie der inwoners, hun kledij, en verder de kamelen, de waterbuffels, de irrigatiewerktuigen (cheidoufs[25] en andere werktuigen om water over de velden te gieten) maar vooral de dorpen, eentonig van kleur, opgebouwd op plaatsen die hoger liggen dan het omringende terrein, de minaretten, de koepels enz.

Halverwege Alexandrië en Kaïro[26], op het punt in het traject van de spoorbaan waar men vroeger met een stoomboot de Nijl overstak, bevindt zich nu een mooie brug waarmee de trein oversteekt. Het restaurant dat zich in het station bevindt, lijkt sterk in verval. Ik heb er geen enkele reiziger binnen zien gaan om er te déjeuneren of een verversing te halen, aangezien het déjeuner 9 franc kost en een kop koffie een shilling[27], hetgeen diefstal of op zijn minst afpersing van de reizigers is!

Naarmate wij Kaïro naderden, werd het groen nog mooier: men ziet hier en daar landhuizen, mensen en ezels zijn minder slecht gekamd en beter getuigd, men merkt kortom dat men een belangrijke stad nadert. Weldra zagen wij aan de horizon de piramiden[28] verschijnen, imposant als altijd, en vervolgens aan de linkerhand Kaïro, bekroond door haar citadel[29] met de witte moskee met zijn twee slanke minaretten, die weliswaar grof van structuur zijn maar zich bewonderenswaardig goed tegen de blauwe lucht aftekenen.

Bij onze aankomst waren wij vrij gauw geïnstalleerd in rijtuigen en de bagage, die was toevertrouwd aan de zorgen van de boden van het hotel waarheen wij gingen, volgde ons op enige afstand op transportwagens. Ik wil geen poging wagen te beschrijven wat ik voelde toen ik mij opnieuw bevond in die drukbevolkte straten, waarvan het aandenken zo ongerept in mijn herinnering was gebleven. Mijn metgezellen moeten wel — net als ik, toen ik voor de eerste keer aankwam — die verbluftheid en geestdrift hebben gevoeld die iedere kunstenaar moet voelen bij de aanblik van deze zo originele stad en dit zo pittoreske volk. Ik voor mij wist wat ik te zien zou krijgen, maar zij (met uitzondering van Mr Gérôme) hadden zich nooit een wereld kunnen voorstellen die zodanig verschilt van ons koude, bleke en lelijke bestaan in Europa. Hier is het beslist minder geciviliseerd, minder praktisch en minder

[25] (Arabisch) šâdûf = primitief irrigatiewerktuig in de vorm van een houten hefboom met aan het ene eind een emmer, aan het andere een zwaar tegenwicht.

[26] Na 105 kilometer, waar de spoorweg bij Kafr az-Zaiyat de Rosette-arm van de Nijl kruist. De brug was pas onder Ismaïl aangelegd.

[27] 1 Engelse shilling = 60 Nederlandse centen.

[28] De drie piramiden van Gizeh, pal ten zuidwesten van Kaïro gelegen aan de rand van de Libische woestijn.

[29] De citadel van Kaïro ligt tegen een helling van het Muqattamgebergte ten oosten van de stad en werd gebouwd door Saladin (1174-1193). Hij diende als dwangburcht tegen de opstandige stedelingen en als residentie van de vorst. Veel van de oude paleisconstructies werden door Mohammed Ali afgebroken om plaats te maken voor de bouw van zijn moskee (1824-1848). Deze is, met zijn koepel geflankeerd door twee minaretten, geïnspireerd op de moskeeën van Istanbul.

gerieflijk, maar wat staat daar niet een grootsheid in alles tegenover, wat een verrassingen en wat een ongewilde sierlijkheid tot in de kleinste zaken!

Om ons naar het Hotel Aurie te begeven, moesten wij langs Esbekiëh[30] (Pl. II). Dit mooie plein is helaas sterk veranderd; het is een schaduw van wat het vroeger was. De mooie wandelpaden tussen de aardige bosjes bestaan niet meer; de Arabische café's, de restaurants enz. die de wandelaars aantrokken, zijn verdwenen; men ziet slechts puinhopen, een soort chaos. Na in het hotel wat te hebben uitgerust, zijn wij op ezels geklommen om de graven der kaliefen[31] te bezoeken. De Mouski of Europese straat[32], waar wij doorheen moesten, is weinig veranderd. De andere straten die wij insloegen om door de Bab el Foutough[33] uit te gaan, waren niet veranderd: aangezien ze niet door Europeanen bewoond waren, was verandering gelukkig minder te vrezen.

Na aankomst bij de graven der Kaliefen hebben wij het graf van Sultan Bersabé[34] bezocht, dat van Malik-Adel (naar men zegt)[35] en vervolgens het graf en de moskee van Kaït-Bey[36]. Wij hadden er nog op gerekend ook die andere gravenstad te bezoeken bij de graven van de Mamelukken (Imamé Chafeh)[37], maar hoewel wij de heuvels achter de citadel al over waren,

[30] Dit plein is genoemd naar de moskee van de 15de-eeuwse Emir Ezbek. Vroeger vormde het een moerassige laagte, die bij de Nijloverstroming jaarlijks in een meertje veranderde. Mohammed Ali liet het terrein echter ophogen en in een plein veranderen. Gaandeweg maakten de voormalige landhuizen plaats voor gebouwen in Europese stijl: de beurs, de consulaten, hotels, en de in 1869 ter gelegenheid van de opening van het Suezkanaal ingewijde Opera. Ismaïl liet in 1865 een hek optrekken rond het beboomde middenterrein dat vervolgens als tuin werd ingericht door Franse architecten. Zo vormde Ezbekieh gedurende de 19de eeuw het hart van de Europese wijk.

[31] In feite de grafmoskeeën van de sultans, prinsen en emirs van de Circassische Mamelukken (1382-1517), aangelegd op de hoogten ten oosten van de stad en ten noorden van de citadel. De grafmonumenten van de kaliefen der voorgaande dynastieën lagen binnen de stadsmuren en zijn daardoor deels overbouwd door latere constructies.

[32] De Sharieh al-Muski, zo genoemd naar Iss al-Din Musk (een bloedverwant van Saladin) loopt van Ezbekieh oostwaarts in de richting van het oude ommuurde stadscentrum. Hier, buiten de poorten en rondom het huis van de Franse consul, ontstond in de 18de eeuw het Frankenkwartier. Door Mohammed Ali werd de straat in oostelijke richting doorgetrokken, dwars door het middeleeuwse centrum met de bazars. Ook tegenwoordig is het nog een levendige winkelstraat.

[33] Bab al-Futuḥ (= Poort der Veroveringen), in 1087 gebouwd als noordelijkste van de acht poorten in de grote ommuring van Kaïro (waarvan er nog drie over zijn). De enorme stenen boog wordt geflankeerd door twee 23 meter hoge ronde torens. De bouwmeesters waren drie Armeense architecten en ook de opdrachtgever, de Fatimidische vizier Badr al-Gamali, was een Armeniër.

[34] Al-Ashraf Barsbay, van het geslacht der Circassische Mamelukken, was van 1422-1437 Sultan van Egypte. Zijn moskee bevat de met koepels overdekte graven van hemzelf, familieleden en hovelingen.

[35] Malik al-Adil I (1200-1218) was een broer van Saladin, Malik al-Adil II (1238-1240) diens kleinzoon.

[36] De grafmoskee van Qait Bey (1468-1496) geldt als het mooiste Islamitische gebouw van Egypte. Het gebouw is kruisvormig en wordt bekroond door een rijk versierde koepel en een minaret met drie geledingen (vierkant, achthoekig, rond).

[37] Deze begraafplaats ten zuiden van de stad deed al dienst ten tijde van Fustat, maar kwam pas tot bloei door de constructie van de grafmoskee van de Imam ash-Shafi'i (767-820), de

hebben wij dat toch voor een andere dag overgelaten, aangezien het te laat was. Via Bab el .....[38] zijn wij teruggekeerd, rijdend over het Roumelieh-plein[39] en langs de superbe moskee van Sultan Hassan[40]. Wij hebben ons een weg gebaand door de dichtbevolkte en pittoreske straatjes van de Souk el Sellat[41], daarna El Soukarieh[42] waarbij we onder de onvergelijkelijke Bab el Zouéléh[43] door kwamen. Hoewel wij dooreengeschud en -geslingerd waren, waren wij allen gelukkig, en niemand van ons kon zich weerhouden om voortdurend uit te roepen: „Het is ongelooflijk", „Het is drommels mooi", „Het is verbluffend". Het is een feit dat de straten van Kaïro een aanblik bieden die men nergens ter wereld tegenkomt: het is onvergelijkelijk mooi en wonderbaarlijk pittoresk, en de Arabieren zelf hebben er wellicht geen benul van.

Na een zeer goed diner in het hotel om 7 uur, zijn wij te voet vertrokken om een beetje door de stad te lopen, die in deze periode (de tijd van de Rhamadan[44]) overal verlicht en vol leven is. Met een nog jonge Arabier genaamd Assawi als gids, een ezeljongen die fortuin heeft gemaakt en die nu paarden en rijtuigen verhuurt en die vroeger Mr Gérôme als ezeldrijver heeft gediend, hebben wij een fiks eind afgelegd door een labyrinth van straten (Pl. III), zodat ik er niets meer herkende hoewel ik toch meende in Kaïro heel aardig de weg te weten. In een afgelegen wijk zijn wij gaan zitten voor een koffiehuis waar veel mensen waren en waar een blinde grijsaard op de drempel zat die verhalen vertelde over Abou Zeid, Antar en andere Sprookjes van Duizend-en-Een Nacht[45]. Hij begeleidde zich op een instrument dat wat

stichter van één der vier leerscholen van de Islam. Dit monument, één van de belangrijkste pelgrimsoorden van Kaïro, werd opgericht in 1211 door Malik al-Adil I. Velen van de Bahritische Mamelukken (1250-1383) lieten zich hier begraven, en ook Mohammed Ali bouwde hier grafmonumenten voor zijn naaste familieleden.

[38] Bab al-Qarafa (= Poort van de Begraafplaats), ook wel Bab Qait Bey of Bab as-Saiyida Aisha (naar de favoriete vrouw van Mohammed) genoemd, zuidelijke stadspoort uit 1475-1484.

[39] Het cirkelvormige Rumaila-plein, nu Midan Salaḥ ad-Din, ligt aan de voet van de Citadel en onmiddellijk achter de Bab al-Qarafa.

[40] Deze grafmoskee werd gebouwd van 1356 tot 1362 door de Mamelukkensultan Hassan. Rondom een open hof bevinden zich kruisvormig vier hallen, die dienst doen als scholen voor de vier doctrines van de Islam. Daarachter, aan het Rumaila-plein, verheft zich een 55 meter hoge koepel boven het eigenlijke graf. De 86 meter hoge minaret is de hoogste van Kaïro.

[41] (Arabisch) sûq al-silâḥ = wapenmarkt.

[42] (Arabisch) šâriʿ al-sukkarîya = straat van de suikerwaren. Deze bazar voor suiker en gedroogde vruchten, net als de vorige straat omzoomd door paleizen en moskeeën, vormt de zuidelijke toegang tot de oude stad.

[43] Bab Zuwaila, ooit de zuidpoort van al-Qahira, werd eveneens door Badr al-Gamali gebouwd in 1092. De poort is 20 meter hoog en wordt geflankeerd door hoge torens, waarvan er één dienst doet als minaret. De naam is afgeleid van een Berberstam die dienst deed in de Fatimidische legers.

[44] De Islamitische maand Ramadan gedenkt de overhandiging van de Koran aan Mohammed. Overdag wordt er gevast, 's avonds en 's nachts gegeten en gefeest.

[45] De Sprookjes van Duizend-en-Een Nacht vormen een mengsel van oosterse verhalen uit verschillende landen en tijden. Pas door de Turken werden deze tot één geheel gesmeed, door ze

had van een kleine violoncello met twee snaren[46]. Na er koffie te hebben gedronken, zijn wij weer op weg gegaan door vele nauwe, kronkelende en duistere straatjes, die een vreemd aanzien hadden door de lichteffecten veroorzaakt door lantarens, ovens en andere lichtbronnen — kortom, wij waren verrukt! Wij kwamen vrij laat thuis en hebben ons onmiddellijk teruggetrokken op onze respectieve kamers in de hoop morgen deze droom te kunnen voortzetten.

Vrijdag 17 Januari.

Vanochtend zijn wij tegen negen uur vertrokken (zonder Gérôme, Goupil en Journault) om naar Oud-Kaïro te gaan. Assawi had ons goede ezels verschaft. Om te beginnen zijn wij afgestegen bij de moskee van Amrou[47], de oudste van de moskeeën van Kaïro en ook de grootste. Het is opmerkelijk, zij het ook vrij logisch, dat de oudste voor het merendeel diegene zijn die het meeste oppervlak beslaan: ook de moskee van Teyloun[48] en die van El Hakim[49] zijn zeer uitgestrekt. Aan de vier zijden waren er grote zuilengalerijen, die gelijken op een woud van zuilen. Slechts aan een kant zit het dak er nog op en staan alle zuilen nog overeind; dit is de plaats waar de gebedsnis (mirâb[50]) en de preekstoel (mimber[51]) zich bevinden. Aan de ingangszijde staan twee zuilen zeer dicht op elkaar. Men zegt dat wanneer men er tussen door kan gaan, men lang zal leven. Het is slechts een kwestie van corpulentie, zodat ik er gemakkelijk tussendoor kon glippen.

in de mond te leggen van prinses Sheherazade aan het hof van koning Shahriar. Vanaf de 18de eeuw raakten de sprookjes ook in Europa bekend dankzij een Franse vertaling.

[46] De kamanjâ, een strijkinstrument met twee snaren van paardehaar en een klankkast van een met vishuid bespannen kokosnoot.

[47] Door de Arabische veroveraar Amr ibn al-As in 642 gebouwd als oudste moskee van Afrika. Het oorspronkelijke bouwwerk mat slechts 60 × 36 meter en was van ongebakken kleisteen. Vanaf de 8ste eeuw, en vooral in de Osmaanse periode, volgden uitbreidingen, zodat het gebouw nu bestaat uit een grote hof van 120 × 110 meter, aan de oostzijde begrensd door een zuilenhal met zes schepen. De moskee ligt bij Fustat, aan de noordzijde van Oud-Kaïro.

[48] De moskee van Ahmad ibn Tulun is de grootste van Kaïro (140 × 122 meter) en het oudste intacte Islamitische gebouw van Egypte (876-879). Hij staat aan de zuidzijde van Kaïro op de plek waar Tulun, die Egypte vrij maakte van de kalief van Bagdad, zijn nieuwe hoofdstad al-Qata'i stichtte, een voorloper van het eigenlijke Kaïro. De moskee bestaat uit een door zuilengalerijen omgeven hof.

[49] Gebouwd van 990-1013 door de Fatimidenkalief Al-Hakim, kleinzoon van de stichter van Kaïro, tegen de noordmuur van de stad nabij de Bab al-Futuḥ. Deze moskee volgt het patroon van de Ibn Tulun, maar raakte in de 19de eeuw sterk in verval. Het monument is onlangs geheel gerestaureerd.

[50] (Arabisch) miḥrâb, de nis die de ligging van Mekka en daarmee de gebedsrichting aangeeft.

[51] (Arabisch) minbar, preekstoel in de vorm van een baldakijn bovenaan een steile rechte trap.

Vandaar hebben wij ons naar de Koptische kerk[52] in Oud-Kairo begeven, een kerk die door Keizerin Helena is gebouwd en waarin zich zogenaamd de grot bevindt waar de Heilige Maagd haar toevlucht had genomen tijdens haar vlucht naar Egypte. Naar buiten komende uit de kerk (die in de Christelijke wijk gelegen is, waar men varkens zag lopen) zijn wij door kleine straatjes gelopen, één zelfs gelijkende op een tamelijk lage tunnel waar men moest bukken om zijn hoofd niet te stoten, om weer uit te komen op de grote weg die door Oud-Kaïro loopt.

Vervolgens zijn wij in een bark de Nijl overgestoken om de Nilometer te bezoeken, die zich op de Zuidpunt van het eiland Rhoda[53] bevindt. De Nilometer gelijkt op een enorme vierkante put, waarin men langs een stenen trap kan afdalen. In het midden van de put, waarin het water kan doordringen en op het niveau van de rivier blijft staan, staat een marmeren pijler waarop merktekens zijn aangebracht die de waterstand van de Nijl aangeven in de overstromingsperiode. Als men niet voortdurend over de Nilometer hoorde spreken, zou men niet de moeite nemen haar te gaan zien: de aanblik heeft niets uitzonderlijks! Maar opzij ervan op een terras wordt men ruimschoots schadeloos gesteld voor de zojuist ervaren teleurstelling, door een magnifiek uitzicht over de Nijl die hier een aanzienlijke breedte bezit. Dit is de plaats van de oversteek tussen Oud-Kairo en Giseh[54]; het is een voortdurend komen en gaan van barken en zeilbootjes van allerlei modellen.

Door opnieuw de Nijlarm over te steken die wij al overgegaan waren, konden wij onze ezels weer opzoeken en naar Kaïro draven, tot aan de weg naar Boulak[55] waar wij rechtsaf sloegen, om aldus direct Esbekieh te

52 'Kopten' (een verbastering van het Griekse Aigyptioi) is de term die de Arabische veroveraars van Egypte gebruikten voor de inheemse Christelijke bevolking van het land. Al in de 2de eeuw was er in Egypte een grote Christelijke gemeenschap; in 451, op het Concilie van Chalcedon, scheidde deze Koptische Kerk zich af van de orthodoxen. Ondanks de Arabische overheersing is heden ten dage nog 15% van de Egyptische bevolking Koptisch. In de hoofdstad is Oud-Kaïro de Koptische wijk bij uitstek; deze telt verscheidene kerkjes en een synagoge. De kerk met de legendarische rustplaats van de Heilige Familie is de Abu Sarga, waarschijnlijk eind 4de eeuw gebouwd voor de soldatenmartelaars Sergius en Dacus, en in de 11de eeuw geheel gerenoveerd als een driebeukige basilica met 12 zuilen. De associatie met de moeder van keizer Constantijn, Flavia Iulia Helena (± 257-336), lijkt daarmee ongegrond.

53 Vóór het op de oostoever gelegen Kaïro liggen twee eilanden, Gezira in het noorden en het iets kleinere Roda in het zuiden. Het laatste eiland meet 3500 x 600 meter en had nog tot ver in de 20ste eeuw een landelijk karakter, vooral door de tuinaanleg rond een paleis van Ibrahim Pasha waaraan het eiland zijn naam ontleent (Arabisch al-Rauḍa = de Tuin). Op de zuidpunt staat nog heden ten dage de uit 715 daterende nilometer, bestaande uit een 11.5 meter hoge zuil in een put, gelegen middenop een door vier nissen omgeven hof.

54 Gizeh was in de 19de eeuw nog een klein dorpje op de westelijke Nijloever. In 1869 werd ter gelegenheid van de opening van het Suezkanaal een kaarsrechte weg aangelegd tussen de Nijloever en de aan de woestijnrand gelegen piramiden. Tegenwoordig is Gizeh door talrijke bruggen met Kaïro verbonden en geheel verstedelijkt.

55 Ook Bulak was in Testas' tijd nog als zelfstandig stadje herkenbaar. Op de oostelijke Nijloever gelegen, vormde het het havenkwartier van Kaïro, waarmee het door twee landwegen

bereiken. Ook aan deze kant was Esbekieh erg veranderd: nieuwe hotels, Europese traliehekken, achter een nieuw hotel een cricketveld voor de Engelsen, en overal puin en stof. Na het déjeuner ben ik met Journault en Bonnat te voet vertrokken om wat rond te lopen door de Ghangalîl[56] (markt voor stoffen en snuisterijen). Daar heb ik de oude Janitsaar Mohammed Lyrico teruggevonden, die een winkeltje heeft in deze bazar. Hij herkende me nog, hoewel hij mij toch zeven jaar niet gezien heeft; hij kwam Mr Prisse soms opzoeken, in de tijd dat deze nooit een marktdag liet voorbijgaan zonder in zijn winkel te komen zitten om te pogen iets zeldzaams of interessants te kopen van de standwerkers, die op Maandag en Donderdag zaken van allerlei aard komen verkopen.

Na enige tijd door de nauwe straatjes van de bazar te hebben geslenterd, die fantastisch pittoresk en prachtig van aanzien zijn, zijn wij op de terugweg enkelen van ons gezelschap tegengekomen, rijdend op ezels; zij gingen de kant van de citadel op. Ook Bonnat en ik hebben ezels genomen en wij zijn naar het Roumélieh-plein gegaan, en vandaar naar de graven van de Mamelukken bij Imamé Shafeh. Na de graven van verscheidene prinsen uit de familie van Mehemet Ali te hebben bezichtigd, die tussen haakjes vrij onbeduidend van vorm zijn, zijn wij bij zonsondergang via het Roumeliëh-plein weer in de stad teruggekeerd. De aanblik van de citadel en de omliggende rotsen, rose verlicht door de laatste stralen van de zon die achter purperen en gouden wolken verdween, was magnifiek. Terwijl wij voor de citadel langs reden, werd er juist een kanonschot afgevuurd, dat een magnifieke echo veroorzaakte die weerkaatste in dit woud van grote moskeeën met hun minaretten. Het was het signaal om de Musulmannen te beduiden dat zij opnieuw voedsel mochten gebruiken: vanaf de dageraad tot aan de maghrib (zonsondergang) mag een Musulman niets eten en niets drinken, zelfs niet roken, gedurende de gehele maand die de ramazân duurt.

's Avonds rekenden wij erop een zikr[57] te zien in een takieh[58] (moskee) van ronddraaiende dervichen[59], maar helaas hoorden wij bij onze aankomst op de aangeduide plaats dat deze oefeningen tijdens de ramadan niet plaats

verbonden was. In de 20ste eeuw verschoof het centrum van de stad echter van Ezbekieh naar de Nijl, daarbij Bulak en de eilanden Gezira en Roda opslokkend.

[56] Chan al-Chalili vormt het hart van de bazar van Kaïro. Dit complex van halfoverdekte marktstraten werd in 1292 gesticht door sultan al-Ashraf Chalil. Men vond er voornamelijk zilver- en goudsmeden, verkopers van pijpen, tapijten, zijde en borduurwerk.

[57] (Arabisch) ḏikr = godsdienstoefening, gekenmerkt door ritmische bewegingen die tot doel hebben in trance te komen.

[58] (Arabisch) takîya = klooster van een moslim-orde.

[59] (Arabisch) darwîš = lekebroeder van een mystieke moslim-orde. De oudste orde dateert van 1164. De derwisjen zoeken onder leiding van een sjeich naar kennis van God door ascese en trance. Bekend zijn ook de orden van wonderdoeners, faqirs, slangenbezweerders e.d., die met name in Egypte allerlei religieuze feesten afreizen.

vinden. Gelukkig konden wij alvorens in het hotel terug te komen nog wat staaltjes van deze ceremonie zien, onder andere voor de moskee van Sitte-Zeneb[60], de zuster van de profeet Mahomed. Zij brulden en redetwistten op huiveringwekkende wijze; het is een vreemd iets en men staat versteld als men het ziet. Toen Mr Gérôme voor deze moskee van zijn ezel stapte, kwam hij achterover op de grond te vallen, maar gelukkig heeft hij geen letsel opgelopen.

18 Januari.

Het heeft gedurende de gehele ochtend geregend, zodat de hemel bedekt was. Het karakteristieke Oosterse aanzien was geheel afwezig, en bovendien verhinderde de modder de mogelijkheid om op straat te gaan zitten werken. Toen de zon in de middag weer te voorschijn kwam, hebben wij om vier uur een uitstapje ondernomen in de richting van Shoubra[61], waarbij wij de mooie sycomorenlaan volgden. Het is een superbe, goed overschaduwde weg. Alvorens in Shoubra aan te komen, hebben wij halt gehouden dichtbij het nieuwe kanaal, waar een buitenhuis ligt dat door een Franse schilder wordt bewoond die sedert enkele jaren in dit land woont. Hij heet Mr Clément[62]; wij hadden op de boot de Saïd al kennis met hem gemaakt. Hij was zeer vriendelijk, evenals zijn vrouw, hoewel hij gekweld werd door de omstandigheid dat hij zijn bagage nog niet uit Alexandrië ontvangen had, wat hem zeer ontriefde, naar het schijnt, daar hij op reis die zaken had meegenomen die het meest noodzakelijk waren voor zijn welzijn en hij daarvan voor het ogenblik verstoken was.

's Avonds hebben wij bezoek gehad van verscheidene drogmans, de één al duurder dan de ander, met prijzen variërend van acht guinées[63] tot twintig guinées per dag (voor zeven personen), alles inbegrepen zoals voedsel, personeel, tenten, kamelen enz. Egypte is enorm veranderd: Mr Gérôme betaalde vijf jaar geleden 15 franc per persoon en per dag, op een reis naar Syrië

[60] Zeinab (628-680) was een dochter van de Imam Ali en Fatima, dus een *kleindochter* van de profeet (Arabisch sitt = mevrouw). Zij kwam in 679 naar Fustat, waar ze een jaar later overleed. Haar graf, nabij de moskee van Ibn Tulun, trekt jaarlijks vele pelgrims. Het oorspronkelijke monument werd daarom in 1549, 1798-1859 en 1884 herbouwd als grote moskee.

[61] Het dorpje Shubra lag oorspronkelijk op vijf kilometer ter noorden van Kaïro. Aangezien Mohammed Ali hier een paleisje had, werd er een lange rechte verbindingsweg aangelegd, overschaduwd door acacia's en sycomoren en daardoor een geliefd oord voor rijtochtjes. Het genoemde kanaal was in 1866 aangelegd als verbinding tussen Bulak en Ismaïliya aan het Suezkanaal.

[62] Félix Auguste Clément (1826-1888), Frans oriëntalistisch schilder van landschappen, mythologische scènes en naakten. Clément was een leerling van de Académie in Lyon en debuteerde in 1853 in de Parijse Salon. In 1856 won hij de Prix de Rome en in 1862 ging hij naar Egypte, waar hij voor Halim Pasha, een zoon van Mohammed Ali die in Parijs had gestudeerd, de wanden van het paleisje Qasr al-Nuzha te Shubra beschilderde met jachtscènes e.d. In 1868 keerde hij terug naar Frankrijk, waar hij zeven jaar later leraar werd aan de Lyonnese Académie. Hij overleed in 1888 te Algiers, waar hij om gezondheidsredenen overwinterde.

[63] 1 Egyptisch pond (guinée) = 10 Nederlandse guldens.

gelijksoortig aan de onze. Alles is zozeer gestegen dat het leven hier duurder is dan te Parijs, althans voor reizigers, want de landlieden evenals de Europeanen die in Egypte wonen weten ongetwijfeld beter hoe zij hun zaken moeten aanpakken en uit welke bron zij moeten putten.

19 Januari.

Het weer heeft zich weer helemaal hersteld; de regen heeft in dit land gelukkig geen lange duur, want anders zouden de huizen na enkele dagen besproeid te zijn vanzelf instorten en de ongeplaveide straten zouden in modderpoelen veranderen. Eén dag regen is al voldoende om de straten vrijwel onbegaanbaar te maken voor andere wandelaars dan Arabieren, die zelf blootsvoets lopen, tenminste het volk.

Vanochtend heb ik een gezicht op de poort genaamd Bab el Zouéleh geschetst, bij de markt voor suikergoed. Het is een magnifiek gezicht; vervelend is dat er juist op deze plek zoveel verkeer is, zodat het zeer lastig is op zijn gemak te werken, en bijgevolg een goed stuk werk te verrichten. In de namiddag heb ik een studie in olie gemaakt van een poort in een straatje tegenover de moskee — of liever de universiteit — el Azâr[64]. Ik was in gezelschap van Mr Gérôme, die zelf een gezicht op een wachthuis terzijde van mijn kleine straatje maakte. Er waren veel nieuwsgierigen, maar een soldaat van goede wil is bij ons op wacht komen staan om de meest lastigen op een afstand te houden.

's Avonds hebben wij, alvorens terug te keren voor het diner, wat rondgelopen over Esbekieh, waar wij opnieuw het trieste lot van dit mooie plein hebben kunnen betreuren, dat nu naar believen wordt misvormd om er huizen te bouwen. Slechts in het midden heeft men een gedeelte in stand gelaten, omringd door een Europees traliehek met eveneens getraliede toegangspoorten dat naar men mij gezegd heeft bijna 800.000 franc gekost heeft, om als wandelplaats te dienen. Wij hebben Mr Barthélemy te dineren gehad, een Fransman die met dezelfde boot als wij uit Marseille was aangekomen.

21 Januari.

Vanochtend zijn wij met Mijnheer Clément naar prins Ali Pacha[65] gegaan om zijn paarden te zien. Prins Ali heeft de mooie Arabische stoeterij van

[64] Deze moskee heet naar Mohammeds dochter Fatima, ook wel genoemd az-Zahra = de Stralende. Het is een conglomeraat van gebouwen uit verschillende perioden rond een hof met zuilengalerijen. Als hoofdmoskee van al-Qahira werd hij in 970 gesticht en al in 988 werd hier onderwijs gegeven. De universiteit bloeide met name op onder de Mamelukken; er werd onderwijs gegeven volgens de vier doctrines van de Islam aan studenten uit de hele Islamitische wereld. Tegenwoordig telt de universiteit 20.000 studenten, en sinds 1961 wordt er ook meer dan alleen theologisch onderwijs gegeven.

[65] Ali, de zoon van de invloedrijke eerste minister Sharif Pasha, bezat een paleis in de wijk Abdin. Hier hield hij zijn stallen met volbloed Arabische paarden. Deze stamden nog uit de

Fig. 5. Goupil (?), *Een merrie van prins Ali Pasha*. Foto uit een documentatiemap van Testas. Teylers Museum, Haarlem.

wijlen de onderkoning Abbas Pacha voortgezet. De prins heeft ons met veel vriendelijkheid ontvangen in een tuin dichtbij zijn stallen. Na enige tijd te hebben gepraat (hij spreekt zeer goed Frans) en koffie te hebben gedronken, heeft hij ons rondgeleid door zijn stallen. Eerst hebben wij de merries gezien, vervolgens de veulens. Men liet de merries rondlopen in hun boxen en de veulens met een half dozijn tegelijk door de gangen van de stal; het was een mooi schouwspel, allemaal paarden van zuiver Arabisch bloed. Reeds de veulens hadden een fier en voornaam aanzien; er waren er van alle leeftijden. Wij zijn geëindigd met de hengsten, er waren magnifieke bij. Men leidde hen achtereenvolgens voor ons voor. Het is verbluffend wat hij aan paarden bezat: in deze stal in de stad zijn er minstens een honderdtal, en buiten dat nog een massa op zijn bezittingen in de provincie.

Na ons zijn paarden te hebben getoond, heeft de prins ons door zijn tuin geleid, die zeer uitgestrekt is. Men zou niet geloven dat er in een stad zo volkrijk en zo dichtbebouwd als Kaïro nog een tuin als deze bestond. Ook zijn paleis schijnt erg groot te zijn, al hebben wij daarvan slechts de vestibule

beroemde stoeterij van Abbas Pasha, die ooit 300 paarden bezat. Na diens dood gingen ze over in het bezit van zijn zoon, die ze in 1861 liet veilen, een verkoping die gezanten van vele Europese hoven trok en waar ook Ali zijn slag sloeg.

gezien en de gang die naar de tuin leidde. Wij hebben magnifieke rozen en sinaasappels geplukt; het is aardig om sinaasappelbomen beladen met hun vruchten te zien. Wij hebben ook enkelen van de kindertjes van de prins gezien; zij waren zeer lief.

23 Januari.

Gisteren hebben wij dan eindelijk een grote zaak beklonken, namelijk het contract met een drogman. Verscheidenen hadden zich gemeld, maar vrijwel allen deden onzinnige voorstellen, die slechts aannemelijk waren voor Engelsen, Amerikanen ofwel voor prinsen van den bloede. De drogman die wij hebben aangenomen heet Jousouf Moussali, een Maronitische Christen[66] uit Syrië die vooral aanbevolen wordt vanwege zijn reizen naar Syrie en Palestina via de Synaï. Zijn prijs was 235 franc per dag, ofwel 33 franc en nog wat per persoon; en hij was nota bene nog één van de minst duren! Het is waar dat hij onkosten moet maken, zoals proviand, tenten, kamelen, personeel, en alles van de beste kwaliteit. Het is ook waar dat hij van deze reizen iets moet overhouden waarvan hij zelf en zijn familie kunnen leven. Maar al met al kan ik het toch niet laten deze manier van reizen zeer duur te vinden en te menen dat hij aan het eind van de reis toch wel een mooi bedragje in de zak kan steken!

Vanochtend hebben wij de tenten bekeken, die men niet ver van ons vandaan op het Esbékieh-plein had opgezet: drie grote voor rekening van de drogman, en twee kleinere die aan Mr Gérôme & Journault toebehoren. Na de tenten te hebben gezien, zijn wij naar Choubrah gegaan, waar wij verwacht werden voor een déjeuner bij Mr & Made Clément. Na een omvangrijk déjeuner zijn wij in gezelschap van Mr Clément met onze geweren de omgeving afgelopen. Wild om te schieten hebben wij niet gezien, althans niet iets dat iets voorstelde, maar daar stond tegenover dat wij een plezierige wandeling hebben gemaakt tot zonsondergang. Daarna zijn wij weer op onze ezels geklommen, waarmee wij drie kwartier later in Kaïro zijn teruggekeerd, stapvoets rijdende. Bij onze aankomst was het stikdonkere nacht: in dit land is er geen noemenswaardige schemering. De nacht valt bijna onmiddellijk op het moment dat de zon ondergaat.

[66] Deze Christelijke secte is terug te voeren tot de 7de eeuw, toen in het klooster van St. Maron (gestorven 410) aan de Orontes in Syrië een gemeenschap van monotheletisten ontstond (Christenen die geloven dat in Jezus slechts de goddelijke wil werkzaam was). Na de verwoesting van het klooster door de Arabieren in de 10de eeuw en de verdrijving van de gelovigen naar het bergland van de Libanon ontstond een verzoening met de kerk van Rome, al bleven de Maronieten vasthouden aan een eigen Syrische ritus. In de Libanon vormen de Maronieten, die geleid worden door een Patriarch te Antiochië, nog heden ten dage één van de grootste bevolkingsgroepen.

Fig. 6. Testas, *In de dodenstad buiten Kaïro*. Gekwadreerde werktekening, potlood, 42,8 × 34,9 cm. Teylers Museum, Haarlem.

Ik hoop dat wij ons morgen weer aan het werk kunnen zetten, want anders zou er kans bestaan om met niet al te veel studies thuis te komen. Het is waar dat het weinig genoeglijk is om op straat te werken, zodanig wordt men lastig gevallen door nieuwgierigen die rondom U te hoop lopen. Het is onmogelijk zich er voortdurend van te ontdoen: als men er één duldt, komen er twee, dan drie en zo verder. Hoe meer er staan, des te meer komen er bij die heel vanzelfsprekend denken dat er iets heel buitengewoons te zien is. Het is beroerd; men zou een kawas[67] of Janitsaar moeten hebben om ruim baan te maken. Tenzij men zou besluiten om dan maar niets te doen, moet men echter wel trachten dit alles te verdragen. Vroeger, toen ik het nationale kostuum droeg, kon ik rustiger werken, maar op deze vervloekte Europese dracht komen de Arabieren af als vliegen op de suiker.

Wij zullen binnenkort van hier vertrekken om een tocht door de Fayoum[68] te maken; daar zal men beter af zijn om te werken, naar ik hoop. Wij zullen een twee weken weg blijven, waarna wij nog een tiental dagen in Kaïro zullen terugkomen, alvorens naar de Synaï te vertrekken. Het is mogelijk dat wij ook Mr Barthélemy bij ons zullen hebben. Het is een aardige heer; hij heeft de reis naar Syrië al eens gemaakt via de kleine woestijn[69]. Ik geloof dat hij deze landen tamelijk goed kent.

Zaterdag 25 Januari.

Vandaag is het kanon tegen zeven uur in de ochtend begonnen het signaal te geven voor de aanvang van de Beyram-feesten[70] (die drie dagen duren) en van het einde van de Rhamadân. Er is een grote receptie geweest bij de Onderkoning in de citadel voor alle hoogwaardigheidsbekleders van het koninkrijk, voor de geestelijke leiders van alle religies en voor de consuls van de vreemde mogendheden. 's Ochtends heeft het kanon 21 schoten gelost, nog

[67] (Arabisch) qawwâs = boogschutter; consulair wachter, herkenbaar aan een speciaal uniform en een stok met een zilveren bol.

[68] De naam van de Fayum is afgeleid van het Koptisch en betekent 'het Meer'. Het is Egypte's grootste oase (ongeveer 100 × 90 kilometer), met in het midden het 40 kilometer lange Birket al-Qurun (= Hoornvormig Meer) dat op 45 meter onder zeeniveau ligt en gevoed wordt door een zijarm van de Nijl, de Baḥr Yusuf. Reeds in de Oudheid ontgonnen de Egyptenaren hier de uitgestrekte moerassen door met sluizen het waterniveau te reduceren. Het vooral onder de Ptolemaeën grootscheeps aangelegde irrigatiesysteem raakte onder de Arabische en Turkse overheersing in verval, maar werd door Mohammed Ali weer deels hersteld. Daarmee werd de Fayum opnieuw een centrum van landbouw, met name voor katoen, groenten, fruit en bloemen.

[69] Deze route voerde langs de oostrand van de Nijldelta via al-Qantara door de kustvlakte naar al-Arish en Gaza. De afstand van Kaïro naar Jeruzalem kon zo in 10 tot 12 dagen worden afgelegd.

[70] Het zogenaamde kleine Bairamfeest (om het te onderscheiden van de grote Bairam, die samenvalt met de pelgrimage naar Mekka), waarmee het einde van de vasten wordt gevierd, heeft in Islamitische landen het karakter van een Nieuwjaarsfeest. Het wordt gevierd tijdens de eerste drie dagen van de maand Shawâl.

Fig. 7. Bonnat, *Egyptische boerenvrouw en haar kind*, 1870. Olie op doek, 186,7 × 105,4 cm. Naar Stevens, The Orientalists, nr. 6.

een keer om twaalf uur (dogr[71]), om 3 uur (el asr[72]) en om 7 uur 's avonds (mahgrib[73]). Iedereen ziet er blij uit en men ziet slechts nieuwe kleren. Het is tevens de dag waarop iedereen buiten de stad zijn doden gaat opzoeken: alle begraafplaatsen zijn vol mensen die levensmiddelen komen brengen en palmtakken neerleggen op de graven om de overledenen te eren.

Wij zijn door de Bab el Nasr poort[74] uitgegaan om dit schouwspel te zien. Wanneer men door de poort naar buiten komt, staat men onmiddellijk op een vlakte waar alleen maar graven te zien zijn, zowel rijke als arme. Deze vlakte van rouw grenst aan die met de graven der Kaliefen, die superbe zijn maar waarvan de bewoners al zo lang dood zijn dat hun achterkleinkinderen niet langer de moeite nemen om wat met hen te komen babbelen — zoals wij de mensen op de begraafplaats dichter bij de stad zagen doen. Aan deze menigte of aan hun kleren was trouwens niets lugubers te zien. Integendeel, overal was slechts vermaak: jongleurs, goochelaars, dansers en zangeressen en zogenaamde Russische schommels trokken overal massa's nieuwsgierigen. Het leek nogal op een kermis in Holland.

Wij zijn lange tijd blijven stilstaan bij een groep mensen waar een soort vrijwel naakte bengel voor clown speelde. Het was heel dom en zelfs tamelijk ongepast. Rondom zijn lendenen droeg hij een touw dat een namaak-phallus ondersteunde, gemaakt van poetskatoen en buitensporig groot, waarmee hij al dansend en heupzwaaiend op en neer zwaaide op de maat van twee rietfluiten en een darabouka[75]. Het was grof en onbetekenend. Het kan zijn dat wat hij te zeggen had interessant of spiritueel was, daarover kon ik niet oordelen, maar de toehoorders leken tevreden te zijn. Er waren er verscheidenen van dit genre; men noemt dit vermaak de Caraguez[76].

Wij zijn een ogenblik binnengegaan in een café-tent, waar wat zangeressen een keel opzetten, maar wij zijn niet lang gebleven in dit Arabische lustoord, aangezien wij nog niet in staat waren om de schoonheden van de oosterse muziek te waarderen; ik hoop dat dat nog zal komen. Wij zijn teruggekeerd over de weg langs de graven rechts van de citadel, en na een blik te hebben geworpen op het Roumelieh-plein waar het ook feest was — een helse muziek van rinkelbellen, met vlaggen versierde schommels enz. — zijn wij tegen twaalf uur in het hotel teruggekomen.

[71] (Arabisch) ẓuhr = middag(gebed).

[72] (Arabisch) ʿaṣr.

[73] (Arabisch) maġrib = zonsondergang.

[74] Bab an-Naṣr (= Poort van de Overwinning), naast de Bab al-Futuḥ aan de noordzijde van de oude stad gelegen, werd in 1087 gebouwd. Hij heeft de vorm van een rondboog geflankeerd door vierkante torens met kantelen.

[75] (Arabisch) darabukka = conische, aan het smalle eind open trommel, met één hand bespeeld.

[76] (Turks) karagöz = (persoon met) zwart oog, boze oog; ook satirische figuur uit het schimmenspel of variété.

’s Avonds ben ik met Lenoir naar het Casino op het Esbekiëh-plein geweest, een tamelijk goed café-concert. Daarna heb ik vervolgens een brief geschreven, die morgen (26 Januari) weg moet. Ik hoop dat hij tegen 5 Februari, op de verjaardag van mijn vader, op zijn bestemming aankomt. [Hij is exact op 5 Februari aangekomen.]

2. PIRAMIDEN EN JACHTPARTIJEN

Dinsdag 28 Januari.

Gisterochtend om acht uur hebben wij Kaïro verlaten om onze excursie door de Fayoum te beginnen. Mijnheer Sarba, attaché aan het Franse Consulaat, vergezelde ons. De weg naar de piramiden[1] is superbe. In Oud-Kaïro hadden wij veel tijd nodig om de Nijl over te steken, maar om twaalf uur zaten wij toch onder de grote sycomoor[2], de laatste boom van de bebouwbare grond, die met zijn voet zelfs al door het zand is overweldigd. Wij zijn direct de omgeving van de piramiden, de graven enz. gaan bezichtigen. Bij onze terugkeer zagen wij de kamelen aankomen met de bagage en de drogman. Bij aankomst hadden wij al wat brood opgepeuzeld met wat koud vlees, wijn en fruit, zodat de dienstboden zich slechts hoefden te bekommeren om het ordenen van de bagage en het opzetten van de tenten, vijf in getal: één voor de keuken, één voor de gemeenschappelijke zitkamer, de derde grote bezet door Goubie, Lenoir en mij, één van de twee kleine voor Gérôme en zijn zwager Goupil en de andere voor Bonnat en Journault. Na nog wat te hebben rondgeslenterd hebben wij gedineerd — en heel goed gedineerd — tegen zeven uur in de avond.

De volgende dag, d.w.z. vandaag, zijn wij vóór zessen opgestaan om de zonsopkomst te zien vanaf de top van de piramide van Cheops[3]; het was een mooi schouwspel! Na tot aan de ingang te zijn afgedaald, hebben wij het interieur bezichtigd. De vorige keer dat ik het interieur van de piramide bezocht, had ik mijn schoenen uitgedaan, maar nu met mijn laarzen had ik

[1] Het betreft hier de drie piramiden van Gizeh, gelegen op een woestijnplateau veertig meter boven het dal. Deze golden al in de Oudheid als één der wereldwonderen. Ze zijn gebouwd door de farao's Cheops, Chefren en Mykerinos (ca. 2550-2475 v. Chr.). Rondom liggen kleinere koninginnepiramiden en honderden graven van familieleden en ambtenaren. In 1869, bij gelegenheid van de opening van het Suezkanaal, liet Ismaïl een kaarsrechte weg aanleggen van de Nijloever bij het dorpje Gizeh tot aan de piramiden, een afstand van 8 kilometer. Testas' gezelschap moest zich echter nog zelf een weg zoeken tussen de korenvelden en de plassen van de Nijloverstroming, zoals Lenoir verhaalt.

[2] Ficus Sycomorus L., wilde vijgenboom.

[3] Deze piramide is met zijn 137 meter de hoogste van de drie, terwijl de vier zijden aan de basis 230 meter lang zijn. Het bouwwerk bestaat uit 2,5 miljoen blokken steen met een gemiddeld gewicht van 2,5 ton. In de Middeleeuwen diende de piramide als steengroeve, waarbij de gehele gladde buitenbekleding werd gesloopt. Langs de zo ontstane trappen kan men sindsdien de top beklimmen. De ingang zit aan de noordzijde en geeft toegang tot een dalende gang, die daarna omhoog loopt naar een tweetal grafkamers, waarvan de bovenste nog de sarkofaag van de koning bevat.

Fig. 8. Testas, *Nijlgezicht met piramiden*. Potlood en gewassen inkt in sepia, 14,9 × 23,4 cm. Rijksmuseum van Oudheden, Leiden.

moeite niet op mijn neus te vallen; de toch al tamelijk smalle treden waren zo glad dat men van tijd tot tijd zijn toevlucht moest nemen tot de altijd bereidwillige handen van de Bedoeïnen[4].

Na het déjeuner heeft Goupil een foto gemaakt van ons kampement dat nogal pittoresk gelegen is onder de welbekende sycomoor en met zijn elf ezels en een dozijn kamelen, die een halve cirkel vormen rond één van de zijden. Wat mijzelf betreft, ik ben een studie in olie gaan maken, met de sphinx[5] op de voorgrond en de pyramiden erachter. Mr Gérôme heeft met Mr Serba, Bonnat en Goupil de gehele dag gejaagd. De jacht is niet erg overvloedig geweest, maar desalniettemin hebben wij met plezier een lekkere schotel gegeten van watersnippen en een eend. Vanavond hebben wij in de woestijn ter hoogte van de middelste piramide een wolvenstrik opgesteld die Lenoir

[4] Deze term, van het Arabische badawî = woestijnbewoner, werd in Egypte gebruikt voor allen die niet in het Nijldal woonden. Sommigen waren van oorsprong nomaden uit Arabië, Syrië of Nubië, anderen hadden Berberbloed, en er waren ook altijd groepen die pas recent voor oorlogsgeweld e.d. naar de woestijn waren gevlucht.

[5] De grote sfinx heeft het lichaam van een leeuw en de kop van een koning. Hij is grotendeels uit een natuurlijke rotsformatie gehouwen en is 57 meter lang en 20 meter hoog. Waarschijnlijk stelde hij oorspronkelijk farao Chefren voor; later werd hij als een afbeelding van de zonnegod beschouwd. Reeds in de oudheid werd de sfinx telkens door stuifzand overdekt; de eerste moderne opgraving was in 1816 door Caviglia, en ook Mariette was hier werkzaam. Toch schrijft Lenoir dat in 1868 slechts het hoofd van de sfinx boven het zand uitstak.

had meegenomen, in de hoop daarin morgenochtend een gevangen jakhals, hyena of ander schadelijk dier aan te treffen. De Bedoeïnen hebben vanavond een soort van nationale dansen opgevoerd.

29 Januari. Sakkara.

Vanochtend tegen acht uur hebben wij het kamp bij de pyramiden opgebroken. Het was zeer koud en de zuid-oostenwind was tamelijk krachtig. De wolvenstrik hebben wij weer meegenomen; er was geen welwillende jakhals geweest, zodat de kippeningewanden en andere lekkernijen verspild waren.

Onderweg hebben de meesten van ons erop los geschoten, niet op de Arabieren maar om snippen of een soort pluvieren te schieten. Verderop, naarmate wij Sakkara[6] naderden, waar min of meer moerassige waterplassen zijn, zagen wij veel eenden. Drie daarvan hebben de eer om de Europese beschaving — die zij in de vorm van het geweer dat hen neermaaide, al te dicht benaderden — met de dood te hebben bekocht. Wij hebben hen 's avonds gegeten; zij waren voortreffelijk. De watervogels van Egypte hebben de reputatie het beste wild van deze aard ter wereld te zijn. Mr Serba is met ezel en al weggezakt, toen hij te ver vooruit reed over modderig terrein.

Onderweg hebben wij met koud vlees gedéjeuneerd. Vervolgens hebben wij ons naar de woning van Mr Mariette Bey[7] begeven, die verlaten was, aangezien haar eigenaar in Opper-Egypte was. Daar vlakbij hebben wij het Oud-Egyptische graf van Ti[8] bewonderd; vroeger heb ik daar verscheidene kopieën vervaardigd, waaronder er enkele figureren in „L'Art Égyptien" van

[6] Het dorpje Saqqara ligt ongeveer 15 kilometer ten zuiden van Gizeh aan de rand van de woestijn. Hier ligt de grootste antieke begraafplaats van Egypte (8 km van noord naar zuid, 1800 meter breed), waar de notabelen van de nabijgelegen hoofdstad Memphis zich gedurende drieduizend jaar lieten bijzetten in schitterend versierde monumenten. Ook staan er zo'n twintig piramiden van koningen uit het Oude Rijk en Middenrijk, met als bekendste de trappenpiramide van farao Djoser (2630-2611 v. Chr.).

[7] François Auguste Ferdinand Mariette (1821-1881), Frans egyptoloog. Na een periode leraar geweest te zijn, werd hij in 1850 door het Louvre uitgestuurd om in Egypte Koptische handschriften aan te kopen. Daar raakte Mariette geïnteresseerd in het grafveld van Saqqara, waar hij het door klassieke schrijvers genoemde Serapeum ontdekte, de eerste 'moderne' opgraving die in Egypte werd georganiseerd. Daarom was het ook Mariette die in 1858 door de Onderkoning werd benoemd tot directeur van de Egyptische oudheden. In die hoedanigheid stichtte hij het Egyptisch Museum en de Egyptische Oudheidkundige Dienst, waarvoor hij de eretitel Bey kreeg. Tot aan zijn dood leidde Mariette een groot aantal opgravingen, die tot doel hadden de voornaamste monumenten van hun metersdikke puin- en zandlagen te ontdoen om ze voor wetenschap en toerisme toegankelijk te maken. Tijdens zijn werkzaamheden in Saqqara bewoonde Mariette een van antieke kleisteen gebouwd huis nabij het Serapeum, waar Testas tijdens zijn eerste reis in 1860 zelf had gelogeerd.

[8] Het graf van Ti, een hoge ambtenaar uit de 5de dynastie (2465-2323 v. Chr.), is één van de mooiste van Saqqara. Het was in 1855 door Mariette nabij het Serapeum ontdekt. Het bestaat uit een open pijlerhof met een schacht naar de ondergrondse grafkamer en uit een tweetal grote zalen met schitterende wandreliëfs.

Prisse d'Avennes. Het is een prachtig graf; de hiërogliefen en de voorstellingen van het huiselijk leven zijn perfect uitgevoerd en zeer oud. Na afgedaald te zijn in het Serapeum[9], een graf of liever catacombe waar de heilige runderen begraven waren, minstens een dertigtal, in enorme massief granieten sarcofagen uit één stuk, zijn wij van de woestijn weer naar de vlakte afgezakt om in Sakkara te arriveren, waar de kamelen tijdens onze afwezigheid al waren aangekomen met de tenten en de bagage.

Tegen half drie waren wij geïnstalleerd op een heel aardige plek onder wat palmbomen dichtbij het dorp, met voor ons de vlakte, aan de horizon het Mokattam-gebergte[10] aan de andere kant van de Nijl, en vlakbij een grote plas waar wilde eenden snateren; links van ons verheft zich de woestijn met de piramiden van Sakkara. Mr Gérôme en andere jachtliefhebbers van ons gezelschap zijn weer achter de eenden aan gegaan, terwijl ik en enkele anderen voor de tenten schetsen hebben gemaakt van het uitzicht. Er was te veel wind, en bijgevolg te veel stof, om in de open lucht te kunnen werken en de parasols in de grond vast te zetten.

Donderdag 30 Januari.

Vanochtend zijn Goubie, Lenoir en ik teruggekeerd naar de graven van Sakkara om enkele interessante calques te maken in het graf van Ti, waarschijnlijk een zeer hoge ambtenaar in dienst van de één of andere farao, te oordelen naar de grootsheid van zijn rustplaats die hij voor eeuwig hield. Het graf wordt voorafgegaan door een groot vertrek met pijlers dat nu geen dak meer heeft. Het beeldhouwwerk is van een uitmuntende afwerking en schoonheid.

Na hier enkele uren te hebben doorgebracht, zijn wij weer op onze ezels geklommen. Wij reden weer via de plek waar wij gedurende de nacht gekampeerd hadden, maar deze was verlaten: men was in de loop van de ochtend alvast vertrokken. Zo hebben wij onze rit voortgezet, over lieflijke groene vlaktes en langs mooie dorpen omringd door palmbomen. Na twee en een half uur, ongeveer op de tijd voor het diner, kwamen we aan bij onze volgende halteplaats te Dashour[11].

[9] Dit ondergrondse gangencomplex is totaal 350 meter lang en omvat 28 zijkamers voor de mummies van de heilige Apisstieren. Het dateert uit de 7de tot 1ste eeuw v. Chr. Bovengronds stonden vele tempels en kapellen, terwijl een 200 meter lange, met sfinxen omzoomde dromos (oprijlaan) de verbinding met het Nijldal vormde. Het waren deze uit het zand stekende sfinxen die Mariette in 1850 naar de ingang van het Serapeum leidden.

[10] (Arabisch) muqaṭṭam = afgebroken. Het 250 meter hoge kalksteengebergte verrijst onmiddellijk ten oosten van Kaïro. Iets zuidelijker, pal tegenover Saqqara, ligt het massief van Turra en al-Ma'ṣara, bekend door zijn steengroeven.

[11] Dahshur, ongeveer 6 kilometer van het dorp Saqqara gelegen, wordt door Lenoir beschreven als een eilandje tussen de overstromingsplassen. Ook hier ligt in de achterliggende woestijn een grafveld van het oude Memphis, met als centrum twee grote piramiden van koning Snefroe (2575-

Zaterdag 1 Februari. Tamiëh.

Vanochtend om half negen hebben wij in Daschour onze bagage ingepakt. Het was zeer koud en de lucht was nevelig. Weldra zijn wij de woestijn ingereden die ons van Tamiëh[12] scheidde. De wind verdubbelde in kracht en de hemel werd helemaal grijs. Het was een ronduit afschuwelijke oversteek. Op één derde van de weg hebben wij halt gehouden dichtbij een enorme hoop stenen, in de hoop daar enige beschutting te vinden tegen de wind en vooral tegen het stof en zand, en met de bedoeling daar een lichte maaltijd te gebruiken. Wij waren maar wat tevreden dat wij een hapje konden eten, al was het dan geheel met zand overdekt, en vooral dat wij onze kelen wat konden bevochtigen. Gelukkig was het juist een ogenblik van respijt; nadat wij ons weer op weg hadden begeven, voorafgegaan door een Arabier te paard die wij te Dashour als gids hadden aangenomen, begonnen de rukwinden weer en daarmee ook opnieuw het verblindende stof (Pl. V).

Veel geluk hadden wij niet: de Arabier die ons de weg wees, zei dat hij nog nooit zo'n oversteek had gemaakt. Hij was letterlijk verstijfd van kou. Vooral het stof was onaangenaam; het drong zelfs dwars door onze dubbelgevouwen zijden sluiers en maakte dat wij niets meer zagen. Deze woestijn schijnt zeer mooi te zijn, er is een mooie afwisseling zoals steenhopen die op piramiden lijken, er is zelfs een graf van een cheik[13] waar iedere voorbijganger één of twee stenen op gooit, er zijn ophopingen van zand als vestingen en er is een onmetelijke horizon. Wij hebben dat alles zeer onvolmaakt en als het ware terloops gezien. Mijnheer Gérôme heeft deze tocht enkele jaren geleden in dezelfde maand gemaakt: hij had toen veel van de hitte te lijden, en voor het middagmaal moesten hij en zijn vrienden zich in de schaduw van de kamelen zetten om enigszins behaaglijk te zijn.

Na een woestijnrit van ongeveer 9 uur kwamen wij tegen half zes 's avonds aan in Tamiëh, uitgeput en met stof overdekt, net zo blij als onze ezeltjes om te kunnen uitrusten. Om zeven uur, toen wij al bij een lekker vuurtje op een plein van het dorp zaten, zagen wij de kamelen met de bagage arriveren. Onmiddellijk begon men deze bij maanlicht af te laden en de tenten op te zetten. De kok had zich meteen aan het werk gezet, en om negen uur zaten

2551 v. Chr.), de vader van Cheops, en een drietal kleinere uit het Middenrijk. In Testas' tijd was dit terrein grotendeels nog niet onderzocht.

[12] Tammiyah, een geheel ommuurd en versterkt dorp, ligt in de noord-oostpunt van de Fayum bij een dam in één van de natuurlijke waterloopjes van de Fayum, de Baḥr Tammiyah. Noordoostelijk van het dorp loopt deze door een diep rotsachtig ravijn, terwijl hij naar het westen uitloopt in de Birket al-Qurun. Lenoir vermeldt dat Gérôme hier al eerder had gejaagd. De afstand van Dahshur tot Tammiyah bedraagt ongeveer 40 kilometer.

[13] (Arabisch) šaiḵ = oude man; oudste, leider, hoofdman. In Egypte tevens de aanduiding van de 'heiligen', die bijna bij ieder dorp begraven liggen in koepelvormige gebouwtjes. Aan hen worden vele wonderen toegeschreven; hun graven vormen vaak het middelpunt van jaarlijkse feesten en pelgrimages.

wij in de gemeenschappelijke tent of salontent gezamenlijk aan een goede maaltijd, die ons niet onverschillig liet, terwijl er buiten een beetje regen viel.

Wat de bediening zeer versnelt, dat is de Zweedse soepketel die Mr Gérôme uit Parijs heeft meegenomen. 's Morgens, alvorens te vertrekken, doet men er het benodigde vlees in met net genoeg water om het te bedekken; vervolgens laat men het gedurende een half uur flink doorkoken, haalt hem dan van het vuur, schroeft het deksel erop en plaatst hem in een hermetisch gesloten, van binnen met vilt beklede kist. 's Avonds bij aankomst is de bouillon klaar en zelfs nog heet; men kan er dan vermicelli of wat men maar wil in doen, nog een ogenblik op het vuur en de soep is klaar. Men zou deze ketel de Voorzienigheid van reizigers en militairen te velde kunnen noemen!

Dinsdag 4 Februari. Senouris.

Vanochtend om half tien hebben wij Tamiëh verlaten. De twee dagen die wij in dit oord hebben doorgebracht, zijn voornamelijk heengegaan aan jachtpartijen. Er is een ontelbare hoeveelheid eenden, ganzen en andere watervogels in de plassen die tegen Tamiëh aanliggen. De stad — als je iets met een muur erom en poorten stad wilt noemen — is klein en nogal onbeduidend. Daarom hebben wij slechts de omgeving goed bezocht, die bekoorlijk is. In een zeer pittoresk ravijn, met in het midden een stroompje met kleine watervalletjes en veel struikgewas, waren verse sporen te zien van wilde zwijnen, die in dit oord veel voorkomen vanwege het water, de vruchtbaarheid van het land en de nabijheid van de woestijn.

De eerste dag dat wij een poging deden om één van deze dieren te ontmoeten, liepen onze naspeuringen op niets uit; wij hebben slechts een wolf[14], een jakhals en een haas gezien, die zich in de woestijn in veiligheid stelden. De volgende dag is Mr Gérôme een mooi zwijn tegengekomen, dat hij gedood heeft; het woog wel 300 pond. Een deel is cadeau gegeven aan de Koptische Christenen van deze plaats[15], en de filet en een achterbout hebben wij zelf gehouden. Zij waren uitstekend en ook goed bereid door onze kok Achmed, die de Europese cuisine zeer goed beheerst.

De weg van Tamiëh naar Sénouris[16] is mooi: men volgt de rand van de woestijn, passeert een dorpje dat El Kasr[17] heet, waarna men aan weerszijden van de weg vruchtbare landerijen krijgt. Op een halve mijl[18] afstands van

[14] Echte wolven komen in Egypte niet voor; wel is er de wolfsjakhals (Canis lupaster), die uiterlijk zeer moeilijk te onderscheiden is van de gewone jakhals of de wilde hond.

[15] Moslims eten immers geen varkensvlees.

[16] Senuris, 12 kilometer zuidwestelijk van Tammiyah gelegen, geldt als één van de meest pittoreske stadjes van de Fayum. Het ligt op een hoogte en wordt bekroond door vele minaretten en koepels.

[17] (Arabisch) qaṣr = kasteel, vesting. Waarschijnlijk is hier Qasr Rashwan bedoeld, gelegen aan de stroom van Tammiyah naar Birket al-Qurun.

[18] 1 Franse mijl = 4445 meter.

Fig. 9. Gérôme, *Gezicht op Tamyeh (Toegang van een Egyptisch dorp)*. Olie op doek, maten onbekend. Naar Ackerman, Gérôme, nr. 549.

Senouris hebben wij ons, na op een zeer pittoreske plek een voorde te hebben overgestoken, onder de schaduw van een bosje palmbomen aan het middagmaal gezet. Om half twee hebben we ons kampement opgeslagen in een mooi klaverveld, met talrijke palmbomen boven ons hoofd, in de onmiddellijke nabijheid van de stad (of het dorp).

Wij zouden het hier zeer goed hebben en het erg naar onze zin hebben in dit kleine stadje (dat overigens groter en pittoresker is dan Tamiëh), als wij niet het verdriet hadden een zieke in ons midden te hebben. Het is Mr Goubie, die zich waarschijnlijk te veel aan de zon heeft blootgesteld; hij heeft althans alle symptomen van een zonnesteek: stekende hoofdpijnen, lust tot braken enz. Hij wil naar Kaïro terugkeren, maar laten wij hopen dat hij dat niet doet: de vermoeienis van de reis, hoewel hij die per trein kan doen, zou zijn toestand verergeren. Vanavond heeft hij een soort massage ondergaan door een oude man die zeer bedreven heet te zijn in het doen verdwijnen van de uitwerkingen van een zonnesteek. Ik heb hem bezig gezien; het was nogal bizar, en men heeft een flinke dosis goedgelovigheid nodig om zich te verbeelden dat een dergelijke behandeling onfeilbaar zou zijn. De massage heeft Goubie een moment verlichting gegeven; hij is daarna gaan slapen. Ik hoop dat hij morgen beter is, want het kan toch niet eeuwig duren: hij blijft nu al twee dagen in bed wanneer wij in het kamp zijn. Ik geloof trouwens dat een beetje rust hem wel goed zal doen, want ik denk dat de vermoeienissen en de overinspanning veel te maken hebben met zijn kwaal.

Donderdag 6 Februari. Senouris.

Goubie is wat beter, hij is vandaag opgestaan en heeft met smaak iets gegeten. Waarschijnlijk maakt hij het morgen nog beter, zodat de te maken rit per ezel, die overigens niet al te lang is, hem wel niet te zeer zal vermoeien. De dag van gisteren bracht niets bijzonders; ik heb een studie gemaakt, en Lenoir is door de bevolking van Senouris lastig gevallen[19]. Terwijl hij zat te werken, heeft men zotternij met hem uitgehaald; uiteindelijk heeft men zelfs twee of drie stenen naar hem gegooid, wat hem niet erg kon amuseren. De man door wie hij zich liet vergezellen kon hem niet tegen zo'n vijftig personen beschermen. Tenslotte heeft Lenoir echter de voornaamste aanvaller een paar striemende slagen met de courbache[20] toegebracht en alles was voorbij. Ik heb vaak in Egypte in de open lucht gewerkt en het is mij toch maar één keer overkomen dat ik op die wijze werd lastig gevallen. Het schijnt dat men het op Lenoir gemunt heeft: het is niet de eerste keer dat dit soort dingen hem overkomt. Hij maakt grimassen en haalt streken uit waarvan de Arabieren niet gediend zijn. Men moet daarentegen niet met hen lachen en niet de indruk wekken hun te antwoorden als zij U woorden toevoegen die men bovendien niet verstaat en die trouwens beledigend zouden kunnen zijn.

In gedachten heb ik in Utrecht verkeerd. Op de dag van de 5de heb ik mijn hoofd vaak bij de familiekring gehad. Ik denk dat deze dag wel aangenaam zal zijn doorgebracht. Graag was ik aanwezig geweest en had ik de goede vader alles toegewenst wat hem gelukkig kan maken. Ik verlang er naar in Kaïro terug te komen, waar ik hoop dat er nieuws gekomen is over de familie, die ik allen in goede gezondheid wil weten.

Gisteren heeft het geregend en vandaag was het bewolkt. Het is hier een uitzonderlijke winter: in andere jaren regent het in dit seizoen nooit of bij hoge uitzondering. De nachten zijn vrij koel en overdag is het al behoorlijk heet.

Vanavond (6 Februari) hebben wij de voorstelling van een danseres gehad. Deze zijn zeldzaam geworden in Egypte, sinds de regering hen uit Kaïro en andere grote steden heeft verbannen. Zij zijn zo'n beetje verstrooid over het hele land; het is vooral in Esné[21] in Opper-Egypte dat de meest beroemden

[19] Lenoir zelf schrijft iets waardoor wij het stenengooien met andere ogen gaan beschouwen: volgens zijn lezing was hij zo indiscreet geweest om schetsen te maken van een drietal halfnaakte baadsters die hij achter een palmbosje had betrapt!

[20] (Arabisch) kurbâj = zweep gemaakt van nijlpaardeleer.

[21] Isna, stad in Opper-Egypte die vooral bekend is om de resten van een tempel voor de god Chnoem uit de Romeinse tijd (1ste-3de eeuw), in de 19de eeuw tevens geruime tijd provinciehoofdstad.

hun toevlucht hebben genomen. Die van deze avond heet Hasné; zij is een zeer goede danseres (raziëh[22]) en zangeres (almeh[23]). Zij heeft haar kunsten vertoond in de gemeenschappelijke tent, die speciaal voor deze gelegenheid was verlicht met alle fanous[24] (lantaarns) die wij bij ons hebben. Zij had haar muzikanten bij zich: een soort van tambourijn (darabouka), fluiten en een soort van galoubet[25]. Onze kok, die beweerde dat hij zeer sterk was op de darabouka, heeft de plaats ingenomen van degene die daarop zou spelen. Zij heeft de gebruikelijke Oosterse dansen uitgevoerd, die vooral opmerkelijk zijn vanwege de beweging van de heupen, onmogelijke golvingen. Zij begeleidde haar bewegingen door middel van metalen castagnetten. Zij was gekleed in een soort nauwsluitend kleed van roodachtige velours, met een onderkleed van violette zijde, bezaaid met vergulde bloemetjes of kleine ornamentjes. Op haar borst, die nogal ontbloot was, rammelde bij iedere lichaamsbeweging aan zwartzijden koorden een menigte gouden munten met een waarde van tenminste 20 fr. tegen elkaar. Aan haar ceinture hingen snoeren met zilveren ornamenten, die ook geruis maakten. Op haar haren, die deels op hun plaats werden gehouden door een geelkleurige zijden doek, droeg zij een klein verguld mutsje met gouden kwast. Nog meer kleine goudstukken hingen over haar voorhoofd, evenals aan een omvangrijke gouden halsketting en in haar op de rug vallende haar. Zij had beslist voor meer dan tweeduizend franc aan goudstukken op haar kostuum (Pl. IV).

Als afwisseling met de dansen, zong zij volksliedjes, tot grote vreugde van de Arabieren: ezeljongens, kameeldrijvers en nieuwsgierigen, die beetje bij beetje de ingang van de tent waren binnengedrongen en stilletjes waren gaan zitten; van tijd tot tijd slaakten zij bewonderende oh's en zij maakten een volmaakt tevreden indruk. De dans is zeer origineel, hoewel zij erg rustig is in die zin dat men slechts een zeer klein oppervlak nodig heeft om haar uit te voeren, maar het zingen is werkelijk onaangenaam. De Arabieren houden ervan om door de neus te zingen; een heldere open stem hebben zij niet. Ik geloof dat de voornaamste bekoring in de tekst schuilt, waarvan slechts enkele woorden tot mij doordrongen die ik kon begrijpen (Ja leïleh[26]). Zij was zeer tevreden toen wij haar voor haar opvoering 30 franc gaven, voor haarzelf en haar gevolg.

[22] (Arabisch) ġâziya.

[23] (Arabisch) ʿâlima = geleerde vrouw; danseres, zangeres, prostituée. Mohammed Ali bevrijdde Kaïro in 1834 van deze danseressen van laag allooi door hen naar Isna te verbannen.

[24] (Arabisch) fânûs.

[25] (Frans) = fluit met drie gaten. Bedoeld wordt hier de zammâra, een dubbele rietfluit. Volgens Lenoir was er ook een kamanjâ-speler.

[26] (Arabisch) yâ laila = O, nacht! Bekend refrein van Arabische liefdesliederen.

Vrijdag 7 Februari.

Wij zijn niet vertrokken naar Medinet el Fayoum[27]. Er was een verschrikkelijke wolkbreuk geweest gedurende de nacht van de 6de, zodat de wegen onbegaanbaar waren, vooral voor de zwaarbeladen kamelen. De grond was zo glibberig en doordrenkt dat de dieren vaak gevallen zouden zijn, en behalve het gevaar voor de bagage zou er ook zeker vertraging geweest zijn.

Hasné is ons vandaag opnieuw komen opzoeken. Wij hebben haar kleine geschenken gegeven, onder andere geglaceerde handschoenen die haar te groot waren; het was zeer vermakelijk.

8 Februari.

Vandaag hebben wij onze bagage in Senouris gepakt en zijn wij om ongeveer tien uur 's ochtends vertrokken. De weg was mooi. Ieder ogenblik ontmoetten wij mensen die naar Senouris gingen, waar alle zaterdagen markt is. Wij kwamen langs een man die een jonge hondskopaap bij zich had. Goupil heeft hem gevraagd of hij deze wilde verkopen, maar hij wilde niet. Voor aankomst in het dorp Biaghmo[28] vindt men ter weerszijden van de weg resten van een oud Egyptisch bouwwerk, misschien de resten van een gigantische tempelpyloon. Voor wij aankwamen in Medinet, hebben wij dichtbij een klein dorpje in de zon gedéjeuneerd. Om half 2 waren wij in Médinet el Fayoum.

Eerst zijn wij op zoek gegaan naar een goede kampeerplek. Aanvankelijk heeft men ons dichtbij het nieuwe spoorstation gebracht, dat men zojuist voltooid heeft, maar er waren daar zoveel mensen aan het werk, er was stof en er liep ook nog een grote weg langs, zodat wij de voorkeur hebben gegeven aan een meer afgelegen plaats, waar men het zeer goed heeft. Het is een kleine verhevenheid, die deel uitmaakt van een privéterrein waarvan de eigenaar zo vriendelijk is geweest ons de vrijheid te geven daar onze tenten op te zetten. Wij kijken uit op een stenen brug en op een tak van het Jozefkanaal[29] dat dwars door de stad loopt.

Daar de kamelen nog niet aangekomen waren, zijn wij wat gaan rondlopen door de omgeving, en daarna door de stad, die zeer uitgestrekt is. Er zijn

[27] Madinet al-Fayum, 14 kilometer ten zuiden van Senuris gelegen, is de hoofdstad van de provincie Fayum. In Testas' tijd telde het ongeveer 20.000 inwoners, nu tien keer zoveel. De stad ligt gedeeltelijk over de resten van het oude Crocodilopolis, in de Ptolemaeëntijd Arsinoë geheten, met overblijfselen van het Middenrijk tot de Romeinse tijd. Ook is er een moskee uit de tijd van Qait Bey.

[28] Bij Biahmu, 7 kilometer ten zuiden van Senuris, staan in de velden twee enorme kalkstenen basementen die ooit 18 meter hoge beelden van farao Amenemhat III (1844-1797 v. Chr.) droegen.

[29] De Baḥr Yusuf, volgens traditie aangelegd door Jozef als maatregel tegen de hongersnood, is in feite een natuurlijke zijarm van de Nijl. Deze verlaat de rivier bij Asyut in Midden-Egypte en voedt het bassin van de Fayum, 330 kilometer stroomafwaarts gelegen.

grote bazars, van boven overdekt net als die te Kaïro om schaduw en koelte te hebben. De winkels hebben niet veel interessants te bieden; alleen bevond zich in één als bij toeval een zeer mooie oude sphinx op zijn voetstuk, het geheel in graniet, welbewaard, ter grootte van een hond. Zij vroegen er veel geld voor, anders hadden wij het waarschijnlijk wel gekocht, niettegenstaande de transportproblemen (het was heel zwaar).

Wij hebben laat gedineerd. Joseph de drogman heeft de keuken moeten waarnemen, want Ahmed de kok is ziek. Vannacht heeft hij koude gevat, wat hem een ernstige diarrhee heeft bezorgd. Men heeft hem medicijnen gegeven en het gaat al beter met hem; morgen zal hij wellicht hersteld zijn. Men moet hier heel voorzichtig zijn en ervoor zorgen zich buik en maag goed te bedekken, want anders zit men beslist met de gevolgen. Vroeger, tijdens mijn eerste Egyptereis, heb ik dat zelf ervaren.

Zondag 9 Februari. Fedemîn.

Vanochtend om half 10 hebben wij Médinet verlaten om een kleine excursie naar Fedemin[30] te ondernemen, twee uur verderop in de richting van het grote Keroûn-meer. Vóór ons vertrek heeft dat van Goubie naar Kaïro plaats gehad: het gaat veel beter met hem, maar hij is nog zeer zwak. Hij denkt dat hij geheel hersteld zal zijn, als hij in een goed hotelbed geslapen zal hebben; hij beweert in een tent niet te kunnen slapen. Het is waar dat men daar niet van alle gemakken voorzien is. Wanneer het 's nachts koud is, voelt men dat altijd enigszins; de inrichting is niet zo gerieflijk; men heeft de ellebogen niet altijd vrij, zoals in een goed ingericht appartement. Maar al met al genomen heeft men het er goed genoeg, en de drogman is uitzonderlijk zorgzaam. Wat het meest hinderlijk is, dat zijn de dorpshonden die de gehele nacht niets anders doen dan huilen. Ik weet niet wat zij elkaar te zeggen hebben, maar zij onderhouden een zeer geanimeerde conversatie tot aan de dageraad. Het is moeilijk om daaraan te wennen; het is uiterst irritant en bij ieder dorp vindt men het weer. Overal zijn er honden in ontstellende aantallen, ze bakkeleien tot vlak bij de tenten. Het is letterlijk een echte plaag van Egypte.

Om half 12 zijn wij na een heerlijke rit aangekomen in Fedemin, een dorpje dat verscholen ligt tussen palmbomen en cactussen. Wij hebben de tenten op een bekoorlijk plekje opgezet, op een schiereiland in een ravijn waar een kleine stroom slingert, aan één zijde ingesloten door een steile oever. Er is schaduw en koelte, het terrein is vlak en hard. Boven onze hoofden wuiven grote dadelpalmen, en verderop ziet men tussen de bomen door het dorpje,

[30] Fidmin, ongeveer 9 kilometer ten noorden van Madinet al-Fayum gelegen dicht bij de oever van het grote meer. Het is een klein dorp op een heuvel aan de Baḥr aṭ-Ṭaḥuna (= Molenkanaal), zo geïsoleerd dat men er sinds Gérômes vorige bezoek in 1863 geen Europeanen meer had gezien.

Fig. 10. Gérôme, *Gezicht op Médinet-el-Fayoum*, 1870. Olie op paneel, 38 × 56 cm. Naar Ackerman, Gérôme, nr. 205.

dat tegen een flauwe helling opligt. Het is een uitgelezen plek! Wij zijn begonnen met ons wat te vertreden, vervolgens zijn enkelen van ons op jacht gegaan, en de anderen — waaronder ikzelf — hebben gepoogd hier en daar een studie op te zetten. Morgen zullen wij weer naar Medinet vertrekken.

De cheik van Fedemin is ons een bezoek komen brengen, en 's avonds, toen wij aan tafel zaten, is men ons in zijn opdracht een grote schaal met voedsel komen brengen. Dat is een Oosters gebruik dat zeker nog iets patriarchaals heeft! Omdat het niet erg lekker was (het was schapevlees, gestoofd in dorpsbrood en met de één of andere vulling), hebben wij de kameeldrijvers en ezeljongens ermee onthaald, die het slecht doorbakken brood heerlijk vonden. Wij hebben de cheik voor zijn gastvrije beleefdheid laten bedanken, en hij is ons vanavond nogmaals op komen zoeken. Het is een man met een waardige manier van doen; men ziet dat hij een leider is, ook al verschillen zijn kleren in niets van wat alle enigszins welgestelde mannen van het land dragen.

Kaïro. 12 Februari.

Gisteren (11 Februari) hebben wij afscheid genomen van Medinet el Fayoum, waar wij na onze terugkeer uit Fedemin hebben geslapen. Om half 9 's ochtends, de reglementaire vertrektijd, waren wij met onze handbagage op de plek vanwaar de trein vertrekt van de pas aangelegde spoorlijn. Tegen 10 uur dacht men het goed te vertrekken. Aan alles kon men goed zien dat men nog niet goed was ingericht: de bediening was onregelmatig, de wagons zijn voor het merendeel oude rijtuigen die door de andere lijnen zijn afgedankt, vuil en verschrikkelijk beschadigd. Maar enfin, wij hoopten dat wij met deze manier van reizen weldra in Kaïro zouden zijn. Om half 12 kwamen wij aan in El Wasta[31], een klein station waar men op de trein uit Miniëh[32] en Beni-Souef[33] moet wachten, waarmee men de reis voortzet.

Daar men ons gewaarschuwd had dat er een flink oponthoud was, zijn wij uitgestapt om niet ver daar vandaan onder wat palmen het middagmaal te gaan gebruiken, met koud vlees enz. dat wij meegenomen hadden — want op deze stations bestaat niet de mogelijkheid om iets te eten te krijgen, tenzij men zich tevreden wil stellen met slecht brood en Arabische kaas of Nijlwater, of op suikerriet wil zuigen. Na gedéjeuneerd te hebben, zijn wij wat langs de Nijl gaan wandelen, die vlakbij is. Wij hebben het inwendige van een mooie dahabieh[34] bezichtigd, die te huur was en daar afgemeerd lag, waarna wij de kant van de rijtuigen weer op gingen in de hoop dat wij eindelijk konden vertrekken — maar nee! Pas tegen drieën zag men de zozeer verlangde trein langzaam naderen en zetten wij ons in beweging.

Op het volgende station werd opnieuw te lang halt gehouden, en wij hoorden dat de locomotief geen toereikende hoeveelheid kolen meer had en daarom alleen naar Giseh (het eindstation) zou gaan om deze in te nemen, en dat zij ons daarna weer zou komen ophalen in de plaats waar wij ons nu bevonden. Nadat men echter nog wat hout en turven gemaakt van kamelenmest had gevonden, zette men zich weer in beweging, tot half 6 toen wij halverwege helemaal stilstonden, op een half uur boven Bedrechein[35]. Deze keer besloot de machinist er in zijn eentje vandoor te gaan, met medeneming van de postbeambten.

Wij hoopten dat de locomotief na korte tijd zou terugkeren, maar tevergeefs! De drogman bereidde koffie voor ons boven een rest brandende

[31] Bij al-Wasta, reeds in het Nijldal gelegen op 38 kilometer van Madinet al-Fayum, bevindt zich de verbinding van de spoorlijn Kaïro — Opper-Egypte met het gedeeltelijk door de woestijn lopende lijntje naar de Fayum. De afstand van hier naar Kaïro is 120 kilometer, een traject dat volgens de dienstregeling van 1891 in 4 uur en 15 minuten moest worden afgelegd.

[32] Al-Minya, sinds 1833 provinciehoofdstad in Midden-Egypte en tegenwoordig een belangrijk centrum voor het toerisme.

[33] Bani Suwayf, op het breedste punt van het Nijldal bij de verbinding met de Fayum gelegen, is daardoor een belangrijk centrum van landbouw. Het staat vooral bekend om zijn suikerfabrieken, katoenspinnerijen en tapijtweverijen.

[34] (Arabisch) ḏahabîya = lange lichte woonboot met een of twee Latijns getuigde masten, een open voordek en een achterkajuit. Testas had tijdens zijn eerste reis gedurende vier maanden een dergelijke boot bewoond.

[35] Badrashayn, een stadje dichtbij Kaïro dat in de 19de eeuw door zijn haven de belangrijkste toegang tot de ruïnes van Memphis en Saqqara vormde.

steenkool en wat droog struikgewas op de plek waar de locomotief was gestopt. Bonnat is op de eendenjacht gegaan in de sloten langs het spoor. Vervolgens gingen wij zitten afwachten. De berustende kalmte van de andere passagiers was echt opmerkelijk: nergens hoorde men de beschuldigingen die men bij een dergelijke gelegenheid in Europa zeker zou horen. Iedereen legde zich erbij neer. De Arabieren wikkelden zich in hun mantels en strekten zich heel rustig uit in de wagons of langs het spoor. Wij hadden ons zo goed en zo kwaad als het ging geïnstalleerd, in de mening dat wij de nacht in het rijtuig zouden moeten doorbrengen, hetgeen niet zo een aangenaam vooruitzicht was, omdat de nacht tamelijk koud was en de dag somber geweest was; er was zelfs wat regen geweest.

Tegen elf uur 's nachts hoorde men eindelijk het zo welkome gefluit van een machine die ons kwam ophalen, en om 12 uur reden wij het station van Giseh binnen. Wij moesten nog de Nijl oversteken in een stoomboot, die de dienst onderhoudt tussen de spoorweg en Casr el Nil[36] dichtbij Boulak, waar wij uitstapten. Gelukkig vonden wij daar wat ezels, die ons naar het Hotel Aurie brachten. Half 2 in de ochtend was het toen wij daar aan de deur klopten. Ondanks het ongelegen uur gaf men ons een goed souper en alles was vergeten. Om drie uur gingen wij naar bed. De locomotief die door gebrek aan voorzorgen onderweg naar Bedrechein was gestrand bij gebrek aan brandstof, had naar Giseh moeten telegraferen, waar men een andere locomotief moest klaarmaken en opwarmen, die de trein kwam ophalen, daarbij haar levenloze zuster voor zich uit duwend. Wij hadden er veertien uur over gedaan om een traject af te leggen dat men in vijf behoort te doen. Dit is weer eens een mooi staaltje van de onvoorzienigheid van de Arabieren, maar vooral van de zorgeloze manier van doen van de inheemse of Europese functionarissen in Egypte. Het is nog een geluk dat er na de onze niet nog een andere trein kwam, want anders had ons ongeluk nog heel wat ernstiger gevolgen kunnen hebben!

Goubie maakte het veel beter. Hij was twee dagen in bed gebleven en voelde zich bijgevolg erg zwak. De dokter die hij naar het hotel had laten komen, had hem gezegd dat zijn ongesteldheid alhier zeer algemeen was, dat het een soort spierpijn was en dat hij er goed aan deed af te zien van de zo vermoeiende reis dwars door de woestijn, en ik denk wel dat hij deze raad zal opvolgen, want als hem hetzelfde overkwam onderweg naar de Sinaï, dan zou er geen mogelijkheid bestaan terug te keren en hij zou toch voort moeten gaan.

[36] Qaṣr al-Nil (= het Nijlpaleis), iets ten zuiden van Bulak, was de benaming voor één der paleizen van de Onderkoning. Ook lag hier de belangrijkste kazerne van Kaïro, terwijl op de Nijloever tevens markt gehouden werd. Onder Ismaïl werd deze wijk met de stad verbonden en tegenwoordig ligt hier het grote plein met het Egyptisch Museum en het Hilton Hotel.

3. IN MOZES' VOETSPOREN

Daar zitten wij dan weer in Kaïro, half ingericht: het gros van de bagage is nog onderweg. Het zal wellicht aanstaande vrijdag aankomen, met de kamelen en de ezels onder leiding van de kok en de drie dienstboden van de drogman. Weldra zullen wij van hier vertrekken, hoogstwaarschijnlijk aan het begin van de volgende week. Ik hoop dat ik vóór die tijd eindelijk enig levensteken zal ontvangen van de dierbare afwezigen. Ik heb mij nutteloos blij gemaakt met de gedachte dat ik dat wel bij mijn aankomst in Kaïro zou aantreffen; iedereen heeft brieven ontvangen, behalve ik! Bij gebrek aan brieven troost ik mij met de portretten die ik meegenomen heb, en net als in het lied kan ik zeggen: „Ah cher portrait, tu n'es pas le bonheur, mais bien souvent tu m'en offre l'image". Vanavond hebben wij bezoek gehad van Mr Edm. About[1], die uit Opper-Egypte teruggekeerd is, en van zijn reisgenoten Mr de Najac[2] en Mr Dulocle[3], en verder ook van Mr Mariette-Bey.

Kaïro. 13 Februari 1868.

Tegen twee uur 's middags zijn wij naar Boulak gegaan om mijnheer Mariette een bezoek te brengen, de directeur van het Museum[4] van Egyp-

[1] Edmond François Valentin About (1828-1885), Frans schrijver van reisverslagen, romans, novellen en toneelstukken; daarnaast ook kunstcriticus en journalist. About was met een officiële opdracht van de Franse overheid — een agrarisch-economisch onderzoek — op 4 januari 1868 in Alexandrië aangekomen. Omdat er zo vlak voor de opening van het Suezkanaal grote belangen op het spel stonden, besloot Ismaïl deze gevreesde pottekijker flink te verwennen. About bezocht Kaïro en de Delta, reisde op een stoomboot van de Onderkoning op en neer naar Aswan met Mariette als gids, en maakte zich nu op voor een bezoek aan Ismaïliya, het prestigieuze bestuurscentrum in aanbouw aan het Suezkanaal. Begin maart verliet hij Egypte, dusdanig omgekocht dat zijn onderzoeksrapport niet erg objectief meer was! Ook zijn in 1869 uitgekomen (en aan Gérôme opgedragen) roman *Ahmed le Fellah* geeft een zoetsappig beeld van Ismaïls bewind.

[2] Graaf Emile de Najac (1828-1889), Frans schrijver van komedies en libretti, is vooral bekend door zijn hulp aan About met de enscenering van een aantal populaire toneelstukken.

[3] Camille Germain du Commun du Locle (1832-1903) begon zijn carrière als archivaris van de Villa Medici te Rome en was van 1856 tot 1896 vooral actief als librettoschrijver. Zijn bekendste werk op dit gebied is de aanpassing van Mariette's oorspronkelijke scenario voor de opera Aïda, waarvan de opvoering was gepland ter opluistering van de opening van het Suezkanaal. De opera was echter te laat klaar; het uiteindelijke libretto werd geschreven door Ghislanzoni. Voor Abouts eigen tijdschrift *Le XIXe siècle* schreef Du Locle vele bijdragen onder pseudoniem. Van 1871 tot 1876 zou hij het directoraat van de Opéra Comique bekleden. Du Locle verliet zijn beide reisgenoten vóór hun vertrek naar Ismaïliya.

[4] Het door Mariette gestichte museum was gevestigd in het voormalige kantoor van de Compagnie Fluviale, die vóór de aanleg van de spoorlijn de scheepsverbinding met Alexandrië verzorgde. Het gebouw lag in Bulak aan de Nijloever. Mariette richtte er een viertal zalen in met

tische Oudheden. Hij is het die tot dusver de opgravingen van de overheid heeft geleid. Hij heeft ons zeer prettig ontvangen; hij herinnerde zich mij nog heel goed en was erg vriendelijk. In 1860 heb ik met mijnheer Prisse d'Avennes bij hem in zijn huis te Sakkara gelogeerd. Na bij hem thuis wat te hebben uitgerust, hebben wij het museum bezichtigd, dat sinds ik het de laatste keer zag enorm in belang is toegenomen. Toen was het slechts een loods, terwijl er nu verscheidene ruime en goed verlichte zalen zijn waarin uitzonderlijk interessante en goed bewaard gebleven zaken zijn tentoongesteld. Het was voor mij een grote vreugde om de Egyptische kunstwerken, die altijd grote indruk op mij hebben gemaakt, terug te zien. Met genoegen heb ik mijnheer Vassali[5] weergezien, die daar nog steeds werkt. Na de meest interessante zaken goed te hebben bekeken en nog eens bekeken, hebben wij afscheid genomen van Mr Mariette en zijn wij teruggekeerd naar Kaïro, waar enkelen van ons een tochtje door de stad hebben gemaakt. Wij hebben een vrouw gevonden die mijnheer Clément tot model heeft gediend en die bij ons zal komen poseren.

Zaterdag 15 Februari.

Vandaag is het de vertrekdag van de karavaan naar Mekka[6] met het heilige tapijt dat ieder jaar door de Egyptische regering wordt geleverd en dat deel uitmaakt van het tribuut dat aan de Sublime Porte moet worden betaald. Allen behalve ik, Goubie en ik geloof Journault, zijn om 8 uur 's ochtends vertrokken om de interessante stoet te zien; daar ik hem vroeger al gezien heb, ben ik in het logement gebleven, vooral om Fatma (het model)[7] te ontvangen, die anders weer zou zijn weggegaan als zij niemand had aangetroffen. Wij hebben een studie gemaakt en Goupil een foto.

Na het diner, bij het dessert, hebben wij Goupil een mooi boeket aange-

merendeels door hemzelf opgegraven oudheden; zelf woonde hij ook in het pand. In 1878 werd het museum door een uitzonderlijk hoge Nijloverstroming deels verwoest, waarna de collectie in 1891 in een paleis van Ismaïl te Gizeh werd ondergebracht. Een eigen behuizing kreeg het museum pas in 1902, toen het huidige pand in Qasr al-Nil werd betrokken. Het omvat thans meer dan 120.000 voorwerpen.

[5] Luigi Vasalli (1812-1887), Italiaans egyptoloog. Vasalli was aanvankelijk portretschilder in Milaan, maar ontvluchtte zijn land na wegens politieke activiteiten ter dood te zijn veroordeeld. Uiteindelijk vestigde hij zich in Egypte, waar Mariette hem in dienst nam als conservator van het museum en als opgravingsassistent (1859-1884).

[6] Het vertrek naar Mekka viel gewoonlijk op de 23ste dag van de maand šawwâl. De pelgrims verzamelden zich dan op het Rumaila-plein aan de voet van de citadel, waar een roodfluwelen tent voor hoogwaardigheidsbekleders was opgezet. In de stoet werd een vooraanstaande plaats ingenomen door de kameel met de kiswa, het zwarte, met goud versierde omhulsel voor de Kaäba in Mekka, dat jaarlijks werd vernieuwd op kosten van de Egyptische Onderkoning.

[7] Een tekening van dit model prijkt ook tegenover het titelblad van Lenoirs reisverslag (hier fig. 11). Van Clément werd in 1865 een doek verkocht, getiteld 'Fathma du Caire' en ongetwijfeld hetzelfde meisje voorstellend.

Fig. 11. Gérôme, *Fatma*. Studie. Naar Lenoir, Le Fayoum, le Sinaï et Pétra, frontispiece.

boden ter gelegenheid van zijn verjaardag. Het is Journault die het hem heeft overhandigd, met enkele verzen van eigen maaksel, als volgt:

Op dit uur, o zo blij,
Wens ik: het ga je wel!
Maar eet toch menig ei,
Kleed je in warm flanel,

Dan ben je dik en rond
Gedurende onze reis,
Bij terugkeer ook gezond,
Wat ouder maar ook wijs!

Vandaag heb ik ook eindelijk het geluk gehad nieuws te ontvangen van mijn lieve ouders, twee brieven tegelijk. Zij hebben mij veel plezier gedaan; het was al een hele tijd dat ik er ongeduldig op zat te wachten. Het is waarlijk niet de schuld van mijn goede familie: de eerste brief moet nog in Alexandrië liggen, geadresseerd aan mijnheer Anslijn, die hem me niet heeft kunnen doen toekomen, omdat hij mijn adres in Kaïro niet weet.

Zondag 16 Februari.

Deze dag is hoofdzakelijk besteed aan het schiften van onze bezittingen, om de bagage die meegenomen moet worden op de tocht naar de Sinaï zo eenvoudig mogelijk te houden. Morgen vertrekken de kamelen die het zwaarste gedeelte zullen dragen van wat wij meenemen, nadat wij die zaken die wij het beste kunnen missen terzijde hebben gelegd, die naar Beyrout of naar Frankrijk zullen worden opgestuurd. 's Avonds hebben wij in Shoubra bij mijnheer Clément gedineerd, vanwaar wij tegen elven zijn teruggekeerd. Goupil & Lenoir hebben zich daarna naar het bal begeven dat ten gunste van de in Egypte verblijvende Fransen werd gegeven. Als ik over mijn galakostuum had kunnen beschikken, compleet en in onberispelijke staat, met de bijbehorende schoenen & handschoenen, dan zou ik erheen gegaan zijn in plaats van één der twee gelukkigen die gebruik maken van de twee kaarten (à 1 Napoleon[8] per stuk) die door onze karavaan waren betaald als bijdrage aan dit stukje liefdadigheid. Maar nu zal ik genoegen nemen met het verslag dat deze heren verplicht zijn aan ons uit te brengen bij hun thuiskomst van de schone zaken waaraan zij hun ogen gaan verlustigen!

18 Februari.

Ook vandaag hebben wij aankopen gedaan en onze hutkoffers afgemaakt. Mr Legray[9], een beroemd fotograaf en oude vriend van mijnheer Gérôme, die

[8] Frans goudstuk ter waarde van 20 franc.

[9] Gustave le Gray (1820-1882), Frans kunstschilder en fotograaf. Le Gray was één der eersten die de collodion-methode met succes gebruikten en vond zelf een procédé uit om met bijenwas negatiefpapier weken lang goed te houden. Hij was de leermeester van Flauberts reisgezel Maxime du Camp en verbleef enkele jaren in Egypte, waar hij kunstonderricht gaf aan de kinderen van Ismaïl en in 1882 stierf.

sedert enige tijd tekenleraar aan de militaire academie van Egypte te Abbasiëh[10] is, is met ons komen dineren. Mijnheer Gérôme dineerde bij Ali Pacha, die hem één van zijn mooiste Arabische paarden heeft geschonken. Mr Gérôme kwam verrukt terug, en terecht! Ali Pacha bezit de beste paarden; hij heeft zeer mooie stallen, die wij een dag hebben bezichtigd. Morgen vertrek naar Suëz. Naar Utrecht geschreven. Tochtje naar el Tembeliëh straat.

19 Februari.

Niet vertrokken: bij aankomst op het station gehoord dat er de vorige dag een ongeluk was geweest op de spoorlijn[11] naar Suez. Twee treinen kwamen elkaar onderweg tegen: geen gewonden, maar veel schade, zodat het spoor versperd was en er geen treinen konden vertrekken. Wij zijn naar het hotel teruggekeerd. 's Middags zijn wij verscheidene moskeeën gaan bezichtigen, begeleid door een cawas van de politie. Wij hebben de Sultan Hassan gezien, de moskee en universiteit El Azâr, Gama Teyloun en Gama Cheîr-bekiëh[12]. Een brief naar Pau[13] geschreven. Goubie blijft in Kaïro en zal zich in Jeruzalem weer bij ons voegen; hij zal de stoomboot nemen van Alexandrië naar Jaffa[14].

20 Februari. Donderdag.

Om tien uur 's ochtends van Kaïro naar Suez[15] vertrokken. Gereisd met Mr Kani, voormalig secretaris van het Franse consulaat. Ook Mr Edmond About vertrok met ons. Bewolkte lucht, wind en zelfs regen. Bij aankomst in

[10] Abbasiya, stadswijk aan de noord-oostzijde van Kaïro, in 1849 door Abbas Pasha gesticht aan het begin van de karavaanweg langs het iets verderop gelegen Heliopolis naar Suez.

[11] Deze spoorlijn was in 1858 geopend als tweede van Egypte. Hij vergemakkelijkte de 140 kilometer lange reis naar Suez, die voordien twee tot drie dagen per kameel kostte, of sinds 1839 één volle dag in de hobbelende wagens van Thomas Waghorns koeriersdienst. Vooral voor de verbindingen tussen Engeland en India was dit een vitaal traject.

[12] (Arabisch) jâmi' = moskee. De grafmoskee van de Emir Chayrbak staat nabij de Bab Zuwaila in het oude stadscentrum. Hij dateert van 1502-1522 en is daarmee een monument van de overgang tussen het Mamelukse en het Turkse bewind. Het onregelmatige complex omvat ook een school en een fontein en heeft een geheel overdekte centrale hof die uniek is voor Kaïro. Voor de overige namen, zie noten 1.40, 1.64 en 1.48.

[13] In Pau verbleef een zuster van Testas' moeder, Pauline Ram, geboren Duim.

[14] Jaffa doet sinds de tijd van Salomo dienst als de zeehaven van Jeruzalem. Het hield die positie onder de Romeinen en Byzantijnen en speelde een belangrijke rol in het conflict tussen de Arabieren en de Kruisvaarders. Pas met de stichting van het Joodse Tel Aviv in 1909 werd het Arabische Jaffa door deze stad overvleugeld, waarmee het sinds 1948 is verenigd.

[15] Suez, het oude Klysma en in de Arabische tijd bekend onder de naam Qulzum, was een onbetekenend havenstadje tot in 1859 de aanleg van het 172 kilometer lange kanaal door de landengte werd begonnen. In het jaar van de opening van het Suezkanaal (1869) telde de stad al 20.000 inwoners, tegenwoordig zijn dat er zo'n 300.000. Naast de oude Arabische wijk ontstond een volmaakt Europees kwartier. Oudheden bezit de stad niet, met uitzondering van de resten van een oud Grieks fort aan de monding van het geheel verzande faraonische kanaal tussen de Nijl en de Rode Zee.

Suez om half 4 zijn wij in het Hotel de Suez getrokken, aangezien de kamelen nog niet waren aangekomen; wij hebben deze niet ver van Suez met de trein ingehaald. Het Suezhotel zat zo vol met reizigers (vooral Engelsen) dat wij allen in een grote salon op divans moesten slapen, met zijn veertienen in hetzelfde vertrek. De keuken was niet veel bijzonders, de bediening wordt verricht door Indische dienstboden. Na het diner zijn wij Mr About bij Mr Larousse[16] gaan opzoeken; deze was op de terugweg van Port-Saïd[17] en Ismaïlia[18]. De ligging van Suëz is niet slecht; vooral de berg el Ataka[19], die de rede omringt, is zeer indrukwekkend en van een mooie vorm. 's Avonds zijn wij een ogenblik naar het Café-Concert du Jardin gegaan, waar wel geen tuin is maar waar een gemaskerd bal aan de gang was. Het was triest, er was niemand; het is mogelijk dat er later meer mensen zijn gekomen.

21 Februari.

Vandaag zijn wij niet vertrokken omdat het vrijdag[20] is, wat de Musulmannen als een ongeluksdag beschouwen voor wie een reis wil beginnen. Met een bark, of liever stoombarkas, die toebehoorde aan Mr Larousse, hebben wij een tochtje door de haven gemaakt en hebben wij een gigantisch apparaat bezichtigd en beklommen, een monsterachtig grote hijskraan. Daarna hebben wij ons naar de rede begeven aan boord van de Impératrice (gezagvoerder Macaire), een pakketboot op Indo-China van de Messageries Impériales waar wij voor het middagmaal waren uitgenodigd. Na een zeer goede maaltijd hebben wij het schip tot in al zijn uithoeken doorgelopen; het is zeer groot, gerieflijk en zeer schoon gehouden. Vervolgens zijn wij het mooie droogdok gaan bekijken. Tegen 3 uur zette het kleine stoombootje ons in Suez weer aan wal.

's Avonds hebben wij Mr Carrier bij ons in de tent te dineren gehad, met wie wij naar Suez zijn teruggegaan om nogmaals het Café-Concert te bezoeken,

[16] Ongetwijfeld Laroche, één van de Franse ingenieurs verbonden aan de kanaalmaatschappij.

[17] Port Saïd, gelegen aan het noordelijk uiteind van het Suezkanaal, is genoemd naar Onderkoning Mohammed Saïd (1854-1863) die de aanleg van het kanaal liet beginnen. De stad werd in 1859 gesticht op een landengte tussen de Middellandse Zee en het Manzala-meer in de oostelijke Nijldelta en telde bij de opening van het kanaal ongeveer 17.000 inwoners. De tegenwoordige bevolking telt 250.000 zielen.

[18] Ismaïliya, halverwege het kanaal aan het Timsah-meer gelegen, werd in 1861 gesticht als toekomstig bestuurscentrum van de regio. Hier verrezen de grote kantoren, hotels, douanegebouwen en de villa's voor het Europese kanaalpersoneel, zodat de stad een Europees aanzien kreeg. De feesten bij de inwijding van het kanaal speelden zich ook tegen dat decor af, in en om het enorme paleis dat Ismaïl er liet bouwen. Tegenwoordig heeft Ismaïliya zo'n 200.000 inwoners.

[19] De bergketen van al-Ataqa verrijst langs de westkust van de Golf van Suez en is plaatselijk tot 800 meter hoog.

[20] In Islamitische landen heeft de vrijdag dezelfde status als de zondag bij ons. Het is de dag voor het grote collectieve gebed in de moskee en winkels en openbare gebouwen zijn daarom grotendeels gesloten.

waar tamelijk goede danseressen waren. Wij hebben daar M[r] Edmond About weer ontmoet; hij is een zeer vermakelijk en beleefd man, die veel spreekt. Men kan zich indenken dat hij de zo gevarieerde en zo onderhoudende romans heeft geschreven die hem beroemd hebben gemaakt. Om elf uur zijn wij teruggekeerd in ons kampement buiten Suez, dichtbij de spoorweg en naast een Egyptisch legerkamp van ongeveer duizend man infanterie. Het zijn vier van die soldaten die vannacht bij onze tenten de wacht houden; dat is ons nog niet eerder overkomen. Morgenochtend vroeg zullen de kamelen en de dromedarissen van hier vertrekken. Zij zullen tot 12 uur op ons wachten naast de quarantainegebouwen[21]; zij moeten het kanaal doorwaden, terwijl wij per boot de haven oversteken om daar in weinig tijd aan te komen.

Zaterdag 22 Februari.

Vanochtend om 8 uur hebben wij het kamp opgebroken. Het opladen van de kamelen heeft veel tijd gekost; dat is altijd zo de eerste dag. Later gaat het beter, wanneer iedereen weet wat hem te doen staat en wat ieder dier moet dragen. Tegen half negen heeft men het kanon afgevuurd, vlakbij ons bij de villa van de Onderkoning, als teken dat de grote karavaan naar Mekka met het heilige tapijt (de kisweh) in zicht was gekomen, die langs Suez trekt.

Aangezien de kamelen van onze karavaan een grote omweg moesten maken teneinde het kanaal over te steken en zich naar het quarantaine-oord te begeven waar wij op onze dromedarissen zouden klimmen, hebben wij nog wat in Suez rondgeslenterd, en tegen twaalven hebben wij in een kleine stoomboot die aan Mr Larousse behoort, de kleine afstand afgelegd die de quarantaine van Suez scheidt. Binnen een kwartier stonden wij weer aan wal.

Na op deze plek te hebben gedéjeuneerd, alwaar verscheidene huizen of liever vertrekken stonden die momenteel onbewoond waren, zagen wij onze rijdieren arriveren en zijn wij om half 2 vertrokken, op weg naar de Mozesput[22]. Om half 4 bereikten wij onze eerste halteplaats. Het is een aardig plekje, een kleine oase in een zandvlakte. Men heeft een mooi uitzicht op Suëz en haar rede met zijn talrijke schepen, op de Rode Zee, die zeer kalm en van een mooie kleur blauw is, en die er uit ziet als een grote rivier, en als

[21] De quarantainegebouwen lagen op de oostelijke oever van de Golf van Suez. Het noordelijke uiteinde van de Golf valt bij eb grotendeels droog, zodat een afsteek kon worden gemaakt naar de monding van het kanaal, waarover een brug lag.

[22] De Mozesput (Arabisch: ʿuyûn Mûsa) is een kleine oase, op 10 kilometer van Suez gelegen en bestaande uit een tiental bronnen. Rondom groeit een weelderige vegetatie van dadelpalmen, acacia's en tamarisken, maar voor permanente bewoning is de oase te klein (al leefden er volgens Lenoir twee Bedoeïnen van de opbrengst van hun tuintjes). De naam is afgeleid van de overlevering in Exodus 15:23-25, waarin vertelt wordt hoe Mozes het water van een bron drinkbaar maakte door er een stuk hout in te werpen. De oase is echter niet de enige plek die met deze geschiedenis wordt verbonden.

achtergrond het gebergte Gebel Attakah met een mooi silhouet in een blauwachtig waas; het is superbe!

Deze eerste marsdag is maar kort geweest, vooral vanwege de nieuwe wijze om zich te verplaatsen: wij moeten een beetje ervaring opdoen met de dromedarissen. Het opstijgen is het onaangenaamste ogenblik: wanneer men zich op het neergeknielde dier in het zadel heeft gezet, staat hij op, eerst van achteren, dan van voren. Men moet zich goed vasthouden als men dit niet gewend is, want anders zou men uit het zadel glijden of men zou zich verwonden aan de achterste, of zelfs aan de voorste zadelknop, want de beweging is tamelijk onverhoeds. Ieder dier heeft een versierd zadel van goed opgevuld roodbruin leder, waarvan een stijgbeugel voor de linkervoet afhangt. Het rechterbeen wordt rond de voorste knop geslagen. Ter weerszijden van het zadel hangen zadeltassen of zakken, die wij hebben gekocht om er de meest noodzakelijke voorwerpen in te doen en om deze direct ter beschikking te hebben.

Het stapvoets lopen is, ten minste naar mijn mening, het meest vermoeiend: er is weliswaar weinig of geen zijwaartse schommeling, maar daar staat tegenover dat men voortdurend een soort van buigingen (net als een begroeting) moet maken, wat op de lange duur vermoeit. Verder is er de wrijving van het achterste over het zadel, die weinig genoeglijk is. In draf is de beweging vrijer en ik vind dat een manier om uit te rusten; maar het is waar dat ik, geloof ik, het geluk heb gehad één van de beste van de groep uit te kiezen, want verscheidenen onder ons delen mijn mening niet wat betreft de volle draf.

De plek die men de Mozesput noemt ligt nogal hoog; het is als een soort van krater waarin water staat. Dat is zeer opmerkelijk, vooral op een plaats waar men nergens water vindt. Aan één zijde loopt een klein waterstraaltje naar beneden, dat een ander klein bassin voedt, waar een eenzame palm oprijst en waar de kamelen komen drinken. Het schijnt dat wij niet de enigen zullen zijn die momenteel naar de Sinaï gaan: terzijde van ons kamp bevinden zich de kampementen van twee andere, minder talrijke gezelschappen. Er is zelfs een dame bij. Ik neem aan dat wij op één van deze vier ochtenden wel kennis zullen maken.

Wij hebben 47 kamelen, waarvan 10 om als rijdier te dienen en die de Onderkoning ons heeft geleend tot aan de grens van zijn Egyptische domein bij el Akaba[23]. De andere zijn beladen met de bagage, die wij zoveel mogelijk hebben beperkt, en met voedsel voor de dieren zelf. Wij zijn met 37 personen;

[23] In het conflict tussen de Turkse Sultan en zijn Egyptische Onderkoning had Mohammed Ali's zoon Ibrahim in 1831 geheel Palestina veroverd. In 1840 werd Mohammed Ali door ingrijpen van Engeland, Rusland, Oostenrijk en Pruisen echter gedwongen deze gebiedsdelen weer op te geven; voortaan lag de grens tussen de beide invloedssferen van al-Arish in de Gaza-strook naar al-Aqaba aan de Rode Zee.

Fig. 12. Gérôme, *Karavaan*. Olie op paneel, 42,6 × 62,3 cm. Naar Ackerman, Gérôme, nr. 547.

Fig. 13. Gérôme, *Onze escorte*. Studie. Naar Lenoir, Le Fayoum, le Sinaï et Pétra, t.o. p. 204.

dat komt ons voor als een grote karavaan, maar wanneer men deze troep van een zekere afstand beziet, dan lijkt het niets in de onmetelijke uitgestrektheid die het oog rondom waarneemt.

Bij de quarantaine hebben wij een teefje van een plaatselijk ras meegenomen, een soort van hazewind. Wij hebben haar meegevoerd ondanks haar protesten, maar ik denk wel dat zij binnenkort heel tevreden zal zijn over haar verandering van baas. Vooral Goupil wilde al heel lang een hond zoeken om ons te vergezellen; in de Fayoum zijn wij niet geslaagd, en nu vinden wij er één op het laatste moment!

23 Februari. Zondag. Wâdi-Sadr.

Uit Aïn Moussa vertrokken om half 9 's ochtends, aankomst op een plek in de woestijn die Wadi Sâdr[24] heet om half 4. Verscheidenen van ons klagen over stijfheid enz. veroorzaakt door het zadel van de dromedaris; op mij heeft het gelukkig helemaal geen uitwerking. De gehele dag hebben wij aan onze rechterhand de Rode Zee in zicht gehad, die magnifiek was, van een uitzonderlijk blauwe kleur. Wij hebben de hele dag heel wonderlijke luchtspiegelingen gehad: boommassa's en waterplassen die tot in het oneindige terugweken. Soms zagen wij, wanneer wij een luchtspiegeling naderden, kleine bosjes planten of verdroogde struiken die als gevolg van de bewegende hitte vergroot werden, zoals men dat bij ons in Europa op zeer hete dagen boven een korenveld kan zien. — De Engelsen kamperen een stukje verder dan wij.

24 Februari. Maandag. El-Amara.

Om 8 uur 's ochtends onze kampplaats verlaten, voortgelopen tot half 4: zeven en een half uur onderweg, met inbegrip van drie kwartier voor het middagmaal. Het Engelse kampement ligt iets verderop. De plek waar wij ons bevinden, heet el Amara[25]; er is niet meer bewoning of begroeiïng dan in de voorgaande plaats, maar wel veel zand en vuursteen. Er staat veel wind, waardoor er overvloediger zand in onze tenten ligt dan wij zouden wensen. De dromedarissen lopen goed. Journault, die behoorlijk ontveld was op de plek waar hij het zadel raakte, heeft de tocht te voet afgelegd. Het terrein is zeer goed beloopbaar; het is hard en gelijkmatig. Wij zijn nog niet in het gebergte en de Rode Zee bevindt zich nog altijd in de verte aan onze rechterhand. Over twee dagen zullen wij waarschijnlijk zoet water vinden; gelukkig is er nog voldoende.

[24] (Arabisch) wâdi sidr = dal van de Christusdoorn (Zizyphus spina Christi Willd.), een boom met lange doorns, grauwe bladeren en gele vruchten. Dit droge woestijndal ligt ca. 24 kilometer ten zuiden van de Mozesput.

[25] Vermoedelijk Ain Marara (= bron der bitterheid), ongeveer 38 kilometer ten zuiden van Wadi Sidr gelegen en eveneens geïdentificeerd met de bron Marah van Exodus 15:23-25.

25 Februari. Wadi Garandel.

Uit Wâdi el Amara vertrokken om 8 uur 's ochtends, 5 uur gelopen tot aan Wâdi Garandel[26]. Journault heeft de weg weer te voet afgelegd, de anderen wennen steeds meer aan hun dromedaris. De Engelsen liggen nog altijd op ons voor. Het lijkt wel of zij haast hebben, want zij maken langere dagen. De drogman beweert dat zij dat tempo niet zullen kunnen volhouden. Er staat nog veel wind; de wind steekt in de middag op en duurt tot zonsondergang. Wij hebben hier een beetje water gevonden, maar dat is slechts geschikt voor de kamelen (de Arabieren zeggen: chamours[27]), want het water is brak en bitter. De weg is hier zeer mooi, hij stijgt en daalt. Op de hoogten heeft men magnifieke uitzichten. Ook de plek waar wij halt houden is zeer mooi; er is zelfs wat plantengroei: enkele kwijnende en bestofte tamarisken en wat ongesnoeide palmen. Het is door toedoen van het water, dat op een geringe diepte in de grond zit, dat het landschap minder droog en woest is dan de streek die wij vandaag hebben doorkruist. Het is een rivierbedding; in de winter, in de maand December, staat er water in.

Net op het ogenblik dat ik zit te schrijven, raakt de tent door een windvlaag los. De haringen hebben in het zand niet genoeg houvast. Met Barthélemy heb ik hem deels van binnen af tegengehouden, en onze mensen hebben de zaak gauw weer hersteld.

26 Februari. Seïl el Taïbé.

Vanochtend hebben wij op de gebruikelijke tijd het kamp opgebroken. Het traject was lang, maar dan ook uitzonderlijk groots. De weg, als men het zo mag noemen, is slechts afgetekend doordat er voortdurend kamelen langskomen over dezelfde plek, waardoor de grond tot smalle paden wordt samengedrukt die men tamelijk gemakkelijk kan onderscheiden. In het algemeen volgt men de vlaktes en de doorgangen die 's winters, in het seizoen waarin de regens vallen, op beekbeddingen lijken; dan ontstaan er soms beken die zeer onstuimig zijn. Het is op deze plekken die soms overstroomd raken, dat men een beetje plantengroei vindt: kleine bosjes tamarisken (tarfa[28]), acacia's (seyâl[29]), gombomen (samt[30]) en een zeker soort van

[26] Wadi Garandel, ongeveer 12 kilometer zuidelijk van Ain Marara gelegen, is genoemd naar de oude Romeinse plaats Gurandela, in die tijd al een versterkte halteplaats voor karavanen. Het is een waterrijk dal met veel bronnen en beekjes en overvloedige vegetatie, dat zich meer dan 50 kilometer uitstrekt door een kalksteenplateau. Het wordt wel geïdentificeerd als het Bijbelse Elim, volgens Exodus 15:27 de eerste pleisterplaats na Marah en gekenmerkt door niet minder dan twaalf bronnen. Volgens Lenoir vierde het gezelschap hier een uitbundige Vastenavond.

[27] In plaats van (Frans) chameaux.

[28] (Arabisch) ṭarfâ' = tamariskensoort (Tamarix gallica L.).

[29] (Arabisch) sayâl = acaciasoort (Acacia seyal Del.), tot 10 meter hoge bomen met doorns en gele bloemen.

[30] (Arabisch) ṣunṭ = acaciasoort (Acacia nilotica Del.), waarvan de hars bekend staat als Arabische gom.

Fig. 14. Gérôme, *Landschap langs de kust van de Rode Zee*, ca. 1897. Olie op doek, maten onbekend. Naar Ackerman, Gérôme, nr. 444.

doornplant (sillé[31]) die men vaak tegenkomt. Van tijd tot tijd ontmoet men zelfs een geïsoleerde en verwilderde palmboom. De bergen die men aan weerszijden passeert, zijn indrukwekkend om te zien; het zijn volmaakt naakte rotsen. De weg, die heen en weer slingert, biedt overal nieuwe uitzichtspunten. Na langs een stroompje brak water te zijn getrokken, hebben wij vlakbij de Rode Zee halt gehouden op een plek die ingebed ligt tussen rotsen met fantastische vormen en bonte kleuren, die er zeer vreemd uitzien. Wij hebben zes uur lang gelopen; Journault heeft de route weer te voet afgelegd. Het kampement biedt een mooie aanblik, tussen deze rotsen en de achterliggende zee. Deze plaats heeft Seïl el Taïbé[32].

27 Februari.

Vandaag zijn wij in Seïl el Taïbé gebleven. Het heeft de afgelopen nacht veel geregend en het beloofde een onweersachtige dag te worden. Wij hebben er de voorkeur aan gegeven om hier de dag door te brengen, omdat een lange dromedarisrit begunstigd door een stortbui niet vermakelijk zal zijn. Gedurende de ochtend werd onze tent door een windvlaag omgeworpen. Er zat

[31] (Arabisch) silla = stekelkool (Zilla myagroides Forsk.), een kruisbloemige plant.
[32] (Arabisch) saila aṭ-ṭayyiba = de aangename stroom, ongetwijfeld in de Wadi Tayyiba gelegen, ongeveer 30 kilometer ten zuiden van Wadi Garandel.

niemand in; gelukkig is dit voorval ons niet 's nachts overkomen met de regen die er toen viel. Bovendien is het tamelijk moeilijk om de tent in het donker opnieuw op te zetten.

Wij zijn bezocht door twee Arabische matrozen, die van Tôr[33] aan de Rode Zee onderweg waren naar Suez. Aangezien zij tegenwind hadden, hadden zij met hun bark deze verlaten kust moeten aandoen. Zij waren er al twee dagen en hadden sinds die tijd niets meer gegeten. Het was voor hen een buitenkansje dat zij ons zo op het juiste ogenblik vonden en iets te eten ontvingen. Als de wind draait, wat wij ook in ons eigen belang hopen, dan zullen zij bij gunstige wind in anderhalve dag in Suëz zijn. Het lijkt wel of de Engelsen, die op een half uur afstands van ons hun kampement op het strand hadden, toch zijn voortgetrokken; zij zijn niet meer te zien.

28 Februari. Wâdi-Shelâal.

Aangezien het mooie weer zich geheel hersteld had, zijn wij uit Seïl et Taïbé vertrokken om 8 uur in de ochtend. Gedurende een lange tijd volgde de weg de kust. Het was schitterend: de zee was zo blauw als de Middellandse Zee, en de rotsen links waren bizar van vorm en kleur. Op één plek van de bergketen el Machayer[34], waar wij langs trokken, waren opeenhopingen van stenen als reusachtige trappen. Zij zagen er uit alsof zij gebouwd waren, uit de verte althans; van dichtbij was het goed te zien dat het geen mensenwerk is. Van verre zou men denken zoiets als de basis van een verwoeste piramide te zien, het was fantastisch! Wij moesten er overheen, want aan de ene kant liepen zij uit tegen het steile gebergte en aan de andere kant tegen de zee. Het was een prachtig schouwspel om onze 47 kamelen deze treden van witte en gepolijste steen te zien beklimmen. Overigens was de passage zeer gemakkelijk.

De hond uit Suëz, die ons tot dusver gevolgd is en die zo goed gewend scheen te zijn ons gezelschap en onze zorgen, is omgekeerd. Eén van onze dromedarissen heeft haar bij ongeluk geraakt, wellicht enigszins hardhandig, en zij is omgedraaid en wij hebben haar de hele dag niet meer teruggezien. Het dwaze dier zal ongetwijfeld onderweg kreperen.

Dit landschap is werkelijk buitengewoon: het is van een sombere en indrukwekkende aanblik die tot dagdromen zou noden als men niet, zoals

[33] Al-Tur, nabij het zuidelijke uiteinde van de Golf van Suez gelegen, was reeds onder de Phoeniciërs een belangrijke overslaghaven voor vracht. Scheepvaart in de Golf is moeilijk vanwege de overheersende noordenwind, vandaar dat goederen veelal per karavaan werden getransporteerd van al-Tur naar de Middellandse Zee. Vanaf de Romeinse tijd werd de stad een christelijk centrum, dat in directe verbinding stond met het Catharinaklooster in de Sinaï. Onder de Islam diende al-Tur tevens als quarantaine voor de pelgrimage naar Mekka.

[34] Nabij de stad Abu Zenima ligt de Jabal al-Murchaya, een 200 meter hoge kaap die bestaat uit afwisselend harde en zachte rotslagen en daardoor de indruk wekt door mensenhand te zijn gebouwd.

wij, in een talrijk en vrolijk gezelschap zou reizen. Om twee uur hebben wij onze nieuwe rustplaats bereikt, na de kust te hebben verlaten en een kloof in het gebergte te zijn binnengereden, die opnieuw de bedding is van een rivier die in het juiste seizoen onstuimig schijnt te zijn, te oordelen naar de grote granietbrokken en boomstronken die hij in zijn stroom heeft meegesleurd en die nu op de grond liggen. De rotsen hebben zonderlinge kleuren, steenrood en groenachtig blauwgrijs afgewisseld met geel en krijtwit. Mijnheer Gérôme is verrukt, zoals wij allen overigens. Ons kamp is gelegen op een plek die Wadi Shelaal (oftewel Dal van de Waterval[35]) heet, niet ver van een smalle kronkelende doorgang in de rotsen waar zoet water te vinden is.

Ik heb vandaag mijn huidige situatie vergeleken met het leven dat ik in Utrecht leidde: wat een verschil! Wat voelt men zich prettig en monter, wanneer men altijd in de open lucht leeft! Wat mij vooral in gedachten naar ons thuis in Holland voerde, dat is dat ik mij er rekenschap van geef dat het vandaag de verjaardag van mijn goede zuster Anna[36] is. Ik denk dat men zich thuis wel goed heeft vermaakt, zoals gewoonlijk op zulke dagen. Ik had er best even willen heengaan om het te zien, maar al was men de allersnelste vogel, dan nog zou men dit denkbeeld niet kunnen verwezenlijken. Als ik bedenk dat het minstens drie of vier dagen zou kosten (en dan nog zonder te dralen) om alleen nog maar naar Suëz te reizen, dan begin ik een besef te krijgen van de afstand die mij scheidt van hen die mij zo dierbaar zijn. En dan is het ook dat men tegen zichzelf moet zeggen dat men alles moet overlaten aan de genade en de goedheid van God, die diegenen kan behoeden voor ongelukken die het Hem behaagt te beschermen. A fi amâan Allah[37]!

29 Februari. Wadi Shelâal.

Vandaag zijn wij in de Wâdi Shelaal gebleven: het is een mooie plek en wij hebben er gewerkt. Hier zitten wij ongeveer halverwege de Sinaï. Morgen zetten wij onze weg voort; de rit zal niet al te lang zijn en ik hoop de mogelijkheid te hebben om in de middag een studie te maken, als de plaats aantrekkelijk is. De hond is niet teruggekomen.

Wij hebben ons gehele verblijf in het Oosten doorgebracht zonder luizen op te lopen. Vandaag hebben wij echter met afgrijzen ontdekt dat twee van ons met luizen waren behept. De voortdurende nabijheid van mensen die er schijnbaar goed van zijn voorzien, maakt deze zaak niet zo verwonderlijk.

[35] (Arabisch) wâdi šallâl. Waar dit dal in de kustvlakte van Marcha uitloopt, heet het Wadi Baba. Pas in 1929 werd er een berijdbare weg aangelegd van de kust naar het centrale bergland; deze volgt overigens een andere wadi.

[36] Henrietta Johanna de Famars Testas, geboren in 1840.

[37] (Arabisch) fi amân Allah = in Gods hoede.

1 Maart. Wâdi-Moketteb.

Om 8 uur 's ochtends hebben wij Wadi Shelâal vaarwel gezegd en gaandeweg zijn wij steeds meer de bergen ingetrokken. Op een plek die Nakbel-Boudra[38] heette, moesten wij een berg beklimmen; in het dal was geen doorgang meer te zien en men waande zich op een doodlopende weg. Bijna aan het einde, wanneer men rond een kleine rots reed, zag men een tamelijk steile weg die zigzaggend omhoog ging; van beneden was deze niet te zien. De dromedarissen klommen goed. Bovengekomen, zagen wij wanneer wij ons omdraaiden nog een klein blauw stukje van de Rode Zee. Daarna volgde men opnieuw door beekbeddingen gevormde dalen, maar nu op een heel wat hoger niveau dan het terrein dat wij tot dusver hadden doorkruist. Het is op deze bij regen ondergelopen wegen dat zich wat plantengroei bevindt, tenminste iets om het uitzicht te midden van deze massa's steen en zand op te vrolijken! Deze planten en struikjes zijn overigens niet veel bijzonders en zijn voor het merendeel al door de zon verdroogd. Er staat vooral een soort boom met doorns, een acaciasoort die de Arabieren *seijaal* noemen; verder taaie planten zoals een soort hoog gewas dat *rettemb*[39] genoemd wordt (een soort genista) en een ander dat *rims*[40] heet (uitgesproken als rimth, op zijn Engels). Vooral die laatste soort schijnt de kamelen zeer te bekoren, die onder het langslopen er voortdurend een hap van proberen te nemen.

De door ons gevolgde weg is zeer mooi. De bergen maken al een hogere indruk; er zijn superbe bij, soms van een dieprode kleur die bij zonsondergang magnifieke tinten aanneemt. Deze laatste zijn van rood graniet. Tegen 1 uur hebben wij ons nieuwe kampement bereikt, in een zeer brede vallei die Wâdi Moketteb[41] heet vanwege het grote aantal zeer oude (zogenaamde Sinaïtische) inscripties, die men op de rotsen langs de weg aantreft. Als het opschriften zijn, dan zijn zij toch zeer onregelmatig geschreven, tenminste diegene die ik gezien heb. Ik zou eerder denken dat het opeenhopingen van

[38] (Arabisch) naqb al-bûdra = pas van de zwaardpunt. Deze 385 meter hoge bergpas werd al in de Oudheid gebruikt door de Egyptische mijnwerkers van de Sinaï, getuige de resten van een oud pad. Het kamelenpad dat door Testas werd gebruikt, was pas in 1863 aangelegd door de Schotse majoor MacDonald, die tussen 1854 en 1866 het werk in de verlaten turkooismijnen hervatte. Daarbij beschadigde hij heel wat graffiti en andere sporen van Egyptische activiteit.

[39] (Arabisch) ratam = Genista juncea L. of Genista raetam Forsk., een witbloeiende bremsoort die door zijn bittere smaak praktisch oneetbaar is voor grazende dieren.

[40] (Arabisch) rimṯ = Caroxylon articulatum Moq. of zoutkruid, een ganzevoetachtige.

[41] (Arabisch) mukattab = beschreven, met opschriften. Dit plaatselijk wel 2 kilometer brede dal ligt in een massief van rode zandsteen en rood graniet. De wanden dragen op vele plaatsen graffiti, aangebracht door mijnwerkers en karavaandrijvers. De meeste opschriften vertonen het Nabatese schrift van de inwoners van Arabia Petraea en stammen uit de 2de tot 4de eeuw. Andere zijn in het Grieks of Latijn geschreven, terwijl het zijdal Wadi Maghara opschriften in het zogenaamde proto-Sinaïtisch draagt, een pas in 1868-1869 ontdekt schrift dat rond 1500 v. Chr. door Aziatische mijnwerkers werd ontwikkeld uit de Egyptische hiërogliefen. Het is het oudste alfabetische schrift ter wereld.

namen zijn, die door één of andere grote karavaan in de steen zijn gegrift, of misschien door soldaten van een leger dat op deze plek kan hebben gekampeerd. In dit oord brengen wij de nacht door. Bij aankomst hebben wij bijna allen een studie gemaakt.

Dezer dagen oefenen wij het beroep uit dat alle Europese Oriëntreizigers noodgedwongen op zich nemen: dat van arts. Het zijn Mr Gérôme en Journault (die zich heeft belast met de reisapotheek) die doen wat in hun macht ligt om een arme duivel van een Arabier (één van de kameeldrijvers) van de dyssenterie te genezen. Hij zegt dat hij al vanaf het begin van het jaar ziek is, hetgeen de toestand zeer compliceert. Hij is erg zwak en zal er vermoedelijk aan sterven. Vanochtend hebben wij hem op een dromedaris laten klimmen, met een Chinese parasol om hem tegen de zon te beschutten. Gelukkig voor ons, zal hij spoedig in zijn stamgebied zijn, dat op onze weg ligt. Wij zullen hem aanbevelingsbrieven geven en een dieet waaraan hij zich moet houden.

Het is in de bergen die ons omringen dat men de turkooizen vindt (farouz[42]). Vanmiddag zijn wij langs een berg gekomen die vele van deze stenen heet te bevatten. Men kon daar bijna naakte Arabieren onderscheiden, die de steile bergkammen afklommen om ze te zoeken. Het waren de neerstortende puinmassa's, die terwijl zij naar omlaag gleden veel lawaai maakten, die onze aandacht trokken, want anders hadden wij deze heren, die klein leken als insecten en de kleur van de steen hadden, nooit ontdekt. De turkooizen van hier zijn zeer inferieur vergeleken met die van Perzië, die mooier van kleur en harder zijn en minder gemakkelijk na een tijdje verbleken.

Ondanks de spreekwoordelijke droogte van de woestijn komt men toch af en toe bloemen tegen. Men vindt deze vooral op de weg van de reizigers, die voortdurend de droge bedding volgt van de bergbeken die zich 's winters in de regentijd vormen. De zeldzame bloemen worden door de Arabieren aangeduid als de *jehak*[43] (een plant met helder violette bloemen waarvan de vorm op sering lijkt), de *sakerân*[44] (eveneens een violette bloem; het is een vetplant) en de *bourmeh*[45] (die gele bloemen met een oranje hart heeft, met het ondereind in de vorm van een staartje).

[42] (Arabisch) fairûz. Deze steen werd hier reeds vanaf ca. 2600 v. Chr. door de oude Egyptenaren gewonnen, van wier mijnarbeid hier vele zichtbare resten zijn. Een compleet mijnwerkersdorpje is teruggevonden in de Wadi Maghara, terwijl bij de dichtbij gelegen kopermijnen van Serabit al-Qadim een tempel van de godin Hathor staat.

[43] (Arabisch) yahaq = Monsonia nivea Webb., een ooievaarsbekachtige.

[44] (Arabisch) sakarân = Hyoscyamus niger L. of zwart bilzenkruid, een nachtschadeachtige, of Scopolia boreana Dun. van dezelfde familie.

[45] Niet bekend, mogelijk verbasterde naam.

2 Maart. Wâdi-Ferâan (het Bijbelse Pharan)

Na een rit per dromedaris van ongeveer zeven uur zijn wij aangekomen in Wâdi Feraan[46], een soort van oase die evenals de rest van de route door rotsen wordt ingesloten. Er staan massa's palmen, gombomen en bomen met vruchten die de Arabieren van hier *nebak*[47] noemen en die in Egypte *neb* heten; het zijn zoete vruchtjes ter grootte van kleine kersen, met een pit in het midden. Het is een zoetwaterstroompje dat hier voor de vruchtbaarheid zorgt, slingerend midden door de beekbedding die in al deze streken als weg dient. Hoewel de weg vandaag lang was, bood hij maar weinig afwisseling. Steeds voerde hij tussen hoge rotsen door, terwijl hij vol lag met massa's stenen en rotsblokken die door de beken waren meegesleurd. Het was een heel warme dag: de zon stak niet gering en men bruinde zienderogen. Na rond heel wat bergen getrokken te zijn, waarbij men steeds weer hetzelfde landschap voor ogen kreeg, waren wij blij eindelijk wat groen te zien en het dorp, als men die paar ellendige krotten zo wil noemen waarin de meest vermogenden van dit oord wonen. Iets verderop passeerde men ruïnes, de resten van een dorp dat vroeger door de afstammelingen van Romeinse Christenen werd bewoond.

Wij hebben laat gedineerd. 's Ochtends bij het vertrek uit Wâdi Moketteb ontbraken er acht lastkamelen op het appèl. Zij hadden zich gedurende de nacht van het kamp verwijderd op zoek naar weidegrond in de dalen. Desalniettemin zijn wij vertrokken, maar deze zaak had al voor vertraging gezorgd. Toch heeft men hen gevonden; de kameeldrijvers die wij ter achtervolging hadden achtergelaten zijn hier met de dieren aangekomen, lang na ons.

Het water van het beekje is heel lekker om te drinken. Ook hebben wij de vrijheid genomen om er een wat uitgebreider bad te nemen dan dat waarmee wij de voorgaande dagen gedwongen waren genoegen te nemen, vanwege de prijs die op een woestijntocht voor water betaald wordt.

3 Maart. Wadi Feraan.

Men zou zeggen dat de ruïnes van gebouwen en de muursporen op de heuvel waar de beek omheen loopt, behoord moeten hebben tot een Romeinse legerpost, vooral omdat bovenop de hoge bergtoppen in de omge-

[46] De identificatie van het Bijbelse Paran (o.a. Numeri 10:11-12) met de Wadi Firan is verre van zeker. Deze wadi is de grootste van de Sinaï en wordt aan de zuidzijde ingesloten door de 2070 meter hoge Jabal Sirbal, volgens sommigen de echte Wetsberg van Mozes. Het nauwe dal is rijk aan waterstroompjes en heeft halverwege een oase. Hier lag het al in de 2de eeuw genoemde Pharan, een buitenpost van het Catharinaklooster en de oorspronkelijke bisschopszetel van de Sinaï. Deze plaats is nu nog herkenbaar door de ruïnes van een kathedraal en twee kerken en door de rondom gelegen, uit de rots gehouwen monnikscellen en graven.

[47] (Arabisch) nabq = Christusdoorn (Ziziphus spina Christi Willd.), ook wel sidr genoemd. Zie noot 3.24.

ving de resten liggen van grote kastelen die men voor uitkijkposten zou houden. Maar het schijnt dat volgens de reisgidsen (die steunen op de opvattingen van grote onderzoekers als Lepsius[48], Robinson[49] en anderen) deze plaats sinds de IVe eeuw heeft gediend als bisschopszetel en Pharan heette. Het schijnt dat er veel gazellen zitten in de bergen; men is ons er vandaag één komen brengen. Hij was al gevild en klaargemaakt. Later kwam men ons een steenbok laten zien, nog levend maar met een schotwond in de rug. Als het arme beest in goede staat was geweest, dan zouden wij het hebben meegenomen, als vervanger van de hond die wij niet meer hebben teruggezien.

Het systeem van de bakshish[50] bloeit hier even goed als in Egypte. Ik dacht dat de Bedoeïnen daarvoor te trots waren, maar het is waar dat het arme drommels zijn, en de aankomst van een vreemdeling moet in deze streken wel als een buitenkansje worden beschouwd. Het zijn trouwens voornamelijk de kinderen en de vrouwen die erom vragen. De laatsten bewegen zich vrijer dan in Egypte: zij geven antwoord wanneer men hen aanspreekt en zijn geenszins bang voor de aanwezigheid van een Europeaan. Zij dragen ongeveer hetzelfde kostuum als de fellah[51]-vrouwen, met dit verschil dat hun sluier (borqua[52]) uit een doorzichtige witte stof bestaat die op de plaats van de ogen en de mond met een donkerder kleur is beklad, hetgeen er uit de verte uitziet als een lelijk masker. Bovendien dragen zij op het voorhoofd een geknoopte haarlok die naar voren uitsteekt. Het kostuum van de mannen is allereenvoudigst: een rode tarbouch[53] met een zeer kleine witte tulband of een koufieh[54], een brede leren gordel waarin een groot krom mes of een sabel gestoken zit, een wit katoenen hemd en een kameelharen mantel, zwart, bruin, of met grote bruine en witte strepen. De huidskleur van deze volkeren is zeer donker, bijna zoals die van de Nubiërs.

[48] De Duitser Karl Richard Lepsius (1810-1884) geldt als de grootste egyptoloog na Champollion. Van 1842 tot 1845 leidde hij de Pruisische expeditie naar Egypte en de Soedan. In maart 1845 stak hij de Rode Zee over naar de havenstad al-Tur en van 21 maart tot 6 april 1845 verbleef hij in de Sinaï. Na terugkeer in Berlijn publiceerde Lepsius een schat aan documentatie in zijn *Denkmäler aus Aegypten und Aethiopien*, de grootste egyptologische publicatie aller tijden. Zelf werd hij benoemd tot hoogleraar en directeur van het Berlijnse museum.

[49] Edward Robinson (1794-1863) is de grondlegger van het onderzoek in Palestina. Als hoogleraar in de Bijbelse literatuur aan het Theologisch Seminarie van New York maakte hij in 1838 een reis door de Sinaï, Palestina en Zuid-Syrië, waarbij hij als eerste allerlei Bijbelse plaatsnamen identificeerde. Zijn boek *Biblical researches in Palestine, Mount Sinai and Arabia Petraea* (1841) was baanbrekend op het gebied van de historische geografie. In 1852 volgde een tweede bezoek en vier jaar later een supplement op zijn boek.

[50] (Arabisch) baqšîš = geschenk; fooi.

[51] (Arabisch) fallâḥ = boer.

[52] (Arabisch) burquʿ = lange sluier die de ogen vrijlaat.

[53] (Arabisch) tarbûš = vilten kapje, gedragen onder de tulband; fez.

[54] (Arabisch) kûfîya = vierkante hoofddoek, diagonaal gevouwen en onder een hoofdband van kamelenhaar gedragen.

5 Maart. Vrijdag. Wadi Garbé.

Vanochtend vroeg, om half 8, hebben wij Wadi Feraan verlaten. Na een vrij stevige rit van zes en een half uur kwamen wij aan op een plek tussen Wadi Solâf en Wadi Garbé waar onze tenten zijn opgezet. De weg was niet erg bijzonder, hoewel wij de mooiste hadden gekozen, door Wadi Cheich[55]; er zijn er twee die naar dezelfde plaats voeren. Als ik zeg dat de weg niet bijzonder was, dan spreek ik vergelijkenderwijs: deze hele streek is uitzonderlijk pittoresk, maar mij dunkt dat wij in het begin langs afwisselender en indrukwekkender plaatsen gekomen zijn. Misschien is het ook dat ik minder gauw in verbazing of in extase raak, door het feit dat ik meer wen aan en vertrouwd raak met dit grootse, woeste en onverbiddelijk harde en verlaten land.

Na onze aankomst alhier hebben wij een uitnodiging ontvangen om de thee te komen gebruiken bij een Engelse dame, de Markiezin van Ely[56], die samen met haar zoon reist. Reeds gisteren in Wadi Féraan heeft zij naar onze gezondheid laten informeren en hebben wij haar op de wandeling ontmoet. Vandaag is zij na ons aangekomen en zij is zich komen installeren iets verderop in de Wadi-Garbé. De verschillende halteplaatsen op deze tocht zijn over het algemeen op één vastgestelde plek. De plaats waar wij ons nu bevinden, heeft kort geleden al aan andere reizigers vóór ons gediend, zoals men dadelijk ziet aan de resten van vuren, afval, sinaasappelschillen, enz. Er zijn dit jaar velen die naar de Sinaï reizen. Vóór ons zitten twee groepen Engelsen, onze nieuwe kennis, dan wijzelf, en na ons schijnen nog twee Engelse gezelschappen te komen. Het zijn altijd de Engelsen die het meest reizen, maar zij gaan dan ook meestal te snel.

Vanavond dus na het diner, hebben wij — Mr Gérôme, Barthélemy en ik — ons naar de Engelse markiezin begeven. Zij was uiterst vriendelijk; zij sprak Frans, evenals haar zoon. Haar tent was zeer goed. Behalve haar zoon heeft zij haar arts bij zich, en een bode, en verder de drogman en Arabisch personeel. Ook zij heeft vele kamelen, ik geloof 26 en 3 ezels. Zij was verrukt over het aantal van onze kamelen (47) en over de grootte en de snelheid van onze rijdieren. Zij sprak over allerlei zaken, en wij zijn heel tevreden weggegaan, na thee en uitstekende Ierse whisky te hebben gedronken. Mr Gérôme had haast zich te bed te begeven, omdat hij al twee nachten niet geslapen had, hetgeen hem enigszins uitputte. Het is vanavond heel koud (11 graden

[55] De Wadi ash-Sheich is een breed dal dat van 800 meter hoogte langzaam opklimt naar de vlakte van ar-Raḥa (= de rustplaats) aan de voet van de Mozesberg. De Wadi Sulaf (= voorste dal) is een zijdal aan het westelijk uiteinde, de Wadi Garbi (= westelijk dal) een zijtak aan het oosteinde van de Wadi ash-Sheich. Ter weerszijden van het dal zijn 300 meter hoge granietklippen. Een alternatieve route naar het klooster lopt door de Wadi Achdar (= groene dal).

[56] Lenoir meldt over deze dame dat zij vervolgens ook Syrië, Klein-Azië en St.Petersburg bezocht, en dat alles binnen één maand!

Celsius) en er staat veel wind. Overdag was het al veel minder warm dan gewoonlijk; de voorgaande dagen was het midden overdag gemiddeld 34 graden Celsius! Wij zijn aanzienlijk gestegen: wij zitten hier op een hoogte van meer dan 900 meter boven zee.

6 Maart. Sinaï.

Vertrokken om 8 uur 's ochtends, zijn wij onmiddellijk een bergkloof ingereden die achter ons kampement begon; deze heet Nabk el Hawa (oftewel Passage der Winden[57]). Het is de kortste, zij het ook de moeilijkste weg om het klooster van de Sinaï te bereiken: het St. Katharina- of Christus-klooster[58]. Het was 's nachts heel koud geweest, er woei een onweer over en het regende van tijd tot tijd. Ik dacht dat de tent zou wegwaaien, hetgeen gelukkig niet gebeurd is! Ook 's ochtends was het niet warm, wat voor ons goed uitkwam, want het zal geen plezierig uitstapje zijn om te voet in deze kloof voort te gaan wanneer de zon staat te branden. De weg voert tussen rotsblokken door, die zijn losgeraakt van de ter weerszijden steil en loodrecht oprijzende bergen. Tot aan het einde van de pas is men vrijwel voortdurend aan het klimmen. Hoewel de weg met name in het begin woest en moeilijk is, is hij grandioos en er zijn plekken die een overweldigende uitwerking hebben. De met wolken bedekte hemel droeg er toe bij het uitzicht nog mooier en afwisselender te maken, doordat het zonlicht plaatselijk doorbrak over gedeelten van het tafereel dat men voor zich had, terwijl de hoge pieken soms schuil gingen in de wolken.

Op twee derde van de route, daar waar het dal zich verbreedde, kregen wij de Djebel Katherin[59] in zicht, één van de toppen van de Sinaï, en vervolgens rechts, helemaal op het topje van een berg, een paleis dat Abbas Pacha daar indertijd heeft laten bouwen (men weet niet waarom, want er komt nooit

[57] (Arabisch) naqb al-hawâ', een zeer steile pas waarin door de monniken een pad is gehakt als afsteek naar het klooster. Kamelen dienen de Wadi ash-Sheich verder oostwaarts te vervolgen.

[58] Dit klooster ligt zeer geïsoleerd in een nauw dal op 1570 meter hoogte; de afstand tot Suez is over de moderne weg 258 kilometer. Het klooster staat volgens overlevering op de plek van de Brandende Braambos, aan de voet van de hoogste toppen van de Sinaï, waarvan men de Jabal Musa of Mozesberg (2285 meter) voor de Wetsberg van de Bijbel houdt. In 330 bouwde Constantijns moeder Helena hier een Mariakapel, die zich tot een pelgrimsoord ontwikkelde. Het klooster werd pas in 527 gesticht door de Byzantijnse keizer Justinianus. Het wordt omsloten door een 15 meter hoge vestingmuur van 84 × 74 meter; bezoekers kwamen vroeger door middel van een takel binnen, want een deur was er niet. Binnen de muren ligt een warnet van kerkjes en woongebouwen uit verschillende perioden; daarbuiten liggen de door een lagere muur omsloten tuinen. In de bloeitijd woonden er wel 400 monniken, tegenwoordig nog slechts 20. Het klooster is niet Koptisch, maar Grieks-Orthodox en heeft altijd in verbinding gestaan met Constantinopel.

[59] Deze spits van 2637 meter hoog, de hoogste van de Sinaï, ontleent zijn naam aan de Heilige Katharina van Alexandrië. Na haar marteldood in 307 brachten volgens de legende engelen haar lichaam naar deze berg, waar het een vreemd lichtschijnsel bleef verspreiden. In de 8ste of 9de eeuw ontdekten monniken het daar en brachten het over naar het klooster.

Fig. 13. Testas, *Karavaan op de berg Sinaï, 10 maart 1868*. Van links naar rechts: Journault, Bonnat, Goupil, Lenoir, Gérôme, de Barthélemy, Joseph Moussali, Testas. Aquarel, 17,5 × 25 cm. Particuliere verzameling (foto Rijksbureau voor Kunsthistorische Documentatie, Den Haag).

iemand). Toen wij ons omdraaiden, zagen wij boven het landschap dat wij net verlaten hadden de wolken zich opstapelen. Zij kwamen snel naderbij en korte tijd later hadden wij enige regen. Toen de wegen weer berijdbaar werden, zijn wij weer op onze dromedarissen geklommen, die ons bewonderenswaardig goed hadden gevolgd. Na korte tijd stonden wij aan de voet van de Sinaï, waar wij vervolgens voor ons verblijf alhier een plek uitkozen met uitzicht op het klooster (Pl. VII). Het was toen 11 uur in de ochtend.

Onder het middagmaal zagen wij de Engelse dame aankomen, die eveneens dezelfde weg had genomen. Zij schijnt een geduchte reizigster te zijn, dat zij zich aldus te voet op wegen waagt zoals deze die wij net hadden afgelegd! Daar onze kamelen en de bagage pas enkele uren na ons zouden aankomen (deze hadden een omweg gemaakt door het dal van Wadi Cheich), hebben wij ons naar het klooster begeven om het inwendige te bezichtigen.

4. MONNIKEN EN STRUIKROVERS

Het klooster van de Heilige Katharina, dat door Keizer Justinianus, of volgens anderen door Keizerin Helena gesticht is, is bewonderenswaardig gelegen in een inzinking tussen de berg Sinaï en de berg er tegenover. Wanneer men aankomt, loopt men langs een door baksteenmuren omheinde tuin, waarin men een menigte van fruitbomen ziet, die in dit seizoen in bloei staan. Na enige tijd te hebben geroepen, heeft men ons door de deur van het klooster naar binnen gelaten; vroeger kwamen vreemdelingen slechts binnen door zich te laten ophijsen aan een touw door een soort van schoorsteenkanaal bovenaan de massieve muur van het gebouw. Tegenwoordig was men schijnbaar minder achterdochtig; wij althans zijn als eenvoudige stervelingen zonder hemelvaart binnengekomen.

Eerst heeft men ons binnengelaten in de ontvangstzaal, waar wij enige tijd hebben gesproken met de superieur en zijn secretaris. Hem overhandigden wij de aanbevelingsbrief die wij in Kaïro, waar de bisschop van de Sinaï resideert, hadden gekregen. Men heeft ons koffie aangeboden en door de monniken vervaardigde arak, die erg goed was. Vervolgens hebben wij het klooster zo'n beetje bezichtigd. Het is zeer groot en van binnen grillig van indeling, met overal trappen, gangen en kleine binnenhoven. Het leek wel of wij rondliepen in een Middeleeuws kasteel; het klooster wordt omgeven door hoge muren van zware blokken geelachtige steen. Wij hebben vele kleine kapelletjes bezocht, gewijd aan verschillende manlijke of vrouwlijke heiligen, totdat men ons uiteindelijk binnengeleid heeft in de hoofdkerk, die een heel apart karakter heeft[1]. Deze is zeer oud, en er zijn vele bijzondere of kostbare voorwerpen die vaak van zeer oude datum zijn. De zuilen of pijlers zijn mooi gemaakt, en er zijn lampen van gedreven koper of van verguld zilver, ingelegd met kostbare stenen, oude tapijten, behangsels, en meubelen ingelegd met ivoor of parelmoer. De plafonds zijn soms met mozaïeken versierd, de vloer is een mozaïek van gekleurd marmer.

[1] Deze kerk stamt nog grotendeels uit de tijd van Justinianus. Hij is 40 meter lang en 19.20 meter breed en bestaat uit een narthex en een driebeukig schip met door twaalf granieten pijlers gedragen bogen. De houten voordeuren stammen uit de 10de-11de eeuw, de deuren tussen narthex en schip zelfs uit de 6de-7de eeuw. Het koorgedeelte is op Byzantijnse wijze door een iconostasis afgescheiden. Het schip heeft een beschilderd houten plafond uit de 18de eeuw. In de absis prijkt een 6de-eeuws mozaïek, de Transfiguratie voorstellend; ter weerszijden liggen kapellen met de relieken van Katharina en de mogelijk door Helena gebouwde kapel van de Braambos.

Fig. 16. Gérôme, *Gezicht op het Sinaïklooster*. Studie. Naar Lenoir, Le Fayoum, le Sinaï et Pétra, t.o. p. 232.

Achter het altaar betraden wij een kapel waar zich het graf van de Heilige Katharina bevindt. Naast haar graf stond een enorme kist van massief zilver, mooi bewerkt en met inlegwerk van kostbare stenen op de kleren van de Heilige Katharina van de beeltenis in bas-relief op het deksel. Deze kist was door de Russische Tsaar gezonden om de heilige als lijkkist te dienen. In een andere kapel ernaast bevond zich een andere lijkkist, een geschenk dat indertijd door Keizerin Katharina is verzonden[2]. Na onze schoenen te hebben uitgetrokken, werden wij in een belendend vertrek toegelaten om de plek te bekijken waar Mozes Jehovah in de brandende braambos heeft gezien en waar hij zijn sandalen had moeten uitdoen[3]. Verderop kan men ook de put bewonderen waar Mozes de dochter van Jethro in bescherming nam[4]. Men ziet dat de monniken ervoor hebben gezorgd dat zij over verscheidene interessante zaken beschikken die de nieuwgierigheid van zelfs de lastigste bezoekers kan bevredigen!

[2] De relieken van Katharina liggen in feite nog in de oorspronkelijke marmeren kist, die ook in deze kapel rechts van het koor staat. De twee zilveren schrijnen zijn door de Russische Tsaren geschonken in respectievelijk 1688 en 1860, dus niet door de Tsarina's Katharina I (1725-1727) of II (de Grote, 1762-1796); ze bevatten door de pelgrims geschonken sieraden en votiefgaven.

[3] Deze geschiedenis wordt verteld in Ex. 3:1-5. De slechts 3 × 5 meter grote kapel geldt als de heiligste plek van de Sinaï. Reeds Helena stichtte hier een kapel voor Maria, die symbolisch wordt gelijkgesteld aan de Braambos. De huidige kapel is rijk met faience tegels en ikonen versierd; erachter groeit nog steeds een grote braamstruik.

Bij het verlaten van het klooster was onze bagage nog niet aangekomen, en vanwege de kou stonden wij met ongeduld te wachten om het ons wat gemakkelijker te maken, en vooral ook tegen de wind te beschutten. Wellicht zijn er onder ons die in het klooster zullen gaan logeren, om aldus in staat te zijn gemakkelijker schetsen van het interieur te maken, waar nogal interessante mogelijkheden voor zijn. Op het ogenblik zijn de Engelsen er, die enkele dagen geleden op ons vooruit geraakt zijn, maar dezen zullen morgen vertrekken. Zij bewonen drie kamers, die tamelijk goed onderhouden zijn, en hebben ook de beschikking over een keuken naast hun logement. Hoewel het klooster zeer groot en zeer rijk is, wonen er momenteel slechts 23 Griekse monniken. Zij bakken brood voor de reizigers en men kan er heel wat zaken vinden waaraan men op reis behoefte zou hebben. Verkopen doen zij niet, maar het is gebruik om hun gastvrijheid te belonen door een gift aan het klooster, die gewoonlijk de prijs die zij hadden kunnen vragen verre overschrijdt. Men moet evenwel erkennen, dat het belang van de zaken die men bij hen kan krijgen, aanzienlijk in waarde toeneemt wanneer men de afgelegen ligging van het klooster in overweging neemt, waar het aan alles ontbreekt. De monniken zelf moeten alles uit Egypte laten komen, via de weg van Suez of via Tor aan de Rode Zee.

Vanavond is het vinnig koud: 2 graden Celsius! Wij hebben vóór de tenten een groot vuur ontstoken van droge bosjes sillé, een doornplant, dat er uit de verte uitziet als een brand, zo een wind staat er die de vonken opjaagt.

In Wadi Moketteb was ik 's nachts door één of ander giftig insect op mijn rechter wang gestoken; het is zo een zwelling geworden, dat Mr Gérôme deze hier in de Sinaï met een messteek geopend heeft.

7 Maart. Sinaï.

Vannacht was het vreselijk koud; iedereen heeft ervan te lijden gehad. Vanochtend stond er een minstens vijf centimeter dikke ijslaag in de tinnen bassins waarin wij ons wassen, en waarin blijkbaar wat water was achtergebleven. Overdag was het mooi weer, zeer mooi zelfs, maar toch heeft de warmte midden op de dag de 19 graden Celsius niet overschreden. De koude en de wind beginnen onmiddellijk na zonsondergang. Men voelt goed dat men op een aanzienlijke hoogte zit: in het dal aan de voet van de berg Sinaï zit men op meer dan 1400 meter boven de zee! Vandaag heeft iedereen studies gemaakt; zelf ben ik begonnen met een gezicht op het Katharinaklooster.

[4] Volgens Ex. 2:15-19 was Jethro een priester van Midian. Mozes leefde bij hem in ballingschap en beschermde bij een gelegenheid Jethro's dochters, toen ze water kwamen halen bij een ook door herders bezochte bron.

8 Maart, Zondag. Sinaï.

Vanochtend hebben Bonnat, Barthélemy, Lenoir en ik de Djebel Moussa [5] beklommen, de top waarvan hier beweerd wordt dat Mozes hem bestegen heeft om zijn wetgeving voor de Hebreeën te vervaardigen. Om kwart over 9 hebben wij het klooster verlaten, dat ons van een gids voorzag, een Griekse monnik die noch Arabisch noch Italiaans noch Frans sprak! De beklimming begint direct achter het klooster. De helling is tamelijk steil en zou zeer moeizaam zijn als men niet op verscheidene plaatsen stenen had neergelegd bij wijze van treden. De rots vertoont veel scheuren, zodat men zeer vaak schaduw heeft. Na een twintigtal minuten lopen komt men aan een grot, waar een bron met goed drinkwater is. Vrijwel halverwege ontmoet men een kapelletje, gewijd aan de Heilige Maagd. Hogerop, na een tamelijk steile klim, belandt men aan een verwijding, waar zich een zeer hoge cypres en een bron bevinden. Daar vertakt de weg zich; men kan van die plek hetzij naar het klooster van El Arbeïn gaan, hetzij naar de top van de Djebel Moussa. Wij hebben die laatste genomen, die ons op de top van de Mozesberg bracht, alwaar een zeer oud kerkje staat en aan de andere zijde van het kleine plateau een verlaten moskee.

Wij hebben er twee en een half uur over gedaan om naar boven te klimmen, en net als elders stel ik hier vast dat voor mij de vreugde van het uitzicht onvoldoende beloning is voor de vermoeienissen en het ongemak van de klim. Het uitzicht is overigens vrij groots: men ziet er de andere toppen van de Sinaï, met hun steile hellingen en met de dalletjes die hen scheiden, men ziet een hoekje van de Rode Zee in de buurt van Suez, en aan een andere kant in de verte dezelfde zee in de Golf van Akaba. Ik heb de klim willen maken, omdat het hier een geval van nu of nooit was om een berg te beklimmen, en ik zei tegen mijzelf dat ik later, ver weg, misschien spijt zou hebben als ik dit beroemde oord niet gezien had.

Achter ons klom een nogal dikke man omhoog, die enigszins mank liep en zeer vriendelijk was. Het was de bode van de Markiezin van Ely, een Fransman, die omdat het Zondag was, zijn mis graag in de kerk op de top wilde lezen. Na ons middagmaal te hebben gebruikt, dat een kleine Bedoeïnen-

[5] Deze 2285 meter hoge berg ligt direct ten zuiden van het klooster; hier worden volgens traditie de gebeurtenissen van Ex. 20 gesitueerd. De top is bereikbaar over een trap van 3000 treden, een klim die gewoonlijk zo'n drie uur duurt. Na een half uur bereikt men de zogenaamde bron van Mozes, even verderop een Mariakapelletje. Het pad gaat dan onder de 'Boog van de Biecht' en de 'Boog van St. Stephanus' door, die slechts een reine ziel mag passeren. Na 2300 treden ligt een natuurlijk amfitheater, waar de 70 oudsten van Israel vergaderd zouden hebben (Ex. 24:9); hier staat ook het huisje van de heremiet Stephanus, omringd door een tuin met cypressen en een bron, alsmede kapellen voor Mozes en Elia. Van hier leidt een zijpad naar het Klooster van de Veertig Martelaren (Arabisch arbaʿîn = veertig), terwijl de hoofdroute nog 200 meter omhoog voert naar de top van de Jabal Musa. Hier staat een 4de-eeuwse kapel, herbouwd onder Justinianus en in 1933 vernieuwd; ernaast staat een kleine moskee.

jongen[6] voor ons had gedragen, en enige tijd te hebben zitten praten, zijn wij weer omlaag gegaan. In anderhalf uur waren wij beneden, dichtbij het klooster. In de rotsspleten zag men overal ijs, hetgeen in een land als Arabië zou verbazen, en vooral op een dergelijke vrij geringe hoogte. Deze berg verrijst slechts 650 meter boven het klooster (2283 boven zee), maar de nachten zijn uiterst koud, zoals wij dagelijks ervaren.

Ter gelegenheid van de verjaardag van Journault heeft de drogman ons vandaag een schitterend diner geserveerd, waarvan ik hier het menu vermeld vanwege de vreemde gewaarwording een dergelijke luxe te vinden in een afgelegen en verlaten oord als de berg Sinaï. Wij hebben gehad:

Soep met sago
(Hors d'œuvre) Olijven in ansjovisolie
Lamsschouder met kappertjes, op Engelse wijze gestoofd
Macaroni
Tong (ingemaakt)
Rosbief (ingemaakt)
Aardappelpuree
Artisjokken (ingemaakt)
Kip gevuld met varkensvlees enz.
Snip met truffels (ingemaakt)
Doperwten (ingemaakt)
Ossehaas (ingemaakt)
Patrijs met truffels (ingemaakt)
Kalkoen
Champignons (ingemaakt)
Sla (uit de tuin van het klooster)
Koude ham
(Dessert) Flensjes met mîshmîsh (abrikozen)[7]
Crème renversée
Vanillevla
Twee griesmeelpuddingen
Quatre mendiants[8], sinaasappels, dadels, appels, enz.

Lenoir heeft enkele dichtregels opgesteld en een boeket samengesteld van enkele welriekende kruiden van de Sinaï:

[6] De Bedoeïnen van de Sinaï behoren tot de Arabische stam jabalîya (Bergbewoners). Volgens overlevering zijn zij de directe nazaten van 200 families die hier door Justinianus zijn gevestigd. Zij leven rondom het klooster, dat zij van brandhout en andere diensten voorzien. Hoewel het Moslims zijn, vereren zij ook Mozes, St. Joris en St. Katharina.

[7] (Arabisch) mišmiš.

[8] (Frans) = vier bedelaars, dessert genoemd naar de kleur van de pij die de grote bedelorden droegen: grijze vijgen voor de Franciscanen, zwarte rozijnen voor de Augustijnen, roodbruine hazelnoten voor de Carmelieten en witte amandelen voor de Dominicanen.

Nu is hij dan gekomen, die dag van het feest,
Waarvoor de kok al een maand aan het werk is geweest.
Het gruwelijke klimaat, waar wij op moeten letten
Om ons leven niet onverhoeds op het spel te zetten,
Wij missen het niet! Maar een kleine bloemenhulde
Voegden wij toch wel graag bij wat ons hart vervulde.
Ons gemoed, vol te lang opgekropte vrolijkheid,
Kan eindelijk zijn overvloedige rijkdommen kwijt.
Maar waar komt deze schone aandoening uit voort,
Deze uitzinnige stroom? Ongaarne neem ik het woord,
Maar onze brave dokter vraagt wat het zou kunnen zijn.
't Is onze genegenheid voor U en de Duitse brandewijn!

Jules, de verloofde van Malvina[9]

9 Maart. Sinaï.

Het is nog steeds even koud en er zijn vandaag veel wolken geweest, zodat wij niet hebben kunnen werken. 's Ochtends zijn wij een bezoek gaan afleggen in het klooster, waar wij de bibliotheek[10] hebben gezien. Er waren zeer oude Bijbels; de mooiste was minstens veertienhonderd jaar oud (V[e] eeuw) en was versierd met de portretten van Christus, Maria en de twaalf apostelen, in kleur getekend op perkament tegen een gouden achtergrond, evenals de Evangeliën in een gouden letter. Hij was goed bewaard en mooi van uitvoering. 's Middags is er een nieuwe Engelse reiziger in onze buurt komen kamperen. Ik heb een brief geschreven, om deze te laten verzenden wanneer de gelegenheid zich voordoet. Verjaardag van Tante Ram[11].

10 Maart. Sinaï.

Vandaag was het mooi weer, zodat wij hebben kunnen werken, ook al was er wat wind. Vanochtend is de Markiezin van Ely vertrokken; wij zullen morgen vertrekken. Als vergoeding voor de beleefdheden die de monniken ons hebben bewezen, hebben wij één Napoleon per persoon (140 franc) als

[9] Lenoir, de grappenmaker van het gezelschap, vertelt in zijn eigen dagboek dat hij een kleine ledepop als mascotte om de hals van zijn rijdier had gehangen, door hem Jules genoemd. Een ander lid van de groep zou dit voorbeeld gevolgd hebben (Malvina?). Het is kennelijk Jules die de feestrede afstak bij deze gelegenheid.

[10] Deze bibliotheek is na het Vaticaan de rijkste verzameling oude handschriften ter wereld. Totaal zijn er 3500 manuscripten, waaronder 2250 Griekse, 600 Arabische en de overige in het Syrisch, Armeens, Georgisch, Koptisch, Slavisch of Ethiopisch. Het betreft meest Bijbelvertalingen en liturgische boeken, in ouderdom variërend van de 6de tot de 17de eeuw. Het beroemdste handschrift, de 4de-eeuwse Codex Sinaïticus, heeft Testas niet meer kunnen zien: dit was in 1859 door de Duitse geleerde Von Tischendorf 'geleend', dook tien jaar later op in de verzameling van de Russische Tsaar en werd in 1933 aan het British Museum verkocht.

[11] Zie voetnoot 3.13.

geschenk aan het klooster gegeven. Men hoeft het klooster niets te betalen voor wat men vraagt, maar bij vertrek geeft men iets wat gewoonlijk datgene wat men bij aankoop zou hebben betaald overtreft. Iedere dag wordt er 's ochtends brood uitgedeeld aan de arme Bedoeïnen, die van hun kant het klooster van hout en dergelijke voorzien. Vanmiddag heeft de kloosteroverste ons voor ieder van ons een brood dadels en een blank ijzeren kistje met manna[12] laten brengen.

11 Maart. Yourf Delaâl.

Vanochtend hebben wij de Sinaï vaarwel gezegd, niet zonder enige vreugde, want wij hopen weldra in streken met een wat milder klimaat aan te komen. Wij konden pas om 9 uur vertrekken: het is op deze plek dat een andere stam het recht heeft zijn kamelen voor te schrijven voor het vervoer van de bagage. Deze gebeurtenis heeft nooit plaats zonder heel wat getwist en gekijf; gelukkig blijft het bij woordenstromen en kreten zonder dat men handgemeen wordt (dat is althans zeldzaam). Op de eerste dag van vertrek van de Sinaï naar Akabah legt men nooit een erg lange weg af. Wij deden er ongeveer 4 en een half uur over om in Yourf Delaâl[13] te arriveren, een vlakte in de woestijn aan de ingang van de Wadi Saäl[14], waar wij morgen onmiddelijk na het verlaten van deze plek zullen binnengaan.

12 Maart. Wâdi Sch'kaäh.

Vertrokken om 8 uur 's ochtends, zijn wij dadelijk de bergkloven binnengereden die Wadi Saäl worden genoemd. Na deze Wadi zijn wij door de Wadi Ginaäh[15] gereden, en vervolgens door de Wadi Sch'kaäh[16]. Wij kamperen niet ver van een berg die Harbet Hadgiaadg[17] heet en waar oude inscripties schijnen te zijn. De weg was zeer mooi en nogal afwisselend, onderhoudender dus dan wat wij de laatste tijd hebben gedaan. Vooral tegen het einde van onze dagreis, alvorens aan te komen aan onze kampplaats, zijn wij langs een bergmassief gekomen dat waarlijk indrukwekkend was. Het geleek op een onmetelijk groot Indisch bouwwerk; met enige goede wil kon men zich voorstellen afgodsbeelden van allerlei aard te zien in de aan de rotsen vastzittende vormen. De berg bestaat uit gele kalksteen, die door de weer-

[12] Het in de Bijbel genoemde manna is waarschijnlijk honingdauw, de in de zon gedroogde suikerachtige uitscheiding van bepaalde insecten die leven van het sap van de tamarisk.

[13] (Arabisch) jurf = klip, overhangende rots. De genoemde plaats ligt vermoedelijk bij de Jabal Dalal, een 1606 meter hoge berg ten noorden van het klooster.

[14] Wadi Saᶜl, een dal dat vanaf een punt ten noorden van het klooster naar het noordoosten loopt. Aan de ingang ligt het graf van een moslim-heilige, Sheich Salih.

[15] (Arabisch) junna = schild, bescherming. Deze wadi ligt aan de voet van de Jabal Junna.

[16] (Arabisch) šaqâ' = ellende, geploeter.

[17] (Arabisch) ḵirbat ḥujjâj = Ruïne van de Pelgrims. Er zijn inderdaad Sinaïtische inscripties op een eenzame rots een uur gaans voor ʿAin al-Chadra.

schijn van de ondergaande zon van goud leek met violette schaduwen; het was prachtig!

Helaas was het terrein in de omgeving van deze plek te hard en te stenig om daar de tenten te kunnen opzetten. Wij hebben wat verder moeten rijden om een wat zachtere plaats te vinden, om de tentpennen in de grond te kunnen slaan. Wij hebben vandaag een rit van zes uur gemaakt; vertrokken om acht uur, hebben wij om vier uur halt gehouden. Halverwege zijn wij gedurende twee uren gestopt voor het middagmaal. Wij hadden onderweg een boom gevonden, zij het een weinig ontwikkelde, die ons noodde wat onder zijn gebladerte te verwijlen, hetgeen hier zeer zeldzaam is. Het verschil in temperatuur is al zeer merkbaar. Vanaf de Sinaï zijn wij ongeveer 600 meter gedaald, hetgeen het verblijf in de tenten aangenamer maakt dan in de Sinaïtische bergen.

13 Maart. Wadi el Aïn.

Vanochtend om kwart voor acht zijn wij van de Wadi Sh'kaä vertrokken. De dag beloofde warm te worden, en was dat ook werkelijk; gelukkig stak er tegen het midden van de dag wat wind op. Na de Wadi Shkaä verlaten te hebben, zijn wij door verscheidene Wâdi's gereden: Wadi Hadra[18], vervolgens Wadi Selaga[19], daarna Wadi Gazaleh[20] en uiteindelijk Wadi el Aïn[21], waar wij kamperen. Wadi betekent dal; deze gehele woestijn is doorsneden door wadi's, die in tijden van droogte de wegen vormen. Men zou zeer gemakkelijk kunnen verdwalen in deze doolhoven, als men geen plaatselijke gidsen had. In het algemeen is het uitzicht in deze streken minder beperkt. Met uitzondering van de plek waar wij nu zijn, strekt het terrein zich steeds verder uit; vooral in Wadi Shkaa & Wadi Hadra ging men voort door zandvlakten die begrensd werden door uiterst pittoreske bergen. Dit is een heel ander soort van bergen, qua vorm en qua kleur. Graniet ziet men nog maar zelden, maar daarentegen veel zandsteen, wat er door zijn kleur en afwisselende vormen aangenamer uitziet. Het interessantste en indrukwekkendste gedeelte van de route liep door de Wadi Selaga. Men draaide er om de hoeken van rotsblokken heen alsof het straten waren. Nu eens lag er verblindend wit zand, dan weer was het een rotsachtig terrein, zo glad als een parketvloer. Na één van de talrijke bochten bevonden wij ons ingesloten in een nauwe kloof, ter weerszijden geflankeerd door witte, van boven geel verkleurde rotsen. Men daalde erin af over een harde ondergrond, van

[18] In dit dal ligt Ain al-Chadra (= de groene bron), één van de schaarse punten met goed drinkwater in deze streek.

[19] (Arabisch) wâdi az-zalâqa = het glibberige dal.

[20] (Arabisch) wâdi al-ğâzâl = het gazelledal.

[21] Wadi al-Ain of Wadi Watir, bij de bron van Ain al-Furtaga, leidt van de steeds noordoostelijk verlopende woestijnweg langs het Sinaïgebergte met een knik naar de kust.

hetzelfde materiaal als de rotsen, dat als een trap gevormd was. Men werd omgeven door licht; de vormen en de kleur van dit oord vormden een werkelijk fantastische enscènering.

Na even verderop te hebben gedejeuneerd, hebben wij ons via de Wadi Gazaleh weer op weg begeven. Vervolgens hebben Mr Gérôme en ik ons gedurende anderhalf uur met de gids in draf voortbewogen, om snel het kampement in de Wadi el Ain te bereiken, waar zich water bevindt. Het is een beek die nooit opdroogt, en er staan bijgevolg enkele dadelpalmen, die zonder vocht niet kunnen leven. De bagage heeft er negen en een half uur over gedaan om het traject (dat nogal lang was) af te leggen; de karavaan kwam tegen half zes aan. Men had nu eenmaal willen kamperen op een plek waar water was, en bovendien bekort dit in aanzienlijke mate de dagreis van morgen, wanneer wij de zee zullen terugzien.

Wat een verschil van temperatuur! Wij hebben het in onze tenten al bijna te warm: vanavond is het 24 graden Celsius! Wij zijn nog eens 550 meter gedaald, zodat wij nog slechts op ongeveer 200 meter boven zee zitten. Journault heeft voor de eerste keer de hele dag op een dromedaris gereden, wat hem opnieuw enigszins heeft ontveld; dat komt er nu van dat hij zich er in het begin niet aan heeft willen overgeven!

14 Maart. Kust Rode Zee, Golf van Akabah.

Tegen half 9 hebben wij ons op onze dromedarissen gezet. De weg zou niet lang zijn. Om half 12 stonden wij aan de kust van de Rode Zee (Golf van Akabah), waar wij het middagmaal hebben gebruikt. Deze zeearm maakt geen erg brede indruk: men kan de bergen van Alawi[22] op de andere oever perfect onderscheiden. De rest van de af te leggen route, ongeveer twee uur lang, liep langs de zee. Het was zeer aangenaam, na zoveel uitgedroogde zaken gezien te hebben, om weer eens een flinke massa vloeistof terug te zien en om de levenwekkende en zilte zeelucht in te ademen. Meestal houdt men halt op een plaats waar palmen groeien, niet ver van de uitmonding van de Wadi el Ain, die wij vanaf ons kampement van de vorige dag gevolgd hadden. Maar aangezien wij de bedoeling hebben om morgen te stoppen bij de ruïnes van een voormalig klooster aan de Rode Zeekust, hebben wij vandaag ons kampement verderop ingericht, in een bocht van de kust die Marbat Gaoud el Wasleh[23] heet. De weg van Wadi el Ain tot hier is in zes uur afgelegd. Het uitzicht is zeer mooi; de kust, die een bocht beschrijft, is bezet met gele, niet al te hoge rotsen. Daarachter onderscheidt men een hoge bergketen. De zee is van een donker groenblauwe kleur met vele schuim-

[22] (Arabisch) jabal al lauz = Amandelbergen, een tot 2578 meter hoog massief langs de westkust van Saoedi-Arabië.

[23] (Arabisch) marbaṭ = plaats waar dieren worden gekluisterd.

Fig. 17. Gérôme, *Gezicht op de Golf van Aqaba (quaerens quem devoret)*, 1889. Olie op doek, 62 × 109 cm. Naar Ackerman, Gérôme, nr. 362.

koppen, want er staat een flinke wind, hetgeen lucht geeft zonder het te koud te maken. De liefhebbers van zeebaden zijn niet in gebreke gebleven om de kwaliteit van het water van de Rode Zee te inspecteren; het water was lauw.

Zondag 15 Maart. Djebel Ingebaad, Wâdi M'Geblé.[24]

Om half 8 hebben wij ons op weg begeven, waarbij wij voortdurend de kust van de Rode Zee volgden. Tegen elf uur hebben wij onderweg het middagmaal gebruikt op een aardig plekje waar wat geboomte was: enkele palmen, wat gombomen en doum-palmen[25]. Die laatste is een vrij zeldzame boom; tot dusver zijn wij er nog geen tegengekomen. Het is vooral in Opper-Egypte en in Nubië dat men er vele vindt.

Af en toe was de doorgang langs de zee tamelijk moeilijk. De weg tussen de zee en de rotsen was zeer smal, vooral bij opkomend tij. De dromedarissen gingen zeer goed voort over stukken rots en ongelijk terrein waarop een paard zeer zeker in moeilijkheden was gekomen. De zee was nog steeds mooi, donker groenblauw als een smaragd, met kleine witte schuimvlokken. In de nevel tekenden de bergen aan de overzijde zich in rose tinten af. De ondergrond bestaat afwisselend uit zand of uit een min of meer stenig terrein.

[24] Volgens gedetailleerde kaarten van deze streek betreft het hier de Wadi al-Muqabbala in de landstreek Bungat.

[25] De doempalm (Hyphaene thebaica) heeft een vertakte stam met waaiervormige bladeren; de vruchten hebben een eetbare bast. Deze boomsoort groeit onder meer in Opper-Egypte en de oasen.

Over de zandgronden zag men bij onze nadering talrijke krabben wegvluchten om zich in de zee of onder de stenen van de kust in veiligheid te brengen.

Onderweg troffen wij twee vissers aan. Wij hebben deze arme vissers de resten van ons déjeuner laten eten. Eén van de twee wilde niet drinken, zeggende dat hij de vorige dag al had gedronken; een vreemde energie, om zich aan hun leven van ontberingen te wennen! Gisteravond hadden zij ons al vis gebracht, die naar het oordeel van de grote liefhebbers heerlijk was. Vroeger beweerde men dat er in de Rode Zee geen vis zat. Zelfs in Suez geloofde men dat, totdat men vissers uit Europa heeft laten komen die het tegendeel bewezen hebben. De Arabieren van hier houden zich weinig met visvangst bezig; die van tegenwoordig bezitten niet eens een boot: zij vissen met een hengel of met stolpnetten die zij uitwerpen, nadat zij een eindje het water zijn ingelopen. Vandaag hebben zij onderweg wat zeer mooie vis voor ons gevangen en de kok heeft een soort bouillabaisse voor ons gemaakt, die men uitstekend vond. Mij kan vis altijd weinig bekoren; ik moet echter toegeven dat die van vandaag tamelijk goed van smaak waren.

Wij zijn negen uur onderweg geweest en hebben desondanks de plek van het vervallen klooster niet voor de nacht kunnen bereiken; dat zal dus voor morgen zijn. Na onze aankomst om half 6 zijn wij in de zee gedoken, en vervolgens in de verrukkingen van het diner. Daarna talmt men gewoonlijk niet lang om zich — ieder op zijn eigen plek — uit te strekken. Wij slapen veel, gaan vroeg naar bed, maar staan over het algemeen ook vroeg op. Op de vertrekdagen kleedt men zich 's ochtends snel aan, men laadt de zadeltassen (die die zaken bevatten die het meest nodig zijn om over te beschikken) op de rijkamelen en belaadt de dieren die de bagage dragen, vervolgens ontbijten wij in de open lucht of onder één van de tenten, waarvan men het bovenstuk heeft laten staan bij wijze van parasol, met koffie, thee, eieren, enz. Dan zetten wij ons in beweging, tot half twaalf, twaalf uur, afhankelijk van het feit of men een aantrekkelijke plek kan vinden om er de lunch te bereiden, die bestaat uit koude spijzen (schapevlees, kip of ham, worstjes), fruit (sinaasappels, vijgen, druiven, amandelen, dadels, enz.), wijn met water, thee en koud water, en het onontbeerlijke kopje koffie.

Na één of anderhalf uur rust klimmen wij weer op de dromedarissen en rijden twee, drie uur door, al naar gelang de afstand tot het volgende kampement. Het diner is over het algemeen binnen twee uur na aankomst gereed; men begint altijd de keukentent op te zetten en in te richten. Het diner bestaat gewoonlijk uit een voortreffelijke soep, bereid met behulp van onze befaamde hooikist, uit twee of drie vleesgerechten (schapevlees & kip, rijst met abrikozen of pruimen, groenten (als die er zijn) en een dessert, waarvan het fruit op het ogenblik beperkt blijft tot gedroogde vijgen en dadels, rozijnen, hazelnoten en amandelen, en sinaasappels die merkbaar beginnen uit te drogen (gelukkig rotten zij niet). Het wijnrantsoen mag in het geheel de drie flessen niet overschrijden, mits wij er bij het middagmaal niet meer dan één drinken — een wijze maatregel om tegen het einde van de reis niet te kort te komen! De keuken is zeer goed. De kok, Achmed, is een neger, zeer bekwaam. Hij heeft veel met buitenlanders gereisd. Zoals men ziet, heeft men het op deze manier overal goed, zelfs in de meest verschrikkelijke woestijnen!

Maandag 16 Maart. Akabah.

Toen wij vanochtend de Wadi M'Geblé genoemde plek verlieten, waar wij de afgelopen nacht kampeerden, moesten wij opnieuw de weg door de bergen nemen, omdat een steil in zee afdalende rots ons de doorgang langs de kust versperde. Wij moesten een omweg maken die, vooral voor de met bagage beladen kamelen, tamelijk onaangenaam was. Gelukkig behoefden wij ons niet over grote rampen te beklagen, maar het waren een klim en afdaling die heel wat gevaarlijker waren dan de chasse anglaise in het circus! Weldra keerden wij weer naar de zee terug; er was slechts één rotsmassief om omheen te trekken. Na enkele honderden passen langs de zee te zijn voortgegaan, zagen wij na een bocht in de kustlijn de ruïnes van een oud klooster, dat op een versterkt kasteel leek, op een eiland dat ongeveer tweehonderd passen van de kust verwijderd was[26]. Dit was het klooster dat wij gisteren hadden willen kunnen bereiken. Iets verderop hebben wij halt gehouden onder enkele doumbomen. In de verte kon men achterin de Golf van Akabah de stad van deze naam onderscheiden[27].

Na een tamelijk langdurige siësta (van 3 uren) hebben wij ons weer op weg begeven. Wij hadden nog slechts twee uur af te leggen; om vijf uur kwamen wij aan, enkelen in volle vaart. Ik heb een wedren per dromedaris gehouden tegen één van de cheiks die ons begeleiden: zijn dromedaris kon de mijne niet bijhouden, die een zeer grote snelheid kan bereiken. De gebruikelijke kampeerplaats buiten Akabah was al bezet door drie reisgezelschappen, Amerikanen & Engelsen, onder wie de Engelse markiezin & haar zoon.

[26] Het betreft hier het eilandje Graye of al-Quraya, ook wel bekend als het Jazirat al-Fir'aun (= Eiland van de Farao) en op 25 kilometer van Aqaba gelegen. Toen Boudewijn I van Boulogne, de broer van Godfried van Bouillon, in 1100 tot koning van Jeruzalem was gekroond, breidde hij het Kruisvaardersrijk sterk uit over de Palestijnse kuststrook. In die politiek van veroveringen paste ook de bezetting van Aqaba en de bouw van een Kruisriddersburcht op Graye in 1116. Bij de plaatselijke Arabieren stonden de ruïnes later bekend als al-Dair (= het Klooster).

[27] Aqaba was in Testas' tijd weinig meer dan een klein vissersdorp; de ontwikkeling tot havenstad van Jordanië is pas van recente datum. Toch kende de stad al eerder bloeiperioden: in de tijd van Salomo lagen hier de haven Ezeon Geber en de kopersmelterijen van de Wadi Araba, onder keizer Trajanus lag hier een knooppunt van handelswegen (Aelana), en later werd Aqaba een bisschopsstad. Na de verovering door kalief Omar werd de stad een Arabisch steunpunt langs de pelgrimsroute naar Mekka; een 16de-eeuws fort en enkele Islamitische huizen zijn de enige getuigen van deze periode. Na de Europese interventie van 1840 werd Aqaba een grensplaats tussen Egypte en het Ottomaanse Rijk.

Na onze aankomst hebben wij eerst bezoek gehad van de gouverneur en zijn gevolg, aan wie Mr Gérôme de voor hem bestemde aanbevelingsbrief van de regering heeft overhandigd. Vervolgens zijn de cheiks van de woestijnstammen gekomen, die van Petra en daarna Cheik Mohammed Gaad, hoofd van de stam totaan Petra, voor wie wij een brief hadden van Linant Bey[28]. Het zijn allen mooie mannen met een grote natuurlijke voornaamheid en waardigheid. Men kan zien dat het onafhankelijke en trotse personen zijn; toch waren zij erg onderdanig en beleefd. Mohammed Gaad — die er als een geduchte vrijbuiter uitziet — heeft een prachtige ram meegebracht. Ook de gouverneur heeft ons een mooie gezonden en heeft voor die avond een fantasia[29] georganiseerd. Het was een vuurwerk, dat ter ere van ons werd afgestoken, zeer fraaie vuurpijlen en geweerschoten. Het was eigenaardig om in dit land vuurpijlen de lucht te zien ingaan.

Wij hebben een twintigtal ongeregelde soldaten en een officier om ons gedurende de nacht te bewaken. Wat een verschil met de andere reizigers, die de gehele dag zijn gekweld en lastig gevallen door allerlei lieden die verversingen & bakschichs bestelden alsof zij in een veroverd land verkeerden, zoals de jonge Lord Ely ons vertelde, die ons vanavond een bezoek is komen brengen. Hij en zijn moeder zullen morgen vertrekken, evenals alle andere reizigers, volgens de beslissing van Cheich Mohammed Gaad, die hun één van zijn broers heeft gegeven om hen te begeleiden. Wij zullen hier drie dagen blijven, om de noodzakelijke voorbereidingen te kunnen treffen en om een beetje te werken.

17 Maart. Akabah.

Vandaag hebben de gouverneur of nazir[30] van Akabah, Ali-Achmed Effendi, en zijn secretaris de lunch bij ons gebruikt. Zij maakten de indruk zeer tevreden te zijn over de ontvangst. Na het middagmaal is Mr Gérôme met hem naar de citadel[31] gegaan, waar hij te horen kreeg dat in de brief van de Egyptische regering slechts sprake was van de reis tot aan Akabah voor

[28] Louis Maurice Adolphe Linant de Bellefonds (1799-1883), Frans ingenieur. Na zijn opleiding als zee-officier en cartograaf kwam hij in 1817 naar Kaïro. Daar trad hij in dienst van Mohammed Ali, met name bij het opzetten van irrigatieprojecten, het verrichten van metingen voor het Suezkanaal en de prospectie van goud. Linant was een onverschrokken reiziger, die met name in de Soedan verder doordrong dan enige Europeaan voor hem; ook de Sinaï bracht hij in kaart en in 1826 bezocht hij Petra. In 1869 werd hij benoemd tot Minister van Openbare Werken van Egypte, vanaf 1873 met de titel Pasha.

[29] (Arabisch) fantasîya = feest, speciaal ook ruiterfeest.

[30] (Arabisch) nâẓir = opzichter; prefect van een district, ondergeschikt aan de provinciegouverneur (mudîr).

[31] De constructie van de Arabische vesting van Aqaba is waarschijnlijk rond 1320 begonnen door Sultan al-Nasir Muhammad I. Boven de poort staat een inscriptie van de laatste der Mamelukkensultans, Qansuh el-Ghawri (1501-1517), zodat de citadel een rol zal hebben gespeeld in het verzet tegen de Turkse veroveraars.

het gebruik van de dromedarissen. De gouverneur heeft gezegd dat hij het niet op zich durfde te nemen om hen ons nog verder ter beschikking te stellen, omdat hij daartoe geen bevel had ontvangen. Voor ons is dit een onaangename vergissing, vooral vanwege de zadels. Men had Mr Gérôme en gezelschap de dromedarissen beloofd tot aan Gaza of Hebron. Gelukkig zal Cheick Mohammed Gaad er ons geven, die hem toebehoren. Ik twijfel er niet aan, of deze zullen voor het gebruik in de woestijn even goed voldoen als die van de regering, alleen zijn er niet zulke gerieflijke zadels, noch stijgbeugels — een zaak die zeer onaangenaam is, wanneer men zich heeft aangewend deze te gebruiken. Men zal deze misschien kunnen vervangen met behulp van dikke touwen. Vanochtend zijn de andere reizigers vertrokken. Het traject van hier naar Petra is vijf of zes dagreizen. Op die plek mogen reizigers twee dagen blijven, zodat zij daar waarschijnlijk alweer vertrokken zullen zijn wanneer wij er aankomen.

Onder de dertig of veertig militairen die hier vegeteren, en die als bewaking dienen voor de magazijnen van de overheid die de bevoorrading van de karavanen moeten verzorgen, bevindt zich een Algerijn uit Bone[32], die vroeger gediend heeft in het Franse leger in Algerije onder de Hertog van Nemours[33]. Hij is uiterst blij om in staat te zijn enkele woorden slecht Frans ten beste te geven, hetgeen hem al heel zelden is overkomen. Het is wonderlijk te bemerken, hoezeer allen die in het Franse leger hebben gediend, zich daarop beroemen en houden van het Frans! Hij veracht van ganser harte wat men overal elders aan exercities doet, en vooral hier: hij beweert dat hij de enige is die er enig verstand van heeft. Hij is hier langs gekomen toen hij als pelgrim naar Mekka was vertrokken, en is er gebleven. Hij is korporaal en heeft vrouw en kinderen. Men heeft hem een moestuin gegeven, waaruit wij vandaag de groente hebben kunnen genieten. Het komt goed van pas dat wij in hem iemand hebben gevonden die in staat is onze kapotte schoenen te repareren; mooi is het zeker niet, maar het kan misschien weer tegen een stootje.

Vandaag was het midden op de dag een hitte van 32 graden Celsius in de tent. Twee brieven gereedgemaakt voor Utrecht, waarvan één voor Verhoven[34]; zij zullen morgen vertrekken met de kameeldrijvers, waarvan de cheick langs Suëz komt.

[32] Bône is de Franse benaming van de Algerijnse havenstad Annaba, gelegen vlak bij de Tunesische grens.

[33] Louis Charles Philippe Raphael van Orléans (1814-1896) kreeg als tweede zoon van de Franse koning Louis-Philippe de titel Hertog van Nemours (eeuwenlang een zelfstandig gewest tussen Parijs en Orléans). Hij nam herhaaldelijk deel aan veldtochten in Algerije (1836-1837, 1841); dit land was in 1830 door Frankrijk veroverd, zogenaamd uit wraak voor een belediging, maar bleef nog jaren opstandig. Met de Februarirevolutie van 1848 moest Louis vluchten naar Engeland, om pas in 1871 terug te keren; in 1886 dwong een nieuwe wet hem om andermaal in ballingschap te gaan.

[34] Zie noot 1.1.

18 Maart. Akabah.

De cheick Mohammed Gaad heeft met ons gedejeuneerd. De cheik van de kameeldrijvers is naar Suëz vertrokken, met medeneming van onze brieven.

19 Maart. Akabah.

Vannacht is er veel wind geweest. Gelukkig zijn wij tamelijk goed beschut: de tenten zijn opgezet in een palmbosje. Mohammed Gaad heeft van ons 480 franc ontvangen, naast koffie, suiker, tabak en een revolver (die van Goupil).

20 Maart. Wadi l'Sithim.

Om 9 uur 's ochtends was men gelukkig gereed om uit Akabah te vertrekken en de weg naar Wadi Moussa[35] in te slaan. Over het algemeen maakt men geen haast met het vertrek op een eerste reisdag, maar deze keer ging alles goed. Er waren wel enkele woordenwisselingen over het opladen van de kamelen, maar men hield zich enigszins binnen de perken. Cheik Mohammed Gaad was persoonlijk aanwezig om het toezicht te houden over zijn mensen, en verder de gouverneur, die kwam om ons vaarwel te zeggen en een goede reis te wensen. Met spijt hebben wij hier onze goede dromedarissen achtergelaten, die ons sinds Suez hadden gedragen, evenals de twee mannen die ermee belast waren hen te verzorgen. Zij zijn tevreden over hun bakchich vertrokken; ieder van hen heeft honderd franc ontvangen. Ook de kameeldrijvers uit het Sinaïgebergte waren tevreden, kortom, alles is naar wens afgehandeld.

Cheik Mohammed Gaad had de bedoeling ons gedurende twee dagen te vergezellen, maar op enige afstand van Akabah hebben wij hem ontheven van deze daad van beleefdheid, aangezien hij de wens te kennen had gegeven om enkele vreemdelingen op te vangen die men vanochtend had aangekondigd; hij wilde hun eer bewijzen en tegelijkertijd kijken wat men hun redelijkerwijs aan klinkende munt kon aftroggelen! Hij heeft ons warm aanbevolen bij één van zijn broers, genaamd Makboul, die belast was met het bevel over ons escorte. Het is een man die niet de waardige manieren en het statige voorkomen van zijn oudere broer bezit, maar daar staat tegenover dat hij een inschikkelijker en welwillender indruk maakt. Hij was evenzeer als zijn broer voor deze gelegenheid uitgerust als voor een oorlog, te paard, waarbij hij de lange rieten lans droeg die aan de punt in een bos zwarte veren eindigde.

Wij hebben totaal 27 kamelen, met een twintigtal Bedoeïnen om ons te begeleiden. Het verschil tussen onze huidige rijdieren en de vorige is al te

[35] Deze wadi heet naar de Ain Musa of Mozesput, één van de vele bronnen die met het Bijbelse rotswonder in verband worden gebracht. Door zijn ligging aan de weg tussen Petra en Ma'an was dit punt van groot belang voor de karavaanhandel.

Fig. 18. Testas, *Bedoeïnen van Arabia Petraea.* Aquarel, maten onbekend. Naar een foto uit Testas' documentatiemap in Teylers Museum, Haarlem.

duidelijk om nu reeds een uitspraak te kunnen doen over de kwaliteit van de dromedarissen van Arabia Petraea. Voor het oog zijn zij veel minder krachtig, maar zij zijn zeer soepel van tred, vooral stapvoets. Wat wij het meeste missen, dat zijn de goede, met rood leer bedekte zadels, waarop men zo prettig zat. Hier zijn het houten zadels; men moet, om het zo uit te drukken, op het getimmerte gaan zitten en is genoodzaakt daarover een kleed te leggen, wat op den langen duur te warm is. Er zijn geen stijgbeugels; wij hebben er met touw vervaardigd, zo goed en zo kwaad als het ging. Maar hetgeen er het meest onaangenaam aan is, dat is het vooruitzicht om er af te tuimelen: er zijn geen zadelriemen, en de zadels zitten vast met een dun touwtje van palmvezel!

Men went aan alles, en tot op heden gaat alles goed. Halverwege hebben wij onder een mooie mimosa gedejeuneerd. Vervolgens hebben wij na een rit van vier en een half uur haltgehouden in Wadi el Sithim, dichtbij de berg Abou Giddeh[36]. De plek van het kampement is goed en tamelijk pittoresk. Er zit wat water in het gebergte. De weg die wij volgen is meer rechtstreeks dan die welke op de kaarten in de reisgidsen staat aangegeven. Hij is beter,

[36] De Wadi al-Yutm leidt vanaf Aqaba in noordoostelijke richting door het gebergte Shafat Ibn Jad naar de Transjordaanse hoogvlakte.

maar werd al sinds jaren niet meer gebruikt vanwege een toestand van oorlog tussen Mohammed Gaad en leden van zijn familie. Men was genoodzaakt de weg door het dal of Wadi el Arâba[37] te volgen.

De cheik heeft zijn zoon Mottelak meegenomen, een vrij aardig en levendig jongetje. De Bedoeïnen die ons begeleiden, zijn ook zeer goed, beleefder en vooral discreter dan men had verwacht na hen in de kampementen te Akabah aan de gang te hebben gezien. Het schijnt dat voor hen dat soort gebeurtenissen (de aankomst van Europese reizigers) een soort van aards paradijs vormen: zij komen en gaan alsof zij thuis zijn, eten en roken de gehele dag, kortom, zij gedragen zich als lieden die nemen wat hun toekomt. Het schijnt dat vooral de andere reisgezelschappen veel van hun luimen te lijden hebben gehad. Men moet tenslotte niet verhelen, dat zij een tamelijk slechte reputatie genieten. In wezen zijn het allen niets dan schurken, die slechts van roof leven en die vreemdelingen niet anders zien dan als mensen die verplicht zijn te betalen wat zij maar verlangen. Naast de vaste tarieven zijn er ook nog de bakchichs of geschenken, waaraan men zich ook niet kan onttrekken.

Vandaag zijn wij opnieuw ongemerkt ongeveer 500 meter gestegen.

21 Maart. Wadi Gouèrah.

Vandaag hebben wij een langere weg afgelegd dan gisteren: zeven en een half uur. Vertrokken om 8 uur, zijn wij om half 4 aangekomen op een uitgelezen plekje voor een kamp. Het is een soort van doodlopend pad in een rotsmassief dat op een grote pastei lijkt met aan één zijde een hap eruit. Men is er volmaakt beschermd tegen de wind, die sinds enige tijd iedere nacht met geweld opsteekt. De weg die wij gevolgd hebben, was tamelijk aangenaam. Het dal werd geleidelijk breder en had veel begroeiïng, die over het algemeen uit dezelfde planten bestond die wij overal zijn tegengekomen: meer of minder dichte bosjes kruiden zoals de rimth, rettemb en sillé. Hier ontmoet men ook een ander gewas, dat galeh[38] genoemd wordt en waarvan de kamelen zeer schijnen te houden. De gombomen zijn beter ontwikkeld dan in de woestijn van de Sinaï; men kan zien dat het hier veel regent en dat de grond geschikter zou zijn om te bebouwen, als men zich de moeite ervoor zou willen geven — al geldt dit, zoals overal hier, alleen voor de dalen, waardoor de winterse beken stromen. Wat zeer aangenaam was, dat was het gezang van een menigte kleine vogeltjes, die kwinkeleerden in de struiken langs de weg.

Wij hebben lange tijd het dal van Sithim gevolgd; vervolgens zijn wij de

[37] De Wadi al-Araba is een 150 kilometer lange natuurlijke slenk tussen de Dode Zee en de Golf van Aqaba; hij vormt aldus een onderdeel van de grote breuklijn in de aardkorst die van Kenia tot Syrië loopt en waardoor ook de Jordaan stroomt. De wadi is 5 tot 11 kilometer breed en wordt vooral aan de oostzijde ingesloten door een vrijwel ontoegankelijke bergrug.

[38] (Arabisch) qallî = Anabasis setifera Moq. of Salicornia herbacea L., beide ganzevoetachtige kruiden.

Wadi-Gouerah[39] ingeslagen, waar wij kamperen. Vlakbij bevinden zich de tenten van de familie van cheick Makboul, die ons begeleidt. Kort voor onze aankomst zijn wij kudden schapen en geiten gepasseerd die aan zijn familie toebehoren. Hij heeft ons uitgenodigd vanavond bij hem op bezoek te komen, maar het was al wat te laat om nog op zijn uitnodiging in te gaan. Dit zal dus waarschijnlijk morgenochtend vóór het vertrek worden.

De kamelen zijn niet slecht. Zij zijn niet zo sterk als de andere, die wij achtergelaten hebben, hetgeen niet verbazend is: zij worden even weinig luxueus gevoed als hun meesters. Ik geloof dat zij slechts eten wat zij langs de weg vinden. Zij stoppen tenminste ieder ogenblik om wat te knabbelen aan ieder bosje planten dat hun een weinig smakelijk voorkomt, terwijl de dromedarissen van het gouvernement regelmatig hun rantsoen bonen ontvingen en zelfs de struikjes die er voor de harde tong van een kameel het aantrekkelijkste uitzagen, met een tamelijk onverschillige blik bekeken. Slechts nu en dan namen ze er een hapje van, om de verveling onderweg te bestrijden.

Zondag 22 Maart. Sîh Hamaïmeh (Wadi Hismeh).

Bij het vertrek vanochtend hebben wij de met de bagage beladen kamelen een voorsprong gegeven en hebben ons begeven naar het kampement van de familie van de cheick, dat zich op het ogenblik in de bergketen bevindt die zich achter de plek verheft waar wij de nacht hebben doorgebracht. Weldra kwamen wij daar aan en werden wij door cheick Makboul bij zijn tent ontvangen. Hij heeft ons daarin laten binnengaan, waar wij op kleden op de grond gingen zitten, en men is begonnen met ons koffie aan te bieden, daarna melk en tenslotte een schaap, voortreffelijk gekookt in rijst. Het is jammer dat wij zojuist ontbeten hadden, hetgeen ons verhinderde dit gerecht alle eer aan te doen die het verdiende. Het bestond uit een enorme schotel, tot aan de rand met rijst gevuld, waarop een heel aan stukken gescheurd lam lag. Nadat de cheick daarover een kom gesmolten boter had gegoten, konden wij beginnen daarvan te eten, zonder vorken en zonder lepel maar met de handen. Nadat de heren vreemdelingen waren uitgegeten, zetten de cheick en de drogman zich aan de maaltijd, en daarna de andere aanwezige Bedoeïnen. Een dergelijk feest overkomt hen niet iedere dag, en zij hebben zich er dan ook flink aan tegoed gedaan!

Het kamp bestond uit een dozijn tenten, van langgerekte constructie en opgericht met een aantal palen die de donkerkleurige kameelharen stoffen omhoog houden; deze schijnen goed bestand te zijn tegen de vochtigheid.

[39] Genoemd naar de plaats al-Quwaira, waar tot voor kort nog resten van een Nabatees fort met een grote cisterne te zien waren; inmiddels is dit verdwenen om als bouwmateriaal te dienen voor een nieuwe versterking van de woestijnpolitie.

Iedere tent is verdeeld in twee afdelingen: de ontvangstzaal, tegelijk het mannenverblijf, en het onderkomen voor de vrouwen die hier verblijven. Maar een geoefend oog kon van tijd tot tijd enkele grote zwarte ogen opmerken, die door de gaten keken in het tentdoek dat als afscheiding diende.

Na een uur bij de cheick te hebben doorgebracht, zijn wij weer op onze dieren geklommen, na afscheid te hebben genomen van de kleine Mottelak en hem een bakchich (25 fr.) te hebben gegeven. Deze moest bij zijn familie blijven, omdat hij te jong was om zijn vader nog verder te vergezellen. Terwijl wij weer afdaalden naar de vlakte, zijn wij ongemerkt de Wadi Hismeh[40] ingereden, waar wij tegen half 3 halt gehouden hebben op een plek die Sîh Hamaïmeh[41] heet. Vertrokken om acht uur 's ochtends, met één uur bij de cheick en één uur lunch midden op de dag, dat maakt een marsdag van vier en een half uur. Het heeft de gehele dag flink gewaaid en vanavond is het flink koud.

23 Maart. Wadi Delâga.

Om acht uur vertrokken uit Sîh Hamaïmeh. Het was mooi weer en de weg was wel lang, maar afwisselend. Weldra kwamen wij aan een plaats, genaamd Chikl Agouz[42]. Het was een vreemd geheel van grote massa's immense stenen van platte vorm, alsof zij door water waren gewassen en gepolijst. Het was een zeer pittoreske passage, maar nogal moeilijk te overbruggen voor de kamelen, die op glad en hellend terrein gemakkelijk uitglijden. Wij ontmoetten dan ook een jonge kameel, waarschijnlijk van een gezelschap dat voor ons uit ging, die een poot had gebroken en langs de weg was achtergelaten. De Arabieren laten een dier liever van honger omkomen, dan dat ze een eind maken aan zijn lijden door het te doden. Wij zijn er dan ook langs gereden, hem aan zijn lot overlatend: hem het genadeschot geven ware ongewenst!

Daar dit soort bergen enige tijd voortduurde, ben ik van mijn dromedaris afgestegen, evenals de meesten van ons. Na het ravijn van Chekl Agouz kwamen wij aan de Wadi Tsogera[43], een weg met afwisselend dalen en bergen. Zij die te voet gingen, hebben zich vol vuur aan de achtervolging van de bergpatrijzen gezet, Mr Gérôme voorop. Er zitten er hier veel, en toch hebben wij er slechts vier kunnen bemachtigen. In de Wadi Tsogera zijn zeer

[40] De vlakke Wadi al-Ḥisma (Arabisch ḥasama = afsnijden) vormt van noordwest naar zuidoost een brede doorbraak in het gebergte tussen Aqaba en Ma'an. Met zijn 250 kilometer lengte vormt hij een ideale verbinding tussen de Wadi al-Araba (waarvan hij door hoge toppen gescheiden blijft) en de heilige plaatsen van Saoedi-Arabië.

[41] Het aan de voet van een steile rotswand gelegen stadje al-Humaima is voornamelijk bekend door de opstand die hier door de Abbasiden tegen het bewind der Omayyaden werd beraamd. Nabij de stad liggen weer Nabatese ruïnes.

[42] (Arabisch) šakl = figuur, vorm; ᶜajûz = oud(e man).

[43] (Arabisch) ṯugra = kloof, breuk. Deze wadi loopt in noordwestelijke richting het gebergte in.

vruchtbare plekken, waar behalve de reeds bekende bosjes ook fris groen gras groeit en waar wij mooie kudden wijfjeskamelen met hun jongen tegenkwamen. In deze wadi ligt een put, Bîr Hamet[44] genaamd, waar altijd water staat. Na Wadi Tsogera belandt men in Wadi Delâga[45]. De overgang van één wadi, of dal, in een ander gaat ongemerkt. Men zou er geen erg in hebben, als men zich niet van tijd tot tijd liet inlichten door de Bedoeïnen van het escorte.

Wadi Delâga is wat geaccidenteerder: het zijn geduchte stijgingen en afdalingen. Ook in deze vallei bevindt zich water, een dun stroompje, dat echter voor deze zo weinig begunstigde landen een ware schat vormt. Dit water is afkomstig uit een bron die Ain Es-Sîz heet. Iets verderop hebben wij ons kamp ingericht, omdat de dag al vrij ver gevorderd was. Wij (dat wil zeggen de bagage) zijn tegen half vijf in de middag aangekomen. Wij zijn flink gestegen: wij zitten opnieuw op een hoogte van 1350 meter boven de zee, en de nacht belooft fris te worden.

Mijn arme dromedaris (zij heet Raïcha, het is een wijfje) is zo ondervoed en zo mager, dat zij bij het klimmen onder mij beefde, terwijl ik toch niet dik ben. Zij had koorts van de vermoeienis, zodat ik een groot gedeelte van de weg te voet heb afgelegd. Ik hoop dat zij zich morgen wat beter voelt en dat zij iets geschikts vindt om haar maag te vullen, daar het hier gelukkig niet aan gras ontbreekt — want om morgen in Petra aan te komen moet zij minstens zo'n lange rit volbrengen als die van vandaag. Naar het schijnt zal de weg minder slecht zijn dan die welke wij vandaag hebben gevolgd, dat wil zeggen dat hij niet zo ieder ogenblik stijgt en daalt.

De Bedoeïnen die wij bij ons hebben, zijn goede kerels, zeer gedienstig en oplettend. Zij laten zich flink betalen, dat wel, maar zij zijn van goede wil. Wanneer men hen ziet, is het moeilijk zich voor te stellen dat het eigenlijk slechts struikrovers zijn: zij beroemen zich op hun verre plundertochten en dragen allen hun lange geweren op militaire wijze aan een schouderriem. Verscheidene van deze apparaten van onbestemd fabrikaat werken nog met een lont, en toch zijn zij nog vaardig genoeg in het schijfschieten. Tijdens het déjeuner midden op de dag was er één die op vijftig pas afstand zeer nauwkeurig met zijn kogel een klein steentje raakte dat hij van tevoren had aangewezen, maar in het gevecht hebben zij een steun nodig en gaan zij op de grond liggen. Behalve hun geweer dragen zij hun sabel, weinig gekromd en met een houten schede; de meeste lemmers zijn van Europees fabrikaat (enkele van Hongaarse oorsprong?). Over het algemeen dragen zij de abayé[46], bruin en wit gestreept of heel donkerblauw en wit. Hun onderkleed

[44] (Arabisch) bi'r = put.

[45] De Wadi Dalagha loopt op een hoogte van 1200 meter door de golvende hoogvlakte van de Jabal ash-Shara.

[46] (Arabisch) ᶜabâ'a = wollen mantel, meestal met ingeweven gestreept patroon.

is een hemd, dat oorspronkelijk wit was, ofwel — voor de rijksten — een rode tuniek met onderaan een witte rand. Op het hoofd dragen zij het bruingrijze vilten kapje, bedekt met een witte doek die op de schouders afhangt, met een kameelharen hoofdband, een bruin of afwisselend zwart-wit koord. Zij die noch sabel, noch geweer bezitten (het laatste met een bandelier waaraan patroonkokers, een kruithoorn, en vuurslagen met vuurtang hangen), hebben een grof gemaakte knuppel als wapen, die uitloopt in een grote houten knotskop. Zij lopen voor het merendeel met blote voeten en benen rond; anderen hebben sandalen van kameleleer, en slechts de cheicks dragen roodleren laarzen met ijzerbeslag op de hakken, doch alleen tijdens het rijden op hun dromedaris of te paard.

24 Maart. Petra (Wadi Moussa).

Na het vertrek vanochtend werd het dal al stijgende steeds breder. Weldra (aan het eind, waar het op de top van het plateau uitkwam) deed zich plotseling een schitterend schouwspel voor aan onze blikken. Voor onze voeten deed zich aan de linkerkant een breed rotsachtig dal voor, aan de andere zijde verhief zich in al zijn majesteit het Sabra-gebergte[47], bekroond door de Gebel Haroun of Berg van Aäron[48]. Het is van daar af dat Aäron in één blik het land kon overzien dat het Hebreeuwse volk zou onderwerpen en bewonen, door de volkeren die zich daar reeds bevonden te vernietigen. Daar de berg op welks top wij ons bevonden (Gebel Erraadjîf[49], of Donderberg) van dezelfde hoogte was, kon men de onmetelijke horizon zien die zich achter de berg Sabra uitstrekte. Helaas viel er niets te onderscheiden, daar het somber en bewolkt weer was.

De weg liep enigszins dalende door tot aan Gebel el Habeys[50], waar dichtbij de weg — of liever het smalle pad — een put ligt, Seïl el Habeys. De weg voerde vervolgens rond de bergen, die vrijwel dezelfde kronkelingen volgden als het gebergte aan de overkant, waarvan zij door het brede woeste dal gescheiden werden dat zich voortdurend aan onze linkerhand als een afgrond van onmetelijke diepte voordeed. Van tijd tot tijd drong de zon door de mist heen en veroorzaakte een spel van licht over het grootse landschap dat het ieder ogenblik van aanzien deed veranderen. Ik heb nog nooit zo een

[47] Al-Sabra is de naam van een bergstadje ten zuiden van Petra.

[48] Ook deze 1336 meter hoge berg ligt ten zuiden van Petra. Volgens de Bijbel (Num. 20:22-29) stierf Mozes' broer Aäron op de berg Hor. Op de top van de Jabal Harun staat een klein heiligdom over een grot, waar het graf gesitueerd wordt en waar in het begin van de 19de eeuw een kluizenaar huisde. Hoewel deze plek geregeld Christelijke of Islamitische pelgrims trok, werd een bezoek aan dit oord door de plaatselijke bevolking nooit gewaardeerd.

[49] (Arabisch) rajafa = schudden, trillen.

[50] (Arabisch) jabal al-ḥabîs = de afgesloten berg. Dit is de locale naam voor de acropolis van Petra, ten westen van de stad op 990 meter hoogte gelegen. Op de top zijn de ruïnes van een kruisvaarderskasteel, iets lager liggen de resten van een oude offerplaats.

indrukwekkend landschap gezien! Het was prachtig: dat onmetelijke massief van kale rotsen, uiterst pittoresk van vorm en kleur, de volmaakte stilte, en verder de herinneringen die verbonden zijn met dit oord, dat alles moet zelfs diegene ontroeren die geen schilder of dichter is. Men kan wel nagaan dat wij, wat ons betreft, verrukt waren!

Dit fraaie schouwspel was gelukkig niet van voorbijgaande aard, zoals de meeste van de schone plekken die men onderweg ontmoet. Wij hebben er de gehele dag van kunnen genieten. De weg die wij volgden, nu eens stijgend en dan weer enigszins dalend, draaide in een halve cirkel rond het ravijn, waar men omheen moest trekken om vanaf de helling van Gebel Gezaal (waar nog een zoetwaterbron is) af te dalen in de dalen van het Sabragebergte, waar Petra ligt. De afdaling over Seï Leymoun was tamelijk steil en voortdurend langs de rand van afgronden, waar één misstap van de kameel U onvermijdelijk de nek zou breken.

Bij een bocht in de weg konden wij plotseling aan het eind van de kloof Petra[51] zien liggen met zijn fraaie begroeiing. Er is een klein beekje dat door het dal kronkelt, en verder een onnoemelijk aantal openingen: de ingangen van de antieke graven of woningen. Dit alles was als in een miniatuur, vanwege de afstand; het was heel wonderlijk om te zien. Aangezien de weg nog steiler werd, zijn wij van onze dieren afgeklommen, die wel tevreden moeten zijn geweest — vooral mijn arme Raïscha, die niet zo sterk is als zij gewillig is. Weldra waren wij in het ravijn, dat ongeveer op deze plek eindigt.

Weldra werden wij aangeklampt door Bedoeïnen met norse gezichten, die ons patrijzen te koop aanboden, met de blik van rovers die Uw geld of Uw leven vroegen. Wij gingen voort over een pad dat tussen oleanders en andere heesters doorliep, met ter weerszijden weer de kale rotsen, maar nu door de bewoners uit de Oudheid bewerkt in de vorm van tempels, met overal deuropeningen. Na enige tijd langs de stroom te zijn gelopen, zijn wij binnengegaan in een zonderling uitziende spleet[52], met loodrechte rotsen die

[51] Petra is de Griekse benaming voor het Bijbelse Sela; beide namen betekenen 'Rots'. Inderdaad ligt deze stad geheel ingesloten in een kloof tussen steile rotswanden. Door zijn strategische ligging was de plaats al in het Palaeolithicum bewoond. In de historische periode werd de stad achtereenvolgens door de Horieten, de Edomieten en vanaf 300 v. Chr. de Nabataeërs tot bloei gebracht. De laatsten waren oorspronkelijk nomaden uit het noordwesten van Arabië, gekenmerkt door een eigen taal, schrift, godsdienst en cultuur. Zij versterkten Petra met een ringmuur en maakten er een centrum van karavaanhandel van, dat eeuwenlang een zelfstandige politieke rol speelde. Vele monumenten getuigen nog tegenwoordig van de grote welvaart van de Nabataeërs. In 106 na Chr. werd de stad door de Romeinen onderworpen en nog in de 5de eeuw wordt het als bisschopsstad genoemd. In de 7de eeuw zorgden de Arabische veroveringen echter voor een wijziging van de politieke constellatie en de stad werd verlaten en vergeten. Pas in 1812 werd Petra herontdekt door de Zwitserse oriëntalist Burckhardt.

[52] Voor Petra vernauwt de Wadi Musa zich over een lengte van anderhalve kilometer tot een nauwe kloof, as-Siq geheten. Deze is 4 tot 13 meter breed en ligt tussen vrijwel loodrechte rotswanden van 30 tot 80 meter hoog. De kloof, die door een handjevol soldaten verdedigbaar was, is de enige goede toegangsweg tot de stad. De beide rotswanden tonen talloze uitgehouwen

een soort nauw straatje vormden, in het midden waarvan het water stroomde. Dit was niet diep en kon gemakkelijk te voet gevolgd worden, waarbij men evenwel op de talrijke stenen stapte die in de bedding verspreid lagen. Bij de ingang van deze vreemde engte liep men onder een nogal door de tand des tijds aangevreten boog van Romeinse constructie door. Vervolgens gingen wij gedurende bijna een half uur voort, van steen op steen springende. Het is een fantastische wandeling! De hemel, die men af en toe slechts als een smalle heldere strook boven zijn hoofd ziet, verlicht dit duistere oord slechts zeer spaarzaam. De rotsen hebben onverwachte kleuren: soms zijn zij rood alsof zij geschilderd waren, soms groenachtig. De rotswanden, die zijn aangeknaagd door de bergbeken die zich aan het begin van de schepping over deze bochtige kloof moeten hebben uitgestort, vormen soms een gewelf boven Uw hoofd!

Als de ondergrond minder geaccidenteerd zou zijn, met minder grote stenen om overheen te klimmen, dan zou de wandeling nog aangenamer zijn. Vooral daar waar de stroom eindigt en wegzakt in het zand, loopt men als in een verdiepte tuin of een serre. Er zijn veel struiken, vooral oleanders in grote menigte. Af en toe ontwaart men de sporen van oud plaveisel. Aan het eind van het straatje, waar men in het volle daglicht terugkeert, blijft men in verrukking staan bij de aanblik van een tempelfaçade, gehakt uit de rots die op deze plek een rose kleur heeft. Deze is van Romeinse constructie en zeer goed bewaard, vooral de zuilen van Korinthische orde. Het is het kunstwerk van Petra dat het minste van de tand des tijds geleden heeft en dat het meest smaakvol is; men noemt het el Gaséna (de Schatkamer)[53], vanwege een grote siervaas die de gevel bekroont en die sedert eeuwen tot schietschijf dient voor de Arabische schutters, die zich verbeelden dat er in deze urn een schat zit verborgen.

Wanneer men voortgaat en naar rechts draait, waar het ravijn breder wordt, komt men uit op een plek waar men rondom zich talrijke hypogea ziet. Wellicht waren dit woningen, want Petra was een stad. Men ziet zelfs de trapsgewijs oplopende zitbanken van een theater[54]. Helaas is alles als afgelikt

Nabatese grafmonumenten. Nabij de oostelijke toegang tot de Siq gaat de weg onder de resten van een Romeinse triomfboog door, die in 1896 nog intact was maar sindsdien is ingestort.

[53] (Arabisch) k̲azna = schathuis. Dit monument, waarschijnlijk een graf en geen tempel, wordt ook wel Schathuis van de Farao genoemd. De rijk versierde façade (fig. 19) bestaat uit een onderverdieping met zes zuilen en een fronton, waarop een bovenverdieping met een centrale tholos (rond tempeltje) tussen gebroken frontons. De stijl wijst op een datering rond het begin van onze jaartelling. Het interieur bestaat uit een hoofdvertrek met enkele zijkamers. De opvallende ligging in een bocht van de Sîq en in de as van de hoofdtempel (al-Qasr) zou erop kunnen wijzen dat het hier een koninklijk bouwwerk betreft.

[54] Het theater van Petra stamt uit de 2de of 3de eeuw. Het podium heeft een doorsnede van 40 meter en de 33 rijen uit de rotsen gehakte zitplaatsen bieden plaats aan 3000 toeschouwers. Voor de aanleg in het nauwe dal moesten vele oudere Nabatese graven worden overbouwd of weggehakt.

Fig. 19. Gérôme, *De grote Romeinse tempel in Petra*. Studie. Naar Lenoir, Le Fayoum, le Sinaï et Pétra, t.o. p. 296.

en gedoezeld door de veelvuldige regens. Aan alle kanten van het gebergte, beneden, boven en overal, ziet men meer of minder fraaie façades van Romeinse stijl. Dit alles ziet er eigenaardig uit, vooral de kleur: de rotsen hebben zulke vreemde kleuren, dat men zou zeggen dat het geverfd hout was, half uitgewist en afgespoeld door het water. Het is zelfs vrij lelijk; het lijken wel versleten en gebroken speeltjes.

Wij hebben een plaats voor ons kamp gevonden op de plek van het oude Forum[55], een oord waar alle vreemdelingen kamperen die hierheen komen. Er waren verder nog de markiezin van Ely en twee andere Engelse kampementen; deze vertrekken morgen naar Hebron. Bij onze aankomst werden wij onmiddellijk aangeklampt door de cheick van Petra, Cheich Nosaär, en verscheidene andere hoogwaardigheidsbekleders van de omgeving met hun gevolg van spitsboeven. Zij werpen zich als roofvogels op de reizigers, met dien verstande dat zij beleefder zijn: het zijn wolven in schaapskleren! Zij hebben ons veelvuldig beleefdheden betuigd en de hand gedrukt. Kort na onze aankomst was er echter een zeer heftige woordenwisseling, bijna zelfs een veldslag, over wie ons kampement van water zou voorzien. De sabels waren al uit de schede, het was een geschreeuw en gevloek zonder einde, en alle plaatselijke cheicks, ook de onze (cheick Makboul), mengden zich erin om de zaak te beslechten. Het was heel vermakelijk, zij het ook beklemmend, om te zien. Als vermakelijk intermezzo zijn wij gaan schijfschieten met onze goede achterladers; dit heeft een goede uitwerking gehad, als demonstratie van onze sterkte.

's Avonds zijn Mr Gérôme, Barthélemy en ik een bezoek gaan afleggen bij de markiezin van Ely. Zij is een zeer vriendelijke dame, zo ook haar zoon. Zij was nogal in moeilijkheden: haar drogman had zich een arm gebroken door een val van zijn ezel, die gestruikeld was op de slechte wegen die wij zojuist verlaten hadden. Gelukkig had zij haar arts bij zich, die hem verzorgt zo goed als hem mogelijk is, maar dit neemt niet weg dat de goede man zijn dienst niet als gewoonlijk kan vervullen; vooral in streken als deze is zijn taak zwaarder dan elders. De cheick van hier heeft één van zijn paarden gegeven om hem naar Hebron te vervoeren. Cheich Nosaar was zeer voorkomend voor de markiezin, van wie hij verscheidene geschenken had ontvangen, onder andere een mooi stel met zilver beslagen pistolen, kleren, enz., en opschik voor zijn vrouwen.

Uit Wadi Delâga vertrokken om half 8 vanochtend, zijn wij hier tegen half 5 in de middag aangekomen (in het kampement). Na het middagmaal om 12 uur heeft Goupil photographieën gemaakt van de Gebel Haroun.

[55] Het Forum van Petra is aangelegd op de breedste plek van het dal door de rivierbedding deels te overkluizen. Het bestaat uit een samenstel van marktpleinen en paleizen of tempels. Achteraan leidt de doorgaande weg naar een driebogige poort, die toegang verschaft tot de hoofdtempel van Petra (bij de plaatselijke bevolking bekend als qaṣr bint fira'un = het paleis van farao's dochter).

25 Maart. Petra.

Vanochtend zijn wij na het ontbijt enkele hypogea[56] gaan bezichtigen. Er is een heel aantal van; het is echter niet zeer verfijnd van afwerking en de stijl is niet fraai. Het enige opmerkelijke is de wijze waarop men deze stad heeft aangelegd. Hetgeen er nog van over is, is in de rots uitgehouwen, die uit zeer brosse zandsteen bestaat, zodat men hem gemakkelijk heeft kunnen bewerken. Er is een groot aantal tempelfaçades. Eén tempel is er waarvan het interieur meer is uitgewerkt dan de andere. Er staan zuilen langs de wand; dit monument was waarschijnlijk een graf, zoals het merendeel van de groeven van zekere afmetingen. Al deze gevels, met uitzondering van de tempel die aan de uitgang van de nauwe kloof (de Sîk genaamd) staat, zijn uiterst geschonden en misvormd door de veelvuldige regens. Zelfs de bergwand is door het water afgerond en als gladgelikt. Het hele oord maakt een sombere en trieste indruk: de kleur van de steen is vuil, verdonkerd en doorstreept met rode, gele en zwarte banen. Alwat in deze stad in metselwerk was aangelegd, ligt nu tegen de grond of bestaat uit gehavende bouwvallen. Er staat slechts één zuilstomp overeind, men ziet wat sporen van muren, kaden, voetstukken van zuilen, zuilschachten die als stapels damstenen zijn omgegooid, kortom: een hoop puin, met ontelbare hoeveelheden potscherven.

Ondanks de motregen die de gehele dag bleef vallen, zijn wij in de middag aan het werk gegaan, totdat wij gedwongen werden onder de tenten terug te keren, doordat de regenbuien te hevig werden. Daar de Engelse families vandaag vertrokken zijn, hebben de zwermen hebzuchtige Arabieren zich nu rond ons geconcentreerd[57]. Zij zijn steeds bij de keukentent te vinden, en geholpen door de regen hebben zij zich uiteindelijk daarbinnen geïnstalleerd, althans voor zover de tent hen kon bevatten, hetgeen de kok bijzonder hinderde, aangezien hij zich ternauwernood aan zijn bezigheden kon wijden. Het is een vreselijke plaag, die men echter met geduld moet verduren, net als die van de vliegen. Men kan zich er niet gemakkelijk van ontdoen, en de drogman is dan ook radeloos. Daar hij de Bedoeïnen zeer goed kent (hij heeft al twee reizen hierheen ondernomen) en even diplomatiek als standvastig is, laat hij zich niet tezeer uitplunderen, maar het kost hem veel inspanning.

Vandaag heeft hij, naar het schijnt, zelfs een bloedvergieten voorkomen, toen er een ruzie was uitgebroken tussen de mannen van een naburig dorpje en de cheick van Petra, Nosaär, die de winst op het bezoek van reizigers

[56] Totaal bezit Petra zo'n 500 uit de rotsen gehouwen grafmonumenten, waarvan de meeste zullen dateren uit de periode van de grootste bloei van de stad (300 v. — 106 na Chr.). Ze zijn te onderscheiden in enerzijds typerend Nabatese façades (veelal torenvormig met kantelen) en anderzijds Hellenistische bouwwerken in een overwegend Syrisch-Alexandrijns geïnspireerde stijl.

[57] De volgende passages maken duidelijk dat ook Testas niet geheel vrij van vooroordelen was, ook al wist hij over het algemeen meer begrip voor de inheemse bevolking op te brengen dan zijn reisgenoten.

vrijwel in zijn geheel voor zichzelf wil behouden. Zij stonden op het punt om geweerschoten af te vuren. De gehele dag is het slechts geschreeuw en samenscholingen, het is om gek van te worden! Het zou een grote luxe zijn als men er enkelen kon doden; een flink onderling gevecht bij voorbeeld zou een vrolijk schouwspel zijn, waarbij zij dan elkaar zouden doden zoals die twee honden die elkaar wederzijds verslonden totdat slechts de twee staarten over waren! Het is tuig: zij drinken en eten de gehele dag op kosten van de vreemdelingen, niets is goed genoeg voor deze schoften, en voor de geringste dienst eisen zij buitensporige prijzen. Wij persoonlijk weigeren elke bakchich en verwijzen hen naar de drogman om hun diensten vergoed te krijgen, en in onze tenten zijn wij erin geslaagd van hen bevrijd te blijven. Ik geloof zeker dat hun manier van doen grotendeels wordt ingegeven door de hoop te intimideren, en dat het merendeel van hun kloppartijen met getrokken sabel schijngevechten zijn, om te laten zien hoe geducht zij zouden zijn wanneer men zich tegen hen zou verzetten. Maar het is evenzeer waar, dat in geval van nood ieder serieus verzet volkomen zinloos zou zijn: men zou er twintig, misschien dertig doden, zonder daar verder mee op te schieten, want in dit afgelegen oord zou de gehele stam U op de huid vallen!

26 Maart. Petra.

Vanochtend vroeg zijn wij opnieuw enkele graven gaan bezichtigen, onder andere dat van de Turkoman, zo genoemd vanwege een oude Arabische inscriptie boven de ingang[58]. Daarna zijn enkelen van ons naar een oude tempel omhooggeklommen, die het Deïr (klooster) heet, omdat hij in recenter tijden voor de Christelijke eredienst schijnt te zijn gebruikt[59]. De klim was wel zeer steil, maar ondanks de hitte van deze streken toch niet te vermoeiend; men had in de gladde en glibberige steenblokken uit één stuk trappen uitgehakt. Dit is misschien het werk van de monniken van vroeger. Aldus klom men vrij gemakkelijk, hoewel de treden vaak door het water waren uitgeslepen. Langs deze weg stonden struiken en planten die heel lekker geurden. De weg slingerde door het gebergte, soms vlak langs indrukwekkende afgronden. In minder dan een uur bevonden wij ons op de top tegenover een eveneens uit de rots gehakt bouwwerk van Romeinse constructie, heel wat groter dan alle in het dal. De vorm herinnerde aan die van

[58] Dit graf in de Wadi Abu Alleiqa of Wadi Turkomania is te dateren rond het begin van onze jaartelling. De inscriptie boven de deur is in feite in het Nabatees geschreven, het eigen schriftsysteem van het volk van Petra.

[59] Al-Dair is de naam voor één der grootste monumenten van Petra. Het ligt achterin een zijwadi en heeft een 50 meter brede en 45 meter hoge façade, bestaande uit een onderverdieping met 8 zuilen en een bovenverdieping met een tholos tussen twee vierkante aedicula's met gebroken fronton. Het inwendige bestaat uit een sober vertrek met nis voor het beeld van de Nabatese oppergod Dushara. Blijkens ingegrifte kruisen diende deze ruimte vanaf de 3de eeuw tot kerk.

de zo goed bewaard gebleven rose tempel; ook deze verkeert in zeer goede staat en was zeker de inspanning en de vermoeienissen van een beklimming waard.

Na een ogenblik te hebben gerust, zijn wij tegen het uur van het middagmaal weer afgedaald. De kok heeft de patrijzen voor ons bereid die de opbrengst waren van de jachtpartijen langs de weg voor wij hier aankwamen; zij waren voortreffelijk. Er zitten er hier veel, men hoort hen de gehele dag roepen, waar men maar gaat. Erg schuw zijn zij niet, maar het kost grote moeite om hen over de glibberige of onbereikbare rotsen te achtervolgen. Na het déjeuner ben ik de studie die ik gisteren opgezet had, gaan afmaken. Goupil is op dezelfde plek een photographie komen maken; hij heeft vandaag een tiental cliché's gemaakt, want het was zeer mooi weer. Dat is de grootste photographische oogst die wij gemaakt hebben. Hij ontwikkelt zijn cliché's 's avonds na het diner; dat is voor ons opnieuw een verstrooiing en vermaak vol verrassingen!

Morgen vertrekken wij van hier. Joseph, de drogman, zal zeker niet boos zijn deze innemende bevolking te verlaten! Zelfs 's nachts maken zij herrie: afgelopen nacht hebben de zogenaamde wachters de gehele tijd hardop met hun schorre stemgeluid zitten praten. Eén heeft er zelfs een schot afgevuurd, dat als een donderslag door de bergen werd weerkaatst, om ons te laten merken dat hij niet zat te slapen. Vandaag zijn er opnieuw vier Engelsen aangekomen, wat het dienstbetoon van de slenteraars in ons kamp zeer heeft vereenvoudigd.

5. PAASFEEST IN DE HEILIGE STAD

27 Maart. Samra Taïbe (ingang van de Wadi Araba).

Vanochtend hebben wij eindelijk het lustoord Petra verlaten! Om 8 uur was alles gereed voor het vertrek. De weg was tamelijk slecht, nogal steil omhoog met glibberige rotsen. De cheik van Wadi Moussa (Petra), Noçaar, had eerst niet de bedoeling ons te begeleiden om ons aldus eer te bewijzen, maar uiteindelijk heeft hij zich toch met vijf of zes van zijn bloedverwanten te paard bij ons gevoegd, niet zozeer om aan het verzoek van Mr Gérôme te voldoen als wel in de hoop om tenslotte nog een vette bakshich binnen te halen. Langs de weg vielen smerige rovers de drogman lastig om hem enkele taleris[1] af te dwingen, die hij uiteindelijk genoodzaakt was hun te geven. Al stijgende liep de weg voortdurend over de berg Horeb (Haroun)[2], niet ver van de top, die zich aan onze rechterhand verhief en waar men duidelijk een moskee-achtig gebouw kon onderscheiden, een oud (misschien Christelijk) bouwwerk van vroeger.

Na een rit van anderhalf uur kwamen wij aan op een hoogte, waar de cheik en zijn trawanten afstegen. Het was het moment van het afscheid: aldaar moest de drogman, of hij wilde of niet, de laatste ponden betalen bij wijze van geschenk, en vervolgens vertrokken wij na de gebruikelijke afscheidsformules. Daarbij vervolgden wij de weg te voet, om de dromedarissen bij de snelle afdaling die nu volgde te ontzien; deze waren vooruit vertrokken. Goupil en ik wachtten op de drogman, die zijn laatste betalingen verrichtte. Na definitief vertrokken te zijn, kwam Cheich Noçaar ons echter opnieuw te voet achterna, al scheldend: hij vond zijn salaris niet hoog genoeg. Let wel dat hij al de overeengekomen prijs van 22 taleris, dat wil zeggen 110 franc per persoon had ontvangen: 5 fr. per dag en 5 fr. per nacht per persoon voor wachters en gidsen, plus 3 taleris per persoon voor de uitreis. Daarbovenop moet men nog collectief betalen voor drie schapen à 5 taleris per stuk als voedsel voor de stamleden, zodat het neerkomt op ongeveer 150 tot 160 franc per persoon te betalen! Daarnaast had hij geld voor zichzelf ontvangen en wij hadden hem en ieder die dat wilde dag en nacht gevoed! Toch moesten wij hem opnieuw tevreden stellen, waarna Joseph omarmd werd door het illustere stamhoofd en door andere personen die tegelijkertijd stukken van vijf franc hadden ontvangen.

[1] Duits-Oostenrijks zilverstuk ter waarde van drie mark.

[2] Niet Horeb (de Wetsberg van de Sinaï) maar Hor, de berg waar Aäron stierf en die met de Jabal Harun wordt geïdentificeerd. Zie ook noot 4.48.

Voortgaande, ontwaarden wij na een bocht in de weg één van de ruiters die ons hadden begeleid. Het was Cheich Ateijs, een neef van Cheich Noçaar, van top tot teen bewapend met de lange lans enz. Het onderste gedeelte van zijn gezicht had hij met zijn koufiëh omwikkeld en hij leunde op zijn lange lans, die op de grond rustte. Joseph, de drogman, die hem ook iets wilde geven, naderde hem met twee taleris (10 franc) in de hand, alles wat hem nog restte. De ander fixeerde hem met ogen als van een hyena en liet zijn paard terugwijken, waarbij hij geen acht sloeg op het geld alsof het bedrag hem te gering voorkwam. Plotseling werpt hij zijn koufieh en zijn mantel naar achteren, grijpt een karabijn of donderbus die aan zijn zijde hing, en richt deze op Joseph, terwijl hij deze voor hond enz. uitmaakt en zegt dat hij hem zou doden!

De drogman had niet meer geld bij zich, maar naderde hem nog steeds in een poging om hem te kalmeren. Ik dacht dat wij op het punt stonden om onze drogman te verliezen! Aangezien ik met Journault vlakbij stond (terwijl onze reisgenoten de afdaling hadden voortgezet), rukte ik mijn revolver naar voren en opende ik de holster, klaar om te schieten als hij besloot te richten. De anderen, onder wie de tevredengestelde Cheick, kwamen op hun beurt naderbij en ontwapenden hun mede-rover. Zij hadden mijn bedoelingen gezien en begrepen, en ik geloof dat deze schurken tezeer gewend zijn aan een gemakkelijker prooi om zelf een kogel te riskeren, vooral waar het een extra bakshich betreft. Desalniettemin heeft de drogman ook deze inhalige figuur nog tevreden gesteld, waarbij hij een pond moest lenen van onze Cheich Makboul!

Daarna zijn wij in vrede vertrokken, langs een zeer steile afdaling. Om 4 uur kwamen wij onderaan het gebergte aan, tegenover de vlakten van Wadi Arabah en vlakbij een laatste berg die El Taïbe[3] heet en waar men de tenten opzette om er de nacht door te brengen. Het is maar een geluk dat wij niet in uiterste nood gebracht zijn, want wij zouden een akelig kwartiertje hebben doorgemaakt of zouden zelfs allen gedood zijn! Ik was vrijwel de enige die zijn revolver bij zich droeg: Journault was vergeten de zijne te laden, en zelfs al waren wij goed bewapend geweest, dan nog was het waanzin geweest een gevecht aan te gaan. Maar er zijn ogenblikken waarop men zo verbitterd is, dat er maar een geringe oorzaak nodig is om los te barsten. Ik moet bekennen dat ik een enorme lust had om één van die smeerlappen de schedel te verbrijzelen!

Maar wat ademt men op, wanneer men van al die overlast is bevrijd! De stilte die ons nu omringt, is heerlijk! Wat beklagen wij die arme Engelsen, die nog in het hol van de Bedoeïnen verblijven! Allen zullen nu op hen aanvallen

[3] (Arabisch) ṭayyib = goed, aangenaam. Tayyiba ligt ten zuiden van Petra, vanwaar het bereikbaar is door een pas ten oosten van de Jabal Harun over te klimmen.

Fig. 20. Testas, *Aanvoerders der woestijnstammen*, 1868. Aquarel, maten onbekend. Naar een foto uit Testas' documentatiemap in Teylers Museum, Haarlem.

en hun zoveel mogelijk geld afpersen. Als Petra het nu nog waard was dat men al deze overlast moet slikken die men er ontmoet; maar het is een oord dat hoogstens curieus is; het is heel niet mooi en moet zelfs voor oudheidkundigen weinig interessant zijn. Men vindt er noch schilderingen, noch inscripties die dateren uit de tijd waarin die monumenten zijn vervaardigd. Ik zal steeds iedere reiziger die van de Sinaï naar Syrië wenst te gaan, afraden om langs Petra te gaan. De drogman van zijn kant is uitgeput en zweert nooit meer een voet te zetten in dat wespennest.

28 Maart. Wadi Mirzebah.

Vanochtend tegen acht uur zijn wij de Wadi Arabah binnengetrokken, een weidse vallei of liever vlakte. Het was mooi fris weer, maar er was nevel, zodat wij weldra de berg Haroun (of Horeb) uit het gezicht verloren. De woestijn die wij doorkruisten, is niet verstoken van plantengroei: er zijn massa's seijaals en vele kruiden en struikjes. Onder het voortgaan door de vlakte hebben wij een gazelle gezien, die bij onze nadering was opgesprongen. De Bedoeïnen hebben te voet de achtervolging ingezet, met een ongelooflijke geestdrift en snelheid. Om haar werkelijk de pas af te snijden, hebben zij haar gedwongen naar ons terug te keren, maar niet dichtbij genoeg om op haar te kunnen schieten; zij heeft zich gered. Het was een nogal vermakelijk voorval.

Er moeten ook veel hazen zitten in deze vlakte, maar wij hebben er geen gezien.

Wij kamperen op een plek, een uur verder dan een bittere bron die Waïbe heet; dit is in de Wadi Mirzebah[4]. Wij kwamen er tegen half vijf aan. Pas overmorgen zullen wij weer zoet water aantreffen. Vanaf Petra is er slechts deze bittere bron, die rondom zich een kleine oase vormt, waar zelfs palmen groeien. De kamelen hebben uit deze bron gedronken.

Zondag 29 Maart. Gebel Es-Sefâh — Nakb es Sefâh.

Vandaag hebben wij een lange dagmars afgelegd. Vanochtend om half 8 uit het kamp vertrokken, zijn wij hier om half 5 aangekomen; dat maakt een rit van negen uur. De weg was tamelijk geaccidenteerd: wij zijn verscheidene wadi's of dalletjes overgestoken, die alle uitkwamen op de Wadi Arabah. Deze, gelijkend op een grote vlakte, zagen wij in de verte aan onze rechterhand. De steilste klim was die over de top van Gebel Fakfiëh[5]. In de dalletjes stond een groot aantal gombomen (seyaal), waarvan verscheidene zeer grote afmetingen bezaten. Twee keer hebben wij vandaag gazellen gezien, maar op zeer grote afstand. Vanavond kamperen wij aan de voet van de berg Es Sefâh, in de vallei of Wadi Sefah[6]. Wij bevinden ons nu halverwege tussen Petra en Hébron (Chalîl).

Ras Kournôb. 30 Maart.

Om half 8 zijn wij opgebroken van Nakb es Séfah. Aaangezien de klim bergopwaarts uiterst steil was, hebben onze dromedarissen de lastkamelen gevolgd en zijn wij te voet vertrokken. De weg volgde een zeer steile helling, maar de gladde harde rots had gelukkig kleine oneffenheden of hobbels, waarop de voet houvast had. Wij volgden de route voor personen te voet, die steiler is maar een half uur bespaart om op de top te geraken. Daar hebben wij de doortocht van de kamelen afgewacht, die een omweg hadden gemaakt door één van de bergdalen. Er bevond zich een gat waarin zich regenwater had verzameld; wij hebben er de watervoorraad aangevuld. De afdaling was iets minder moeilijk dan de beklimming, zodat wij weer op onze rijdieren geklommen zijn. Beneden kwamen wij in de Wadi Traïbe[7], waar wij onder

[4] (Arabisch) waiba = inhoudsmaat (33 liter); mirzâb = dakgoot, waterspuwer. Deze waterrijke wadi ligt bij het huidige Zofar in Zuid-Israel.

[5] Genoemd naar de Wadi al-Fiqra (van Arabisch faqara = doorboren), die vanuit het zuidwesten naar de Dode Zee afloopt en één van de breedste dalen is aan de westzijde van de Wadi Araba.

[6] (Arabisch) ṣafâ' = helderheid, geluk. Deze berg(pas) ligt aan de zuidwestelijke punt van de Dode Zee in het massief van Hamaktesh Hagadol (716 meter hoog). De wadi is waarschijnlijk het dal van de Nahal Zin.

[7] Wadi al-Trajiba, een dal in oost-westrichting ten noorden van de bergpas.

een mooie gomboom hebben gedejeuneerd, en na Wadi Traïbe de Wadi Mzegeh[8]. Na een rit van acht uur hebben wij halt gehouden op een mooie kampeerplaats op een bergplateau dat Râs Kournôb[9] heet.

31 Maart. Seïl el Barîz.

Om half 8 's ochtends hebben wij onze weg vervolgd door de Wadi Arrah Arrah[10]. Het land wordt merkbaar vruchtbaarder: men komt langs de sporen van voormalige dorpen, men hoort opnieuw vogels zingen tussen de planten, men merkt kortom dat men meer begunstigde streken nadert. Wat in de Wadi Arrah Arrah opviel, dat was het ongehoorde aantal slakkehuizen! Op het eerste gezicht zou men denken dat het groen bezaaid was met kleine witte bloemetjes, en bij iedere stap verbrijzelden de kamelen een half dozijn van hun huisjes. Geleidelijk kwamen wij aan plekken waar graan groeide en talrijke bloemen, vooral margrieten en klaprozen; deze laatste zijn kleiner en van een meer karmijnrode kleur dan die bij ons.

Tegen het midden van de dag zijn wij twee of drie leden van de stam van de Tîh[11] tegengekomen, die uitgestuurd waren om te verkennen wie wij waren en om zich op de hoogte te stellen van onze bedoelingen. Ook hier moet men 3 taleris per persoon betalen als recht van doortocht. Daar er de vorige dag onenigheid over de tolheffing was geweest tussen de Bedoeïnen en enkele Engelsen, was er in een inzinking van het gebergte een heel legertje onder de wapens gebracht om ons tot betaling te dwingen in geval van weigering; maar dat hoorden wij pas later.

Na Wadi Arrah Arrah trokken wij door Wad el Melâh[12]. Het weer, dat bij ons vertrek zo plezierig was geweest, betrok en enige regen, vergezeld van veel wind, maakte ons de rit minder aangenaam. Om half vijf, na een rit van negen uur, kwamen wij aan in Seïl el Barîz[13], erg koud en zeer hongerig. De thermometer van Barthélemy gaf slechts 10 graden Celsius aan, terwijl wij de voorgaande dagen midden op de dag een hitte van 32 graden hadden. Deze grote verschillen van temperatuur komen hier zeer veelvuldig voor, en men doet er goed aan om altijd warm gekleed te zijn.

Onze bagage, althans voor zover het de proviand betreft, is onderweg

[8] Wadi al-Muzallaqa (= het glibberige dal) loopt ten westen van het bergmassief in noordelijke richting.

[9] (Arabisch) ra's = hoofd, top, piek; ḵurnûb = johannesbroodboom (Ceratonia siliqua). Op deze top, 8 kilometer ten noordoosten van Yeroham, liggen de resten van een fort uit de koningstijd ter bescherming van de karavaanweg door de Negeb.

[10] In de Wadi Ar'ara ligt tegenwoordig de plaats Aro'er, ten noorden van het huidige Dimona in de Negeb-woestijn.

[11] (Arabisch) tîh = woestijn.

[12] (Arabisch) milḥ = zout. Ook Tell al-Milh/Tel Malhata is een oude versterking, gelegen tussen Berseba en Arad.

[13] (Arabisch) sail al-bâriz = de opvallende beek

aanzienlijk geslonken. Wij komen dan ook werkelijk aan het einde van onze tocht door de woestijn: morgen betreden wij het Beloofde Land! Bij vertrek uit Suëz waren er 18 kamelen alleen al beladen met de provisie. Er waren 10 kalkoenen, 185 kippen, 4 hammen, 1800 eieren (onderweg nog 25 gelegd), 900 sinaasappelen, 12 kilo appels, 12 gerookte tongen, 35 rotl[14] koffie, 15 suikerbroden, 16 worsten, 12 kilo Engelse beschuit, 14 okes[15] of ongeveer 17 kilo Syrische tabak, 20 kilo macaroni en pasta, 45 kilo rijst, 57 rotl boter, enz. In Akabah hebben wij nog 38 kippen en 200 eieren ingenomen. Bovendien hebben wij onderweg een dozijn schapen gegeten. Van dat al is heel weinig — maar gelukkig voldoende — over; vandaag vormde dat de last van twee kamelen! Het is vooral in Petra dat er een fikse bres is geslagen in onze provisiekamer, toen al die schooiers dag en nacht eetfestijnen in onze keuken kwamen aanrichten. Maar daarmee had de drogman al rekening gehouden; hij heeft een heel vooruitziende blik en heeft al zijn zaken zeer goed berekend.

Wat betreft de wijn (die wij zelf verzorgden), daarvan hebben wij op deze reis niet veel kunnen drinken, hoewel wij twee kameellasten bij ons hadden: 8 kisten à 25 flessen. Wij dronken 1 fles bij het middagmaal, hetgeen niet al te veel is, aangevuld met koude thee, en vervolgens twee bij het diner. Aangezien wij ons al die tijd verstandig hebben gedragen, kunnen wij ons nu een derde permitteren, hetgeen zeer aangenaam is, want men heeft vaak grote dorst na ritten zoals wij die maken. Eenmaal aangekomen in Jeruzalem, zullen wij er naar hartelust van kunnen drinken, want buiten het restant van onze wijn die naar Beyrout gezonden was, zullen wij daar de zending champagne aantreffen die te laat uit Frankrijk was aangekomen om hem nog mee te kunnen nemen naar de Sinaï. Onderweg hebben wij dat betreurd; er waren dagen dat wat champagne ons heel aangenaam was geweest, en toch hebben wij het heel goed zonder gedaan. Het is vooral goede tabak die wij sinds enige tijd moeten ontberen: deze is afschuwelijk geworden.

1 April. Hebron (Chalîl).

Tegen drie uur in de middag zijn wij in Hebron[16] aangekomen, na een rit van zeven uur. Na het vertrek uit Seïl el Bariz zijn wij over de berg van deze

[14] (Arabisch) raṭl = Egyptisch gewicht van 449 gram.

[15] (Arabisch) uqqa = Egyptisch gewicht van 1248 gram.

[16] Hebron is één der oudste steden van Palestina; volgens Num. 13:22 werd het al in de 17de eeuw v. Chr. gesticht. De stad ligt op een strategische berghelling op 927 meter hoogte en beheerst bovendien een knooppunt van handelswegen. Volgens de traditie speelde Hebron een belangrijke rol in de tijd van de aartsvaders. Abraham kocht er de grot Machpelah om te dienen als begraafplaats voor Sara, hemzelf en zijn afstammelingen. David werd in Hebron tot koning gezalfd, en Salomo en later Herodes bouwden over het graf een heiligdom, dat later voortdurend werd omgebouwd: eerst tot een Byzantijnse kerk, in de 7de eeuw tot een moskee, met de komst van de Kruisvaarders in 1100 opnieuw tot kerk en na de verovering van Saladin in 1187 weer tot moskee, de haram al-ḵalîl (= heiligdom van de boezemvriend) waarvan de Arabische stadsnaam

Fig. 21. Testas, *Schaapherder bij Bedoeïnentent*. Aquarel, 6,9 × 11 cm. Rijksmuseum van Oudheden, Leiden.

naam gereden. De bergen van deze streken zijn alle groen; zij hebben niet langer het steile en woeste karakter van het gebergte dat wij zojuist verlaten hebben, maar zijn veeleer golvend en veel minder hoog. In de nabijheid van Arabische kampementen ontmoet men onmetelijke kudden schapen en geiten. Op de berghellingen vindt men bebouwde akkers, die er redelijk verzorgd uitzien.

Na de berg el Bariz kwamen wij in het gebergte dat Hebron omringt; dit heet Gebel el Chalîl evenals de stad. Voor het middagmaal zijn wij gestopt op een plek waar een oude ruïne ligt, wellicht een versterkte schans van de Kruisridders[17]. Daar konden wij in de beschutting zitten voor de wind, die tamelijk hard woei. Na weer op weg te zijn gegaan, zijn wij over nogal aardige paden gereden, met rechts en links hellingen en glooiingen bedekt met groene kruiden. Wij kwamen langs een groot aantal waterbekkens, mogelijk van grote ouderdom, en langs grotten of holen in de berg. Verderop, naarmate men Hebron naderde, stonden er overal olijfbomen. Tenslotte

is afgeleid. Christenen en Joden mochten hier tot 1929 niet binnen. De plaatselijke bevolking bestond in de 19de eeuw uit fanatieke moslims plus zo'n 50 Joodse families. De stad werd in 1834 na een opstand door Ibrahim Pasha geplunderd en kwam daar lange tijd niet bovenop; Hebron telde toen ongeveer 10.000 inwoners (tegenwoordig 50.000), die voornamelijk leefden van de handel in fruit en glas.

[17] Mogelijk betreft het hier de Romeinse wachttoren bij het dorp Sammu (Eshtemoa). Tussen Petra en Hebron stond een hele keten van dergelijke torens langs de karavaanweg.

ontwaarde men plotseling na een lichte stijging de stad, die vrij belangrijk is (10.000 zielen) en van een fraai voorkomen. Zij verheft zich op een berghelling en men kon haar helemaal overzien vanaf de plek vanwaar wij haar naderden.

Ons kampement is op een hoogte buiten de stad gelegen, naast het quarantainegebouw. Bij onze aankomst bevond zich er al een Amerikaans kamp: een heer en drie dames die via de kleine woestijn (zoals men hem noemt) uit Suez waren gekomen. De markiezin was hedenochtend naar Jeruzalem vertrokken. Na ons te hebben ingericht, hebben wij wat door de stad gewandeld. Deze is minder pittoresk van aanzien dan de steden van Egypte. Hoewel de huizen degelijker gebouwd zijn dan in de steden langs de Nijl, heeft zij niet dat zo aantrekkelijke voorkomen. Ook de bazar is zeer weinig interessant en bovendien uiterst donker. Alle straten zijn zeer nauw, en verder zijn er vele doorgangen en deuren dwars over kronkelige straatjes.

Wij hebben de grote moskee benaderd, maar konden niet naar binnen gaan. Het schijnt dat dit vrijwel onmogelijk is voor Christenen. Men zegt dat hij het graf van Abraham en zijn familie bevat. Gérôme, die een blik op het interieur wilde werpen, liep wat te ver door naar de smaak van een opgeschoten jongen, die hem begon uit te schelden. Mr Gérôme heeft hem een paar fikse oorvegen toegediend, hetgeen grote consternatie verwekte onder de omstanders, die zich in de strijd wilden mengen. Gelukkig hadden wij een grijsaard bij ons, een plaatselijke notabele, die erin slaagde hun een halt toe te roepen door de jongen duchtig te kastijden.

Op de terugweg zijn wij een koffiehuis binnengegaan, dat zeker niet uitmuntend was. Toch hebben wij er een narguiléh[18] geprobeerd, die enkelen van ons niet al te zeer kon bekoren. Daar het vanavond nog steeds zeer koud was (5 graden Celsius), zaten wij vol ongeduld op ons diner te wachten. Wij zijn tenslotte teruggekeerd in een land met een betrekkelijke overvloed aan melk, groenten en goed fruit, vooral reusachtige sinaasappels. De koude heeft onze eetlust opgewekt en wij hebben het goede onthaal van het land Kanaän alle eer aangedaan.

Hoewel de stad in een dal ligt, is zij nog op een hoogte van 800 meter boven zee gelegen.

2 April. Hebron.

Vanochtend zijn Cheick Makboul en zijn mannen weer vertrokken met hun dromedarissen. Wij hebben ieder bovenop zijn loon één taleri bakchich gegeven, en de Cheick 100 fr. en een koufieh. Daar zijn wij dan eindelijk verlost van die hele troep! Het is waar dat zij tamelijk vriendelijk geweest

[18] (Arabisch) nârajîla = kokosnoot; waterpijp waarbij een kokosnoot dient als waterreservoir.

Fig. 22. Testas, *Bedoeïnenkamp*. Gekwadreerde werktekening, potlood, 29,1 × 45,5 cm. Teylers Museum, Haarlem.

zijn; naar verhouding zijn het goede lieden. Hun opvoeding en hun levenswijze maken hen tot dieven, maar dan ook dieven in het groot! Ons hebben zij echter al die tijd die zij ons hebben vergezeld niets, hoe klein ook, ontnomen. Hun stam heet el Hawaëtaat[19].

Wij hebben vandaag onze tenten bijna niet verlaten: het was zeer koud en somber. Vanaf de hoogte waar wij ons bevinden is het uitzicht op de stad nogal fraai. Het is hier druk: het schijnt dat onze kampeerplek de plaats om te wandelen is. De gehele dag waren er vrouwen en kinderen, die kwamen wandelen en dichtbij de graven gingen zitten, die niet ver van ons vandaan liggen. De begraafplaatsen van de Musulmannen zijn niet zo triest als bij ons in Europa. Er waren ook jongens uit de stad en Turkse soldaten, die allerlei spelletjes deden, blindemannetje, overlopertje, enz. Hebron heeft een klein Turks garnizoen: 400 geregelde infanteristen en 100 cavaleristen. De gehele dag hoort men van hier af de hoorns in de kazerne; zij hebben zeer aardige signalen.

Morgen zullen wij onze weg te paard voortzetten. Vanavond zijn de moukres[20] aangekomen met hun paarden en hun muildieren.

[19] Het stamgebied van de Huwaitât reikte zuidwaarts tot aan de Wâdi Merâch ten zuiden van Aqaba.

[20] (Arabisch) mukârin = verhuurder, (muil)ezeldrijver.

3 April. Jeruzalem. (verjaardag van Frits)[21]

De afgelopen nacht en vanochtend is het een verschrikkelijk weer geweest, met voortdurende regenbuien, zodat wij zeer besluiteloos waren of wij al dan niet uit Hebron zouden vertrekken. De grond was doorweekt en de tenten zo nat als een dweil. Eén ogenblik waren wij vrijwel besloten om te blijven, maar de tenten waren al afgebroken: de moukres gaan vlugger te werk dan de Arabieren. Vervolgens wilden wij zien of het weer zou verbeteren, en zijn wij naar het quarantainegebouw gegaan, dat naast ons gelegen was, om te wachten tot het mooie weer zou terugkomen. Daar de zon terugkwam en alles in gereedheid was, waren wij allen van mening dat wij toch moesten vertrekken. Aanvankelijk ging alles goed: de weg was weliswaar slecht en de paarden liepen vaak door stroompjes als kleine rivieren, die over de stenige hellende weg naar beneden kwamen, maar het regende niet. Helaas was dit van korte duur: weldra barstten rukwinden met regen en hagel over ons los. Het was voor het eerst dat wij onderweg doornat werden; vaak hebben wij onweer gehad, maar altijd beschut onder de tent. Gelukkig hadden wij onze voorzorgen getroffen en ons aan de omstandigheden aangepast.

De weg van Hebron naar Jeruzalem[22] is weinig geaccidenteerd, maar er lagen veel stenen, die door de regen glibberig waren geworden. Het is bewonderenswaardig om te zien hoe de paarden van deze streken daarover lopen. De paarden zijn klein van afmetingen, maar zeer sterk en met een aangename tred. Wanneer men hen aanzet tot galop, gaan zij er vandoor alsof de duivel hen op de hielen zat. De bagage is op muildieren geladen; deze zijn even groot als een paard en zeer sterk. Zij hebben klokjes aan de hals, hetgeen een voortdurende, maar nogal aangename herrie maakt.

Het land maakt de indruk overal tamelijk bebouwd te zijn, met korenvelden (doura[23]) en olijfbomen alom. De bezienswaardigheden onderweg zijn in de eerste plaats de reservoirs van Salomo[24], die dan ook van zeer oude

[21] Testas' jongere broer Frederik Hendrik (geboren 1836); deze woonde sinds 1859 in Nederlands Indië, waar hij werkzaam was als administrateur van plantages, later bij de spoorwegen (o.a. de lijn Batavia — Buitenzorg), en tenslotte weer als administrateur van indigoplantages bij Djokjakarta.

[22] De afstand tussen de twee steden is in vogelvlucht ongeveer 35 kilometer. De duizenden jaren oude weg is de belangrijkste verbinding van het oude Palestina; hij loopt over de bergkam van Juda en ontmoet daarom vrijwel geen dwarswadis en weinig hoogteverschillen.

[23] (Arabisch) ḏura = gierst (Sorghum bicolor).

[24] Deze drie reservoirs liggen ongeveer 25 kilometer ten zuiden van Jeruzalem. Ze zijn 195, 140 en 130 meter lang en hebben een diepte van meer dan tien meter. De bassins zijn deels uitgegraven in de berghelling, deels uit stenen geconstrueerd. De datering is omstreden; volgens de Joodse geschiedschrijver Josephus zijn ze geconstrueerd door Salomo, anderen houden het op de 2de eeuw v. Chr. met restauraties door Pontius Pilatus. De reservoirs vangen het regenwater van het hele bergmassief op en leiden het via aquaducten door de nabijgelegen tuinen van het dorpje Urtas en vandaar naar Bethlehem en Jeruzalem.

constructie zijn. Het zijn drie opeenvolgende bassins vol water, de één boven de ander gelegen, en met een zeer grote inhoud. Vanuit deze bassins, die door een bron gevoed en door een soort vesting beschermd worden, kwam het water vroeger via een aquaduct naar Jeruzalem. Verderop komt men langs het graf van Rachel[25], daarna dicht langs een Ramah geheten dorpje links van de weg, vervolgens rijdt men langs de muren van een aan Elia gewijd klooster[26] (rechts), en tenslotte ontwaart men Jeruzalem, een tamelijk uitgestrekte stad, met rechts en dichterbij Bethlehem.

De eerste aanblik van Jeruzalem[27] was aangrijpend: de stad stak zonverlicht af tegen een violette onweersllucht, terwijl het omliggende land in de schaduw van de wolken lag. Het was werkelijk imposant en precies zoals de Eeuwige Stad zich zou moeten voordoen aan iedere reiziger die een voorstelling van deze heilige stad wil bewaren, waarvan de naam alleen al zoveel grootse herinneringen oproept. Weldra stonden wij onder de muren van de stad, die zijn middeleeuwse aanzien nog steeds bewaard heeft. Wij kamperen buiten de stad, dichtbij de Jaffa- of om het even Hebronpoort (in het

[25] Het vlak ten noorden van Bethlehem gelegen graf van Rachel is één van de heiligste plekken van het Jodendom, maar het graf trekt ook Islamitische pelgrims. Er stonden vele heiligdommen over elkaar gebouwd; de door Testas geziene grafkoepel was in 1860 gebouwd door de Brits-Joodse filantroop Sir Moses Montefiore. Rachel geldt als symbool van moederliefde. Volgens Gen. 35:16-21 stierf Rachel bij de geboorte van Benjamin, en een andere traditie situeert haar graf dan ook op diens grondgebied ten noorden van Jeruzalem.

[26] Dit door de Arabieren Dair Mar Elyus genoemde klooster staat eveneens op een hoogte tussen Bethlehem en Jeruzalem; het is een massief complex van grijs metselwerk tussen olijfbomen en er was een drinkplaats voor reizigers.

[27] Jeruzalem, door de Arabieren al-Quds (= het Heiligdom) genoemd, ligt op 800 meter boven zee in het gebergte van Juda. Het was al een Kanaänitische stad in het derde millennium v. Chr. en werd hoofdstad van de Joodse staat onder David (rond 1000 v. Chr.). Voor de Moslims is het de derde heilige stad, na Mekka en Medina. De oude stad, die nog steeds wordt omgeven door een 16de-eeuwse muur met 7 poorten, is opgedeeld in vier kwartieren, gescheiden door de oude Romeinse hoofdstraten. In het noordoosten ligt de tempelberg, ooit de plek van het centrale Joodse heiligdom van Salomo en later Herodes, met daartegenaan de Islamitische wijk; in het zuidoosten ligt de Joodse wijk, in de 19de eeuw nog erg verpauperd; in het zuidwesten de Armeense wijk; in het noordwesten de Christelijke wijk met de Grafkerk. De stad beleefde zijn grootste bloei onder Salomo, die de eerste tempel bouwde. In 586 v. Chr. werd deze verwoest door Nebukadnezar; daarmee begint de Babylonische ballingschap, die tot de val van Babylon in 539 duurde. In 63 v. Chr. vestigde Pompeius de Romeinse heerschappij; Herodes werd aangesteld als koning van Juda en herbouwde de tempel, die tijdens de Joodse opstand in 70 na Chr. door Titus andermaal werd verwoest en nooit meer herbouwd. Na de opstand van Bar Kochba in 132-135 ontzegden de Romeinen alle Joden de toegang tot de stad, die Aelia Capitolina werd genoemd. Met de verbreiding van het Christendom werd Jeruzalem pelgrimsstad, vooral sinds Constantijn. In 638 begon de Arabische overheersing, in 1099 stichtte Boudewijn, de broer van Godfried van Bouillon, hier een kruisvaardersrijk, dat in 1187 door Saladin werd heroverd. Vanaf 1244 namen de Mamelukken er de macht over en in 1517 begon de Osmaanse periode. Pas in 1856 mochten Joden en Christenen zich opnieuw in Jeruzalem vestigen, dat vanaf 1860 uit zijn ommuring groeide. In 1872 telde de stad 26.000 inwoners (14.000 Joden, 7500 Christenen, 4500 Moslims), tegenwoordig meer dan 500.000.

Arabisch Bab el Chalîl)[28]. Deze plek is nu niet bepaald aantrekkelijk, maar het is tamelijk dicht bij de stad.

Direct na onze aankomst zijn wij naar de poort vertrokken, om te zien of er brieven waren. Er waren er voor Bonnat & Gérôme; voor de anderen mafîsh[29], wat neerkomt op: helemaal niets. Bij dezelfde gelegenheid hebben wij een ommetje door de stad gelopen, die werkelijk merkwaardig is met haar donkere doorgangen en al haar spitsbogige poorten. Ook hebben wij de ingang van de kerk met het vermaarde graf bekeken, maar het was al te laat om er binnen te gaan. 's Avonds hebben wij gegeten met Goubie en één van zijn vrienden, Mr Masson. Zij waren hier nog maar drie dagen.

4 April. Jeruzalem.

Vannacht was het zeer onweersachtig. De tent is 3 keer bijna ingestort. Na drie dagen van aanhoudende regen is het terrein waar wij kamperen zodanig doorweekt, dat de haringen geen houvast meer hebben in de grond. De regen maakte onze bedden en bijna al onze bezittingen nat. Gelukkig merkte ik tijdig welke gevaren ons boven het hoofd hingen, zodat de dienstboden de lijnen van de tent opnieuw konden komen vastzetten. Om onder dergelijke omstandigheden zonder tent door het leven te moeten, klinkt werkelijk afschuwelijk!

Vanochtend ben ik ondanks de regen en de modder een wandeling door de stad gaan maken, waar men met dit weer zeer moeilijk kan rondlopen door de steile hellingen naar boven en naar beneden die men ieder ogenblik aantreft. De straten zijn weliswaar bestraat, maar uitzonderlijk slecht, zodat het beter ware als zij het in het geheel niet waren. Toen ik langs de kerk van het Heilig Graf[30] kwam, wilde ik de gelegenheid niet laten voorbijgaan om er

[28] De Jaffapoort is blijkens een Arabische inscriptie in 1542 gebouwd door de Turkse sultan Suleyman, die ook de rest van de zes tot vijftien meter hoge ommuring aanlegde. Het is de westelijke toegang tot de oude stad en het meest versterkte punt; naast de poort staat de door Pisaanse architecten gebouwde citadel met de zogenaamde Davidstoren, in feite een rest van het paleis van Herodes.

[29] (Arabisch) = het is er niet.

[30] De Grafkerk werd oorspronkelijk rond 330 gesticht door Constantijns moeder Helena op een plek die men toentertijd identificeerde als Golgotha; het is inderdaad een oude begraafplaats annex steengroeve, die in de Romeinse tijd nog buiten de stadsmuren lag. Deze kerk werd in 1009 verwoest en in 1149 vervangen door een Romaanse kruisvaarderskerk. Na een brand in 1808 volgde herbouw en de koepel werd nog in 1868 gerestaureerd. In zijn huidige gedaante is de kerk onregelmatig van plattegrond en veel kleiner dan de oorspronkelijke. Centraal verheft zich de grote koepel met zijn doorsnede van bijna 30 meter, waaronder de eigenlijke rechthoekige grafkapel staat. De rest van de kerk is in 1852 door het Osmaanse gezag opgedeeld onder de verschillende Christelijke secten, om aldus een einde te maken aan jarenlange bloedige vetes. Het grote koor is van de Grieks-Orthodoxen; verschillende andere kapellen zijn voor de Franciscanen, Armeniërs, Kopten, Syriërs en Ethiopiërs, terwijl monniken zelfs tot op het dakterras wonen. In zijkapellen toont men de standgaten van de drie kruisen van Golgotha, het graf van Jozef van Arimathea en, bij de ingang van de kerk, de steen waarop Christus gezalfd werd.

Fig. 23. Testas, *Straat in Jeruzalem*, 1868 (?). Olie op doek, 57 × 44,5 cm. Particuliere verzameling (foto Gemeentearchief Utrecht).

binnen te treden. Hetgeen men daarbinnen ziet, is werkelijk aangrijpend. De kerk is zeer donker, met overal kapellen, kleine kerkjes en krochten. Er is een overdaad van ornamenten en ontelbare tierlantijnen, maar er zijn zeer mooie zaken op bouwkundig gebied. Al met al is het geheel zeer verrassend. Sinds twee jaar is men bezig de koepel te herstellen, wat maakt dat het aanzien enigszins wordt geschaad door de balken, steigers, enz. die voor dat karwei benodigd zijn. Het graf zelf ben ik vandaag niet binnengegaan: men had het zojuist voor enkele uren gesloten, en ik heb daarom dit bezoek voor een volgende keer bewaard en ben naar het kamp teruggekeerd.

Vanwege ons humeur over onze tegenspoed gedurende de nacht en om ons soortgelijke, of wellicht ergere gebeurtenissen te besparen, hebben wij besloten om zolang het slecht weer zal zijn in een hotel te gaan slapen. Gelukkig waren er in het Mediterranean Hotel nog kamers beschikbaar, wat een buitenkansje is, gezien de enorme toestroom van vreemdelingen dit jaar voor Pasen. De drogman en de dienstboden bewaken de tenten en de bagage; wij hebben slechts het strikt noodzakelijke met ons meegenomen. Het diner in het hotel was nogal goed. Het merendeel van de buitenlanders bestaat uit Engelsen en Amerikanen; de Fransen zijn met een klein aantal. Naast de enigszins gegoede reizigers zijn er pelgrims uit alle landen van de Christelijke wereld; de stad is er vol van.

Wij hebben nog geen enkele belangrijke plechtigheid gezien. Ik denk dat de volgende week ons wel een flink aantal fraaie voorstellingen van dien aard zal bieden. Wij — Mr Gérôme, Bonnat en ik — slapen in een kamer van de dépendance van het hotel. Alle vertrekken in de huizen van Jeruzalem hebben gewelfde plafonds, hetgeen een zekere middeleeuwse indruk geeft die lang niet gek is. Ik geloof trouwens dat de meeste gebouwen in deze stad uit de tijd van de Kruistochten dateren. De kamer waar wij slapen gelijkt op een vertrek in een oud feodaal kasteel.

5 April. Jeruzalem. Palmzondag.

Vannacht heeft het niet geregend, maar desondanks hebben wij er goed aan gedaan om de stad in te gaan, omdat het tamelijk koud is. Wij hebben heel slecht geslapen in de dépendance: de bedden waren slechts planken op schragen, bedekt met een zeer dun matrasje. Daar stond tegenover dat wij droog bleven. Vanochtend was het tamelijk mooi weer. Ik ben buiten de stad onder de muren gaan wandelen; ook hier zou men menen dat men midden in de Middeleeuwen terecht was tegekomen. De muren zijn overal nog in vrij goede staat en men probeert zich natuurlijk de inspanningen voor te stellen die het de Kruisvaarders moet hebben gekost om zich meester te maken van de Heilige Stad. Zij moet zeer sterk geweest zijn; de wallen zijn op verscheidene plaatsen zeer hoog en op gezette afstanden zijn er grote bastions. Aan één kant van de stad ligt het Dal van Josaphat[31], dat diep is en waarvan de helling aan de muurzijde zeer steil is. Het beleg moet moeizaam geweest zijn, vooral omdat er in de stad een enorme hoeveelheid ruime waterreservoirs is,

[31] Langs de noord- en oostzijde van de Tempelberg loopt het riviertje de Kidron, dat daarna zijn weg vervolgt naar de Dode Zee. Tussen de Tempelberg en de Olijfberg heeft het een diep dal uitgeslepen, de Wadi Jehoshafat (= Jahweh oordeelt, d.w.z. de plek waar Israels vijanden zullen worden gestraft, zie Joël 3:2, 12). Hier lag van oudsher een grote begraafplaats, waar tot in recente tijd ook Joden van overzee zich in gewijde grond lieten begraven. De bekendste grafmonumenten stammen uit de Hellenistische tijd, met name de zogenaamde graven van Absalom, Bene Hezir en Zacharias en de Grot van Jehoshafat. Onderaan de stadsmuur ligt de bron Gihon, waarvan het water door Hizkia via een tunnel naar de vijver Siloam binnen de muren werd geleid.

terwijl het de Kruisridders vaak aan water ontbrak, en omdat er vanuit de stad lange onderaardse gangen zeer ver naar buiten voerden.

Bij terugkeer in de stad heb ik onderweg een recent gebouwde Rooms-katholieke kerk bezocht, smakeloos knoeiwerk; ik ben heel vlug weer naar buiten gegaan. 's Avonds ben ik met Goupil de Armeense S^t. Jakobskerk[32] ingelopen. Er was een dienst en de kerk zat stampvol mensen. Hoewel dit bouwwerk niet van een uitgesproken ouderdom is, is het inwendige ervan vrij interessant, vooral op dit ogenblik: het schitterde met al zijn verguldsel en tierlantijnen in het licht van wel duizend lampions en kaarsen. Buitendien droeg het merendeel van de Armeniërs ook nog eens een brandende kaars in de hand. Toen de dienst was afgelopen, ging iedereen naar een versierde en helverlichte zijkapel om neer te knielen voor de Heilige Kribbe en op de plek waar de Heilige Jakob ter dood gebracht is. Er was ook een kapelletje dat zodanig was verlicht en ingericht, dat het mij sterk deed denken aan de winkeletalages ter gelegenheid van Sint Nicolaas bij ons. Toch zag men heel goed dat deze kerk rijk is en goed onderhouden, met overal tapijten en nogal smaakvolle faience tegels en inlegwerk. De schilderijen langs de muren waren talrijk, maar afschuwelijk.

Wij logeren nu in het hotel zelf en hebben momenteel tenminste gerieflijke bedden. Het hotel is trouwens niet slecht, het is zeer schoon, de bediening geschiedt geruisloos en zorgzaam, en het eten is goed. Het wordt geleid door een Duitser, Mr Hornstein.

6 April. Jeruzalem.

Vanochtend heb ik kennis gemaakt met een landgenoot, Mr de Sonnaville uit Den Haag. Hij reist door de Oriënt met een Fransman, Mr Legros uit Parijs. Deze middag is hij naar het klooster Mar-Saba vertrokken, in de omgeving van de Rode Zee[33]. 3000 fr. opgenomen bij Mr Melville Peter Bergheim, bankier[34]. Een bezoek aan de Heilige Grafkerk, en daar het inwendige van het graf gezien. Op zoek naar de muur waar de Joden huilen een Joodse Synagoge gevonden, waar ik naar binnen ben gegaan (geenszins opmerkelijk). Uiteindelijk heb ik door overal te vragen de vermaarde muur

[32] Deze kerk in de Armeense wijk is gebouwd over de graven van Jacobus Maior, die in 44 door Herodes Agrippa werd onthoofd, en Jacobus Minor, die de eerste bisschop van Jeruzalem was en in 62 door de Joden werd gestenigd. De kerk stamt uit de 5de eeuw, werd in de 7de eeuw door de Perzen verwoest, in de 11de eeuw herbouwd en daarna door de kruisvaarders vergroot. Er is een rijke decoratie met door pelgrims aangeboden tegels, lampen, wierookbranders, kandelabers en kruisen.

[33] In feite de *Dode* Zee, zie noot 5.49.

[34] De bankier Peter Bergheim stamde uit een bekende Joodse familie van Jeruzalem. Zijn vader Paul was er apotheker, terwijl een naamgenoot (of dezelfde Peter?) als fotograaf actief was.

van de Joden[35] gevonden; deze is werkelijk bijzonder. De stenen zijn enorm, vooral die onderaan; zij meten over het algemeen drie pas in lengte. Zij zijn uiterst zorgvuldig gehouwen en samengevoegd. Dit is de enige plek waar het de Hebreeën is toegestaan de resten te bekijken en aan te raken van hun vergane glorie, op de plek waar de befaamde tempel verrees. Er waren er velen, mannen zowel als vrouwen, die stonden te wenen en te klagen, terwijl zij in hun Talmud lazen of hun gezicht tegen de muur of in de spleten tussen de beschadigde stenen verborgen. De fraaie tekening die Bida[36] van dit onderwerp gemaakt heeft, is erg waarheidsgetrouw en geeft het Joodse type zeer goed weer. In de middag een studie begonnen.

7 April. Jeruzalem.
Met Gérôme, Bonnat, Lenoir en Barthélemy de Olijfberg[37] beklommen. Op de top hebben wij de kapel van de Hemelvaart bezichtigd, waar men een voetafdruk in steen laat zien waarvan men beweert dat hij door de voet van Jezus is gemaakt. Van boven op de berg geniet men een heerlijk uitzicht op Jeruzalem, en wanneer men zich omdraait, kan men in de verte de Dode Zee en de loop van de Jordaan ontwaren. Bij de afdaling naar het dal om naar de stad terug te keren, zijn wij een omheining binnengegaan die de Hof van Gethsémané[38] omsluit. Dit is een kleine tuin waar enkele zeer oude olijfbomen staan en wat bloemen; wij hebben enkele daarvan geplukt in ruil voor een bakchîch, die men aan een oude monnik geeft, de bewaker en tuinman van het terrein. Wij zijn weer opgeklommen naar de stad, gaande langs het

[35] Het Arabische en later Osmaanse bestuur stond Joden niet toe het Tempelterras zelf te betreden; wel konden zij een vergunning kopen om een plek tegen het zuidelijk eind van de westelijke buitenmuur te betreden. De steunmuur van het terras ligt hier vrij over een hoogte van 18 meter (met nog zo'n 20 meter tot de voet van de fundering ondergronds) en een lengte van 48 meter. Althans de onderste vijf steenlagen (plus negentien ondergronds) behoren tot de tempelbouw van Herodes; de lagen daarboven dateren uit de Romeinse en Arabische bouwfasen. Sinds 638 ontwikkelde deze plek zich tot het voornaamste Joodse bedevaartsoord, waar pelgrims klagen over de verwoesting van de tempel en gebeden op briefjes tussen de stenen stoppen.

[36] Alexandre Bida (1813-1895), Frans schilder en tekenaar. Bida was een leerling van Delacroix en werd sterk beïnvloed door de oriëntalistische schilders Decamps en Raffet. Hij bezocht Palestina in de jaren 1844, 1850 en 1855 en werkte na terugkeer in Parijs zijn schetsen uit tot gedetailleerde litho's of aquarellen. Beroemd zijn Bida's illustraties bij een Evangelie-uitgave uit 1873.

[37] Deze bergrug ligt ten oosten van de oude stad, ervan gescheiden door het Kidrondal. Hij heeft drie toppen: in het noorden de Scopus (= Uitkijkpost), in het zuiden de Berg der Ergernis (een oud Kanaänitisch heiligdom waar ook Salomo heidense altaren bouwde) en daartussen de eigenlijke Olijfberg, die 230 meter boven de Tempelberg uitsteekt. Ook dit was een oude heilige plaats, die secundair met Jezus' hemelvaart en wederkomst is verbonden. Op de top stond een klein Arabisch dorpje, al-Tur, met een moskee over de resten van een 4de-eeuws kerkje.

[38] Gethsemane (= Oliepers) is niet precies te localiseren, maar algemeen wordt een ommuurde tuin op de westflank van de Olijfberg aangewezen, waar een achttal oude olijfbomen stond die volgens de pelgrims nog uit de tijd van Christus stamden. Ter plekke zijn geen oudere resten gevonden dan uit de 4de eeuw.

Fig. 24. Gérôme, *De klaagmuur te Jeruzalem*, ca. 1876. Olie op doek, 93 × 72 cm. Naar Ackerman, Gérôme, nr. 258.

zogenaamde graf van Absalom[39] tot aan de Sionspoort[40]. 's Middags ben ik de studie gaan afmaken die ik gisteren begonnen was. Vandaag zijn wij in het kamp teruggekeerd, daar het mooie weer geheel hersteld is.

8 April. Jeruzalem.

Het inwendige van het Hospice der Johanniter Orde[41] bekeken. Het was geheel vernieuwd en bijgevolg weinig interessant. De oude locatie, de oorspronkelijk plek van de orde, was dichtbij de Heilige Grafkerk, maar deze was verwoest ten tijde van de uiteindelijke herovering van de Heilige Stad door de Saracenen. Momenteel is daar een groot vierkant plein vol vuilnis, maar de grote ingangspoort, die nog overeind staat, is zeer fraai. Na het middagmaal ben ik in de stad een studie gaan maken. Het regende van tijd tot tijd. Bij terugkeer trof ik buiten de Jaffapoort een postbeambte, die mij een brief uit Holland overhandigde, hetgeen mij uiterst aangenaam was, zo verlangde ik ernaar nieuws van mijn beste ouders te ontvangen.

9 April. Jeruzalem.

Vanochtend zijn wij vóór zes uur opgestaan om zo vroeg mogelijk naar het Griekse klooster tegenover de Heilige Grafkerk te gaan, om een goede plek te hebben voor het zien van de plechtigheid van de Voetwassing, die op het kerkplein plaats heeft. Dankzij de goede zorgen van Mr Ganot[42], drogman en kanselier van het Franse Consulaat, die evenals de Consul zelf vol welwillendheid jegens ons is, had men plaatsen voor ons gereserveerd. Bij onze aankomst was er al een dichte menigte, die de omgeving van het plein en

[39] Dit monument in het Jehoshafat-dal werd in verband gebracht met het door Davids zoon Absalom gebouwde graf in het Koningsdal (II Sam. 18:18), dat echter ten noorden van de stad moet hebben gelegen. Het zogenaamde Absalomgraf is in feite van Hellenistische datum en vergelijkbaar met de grafmonumenten van Petra. Het bestaat uit een uit de rots gehouwen vierkante sokkel met Ionische zuilen, waarop een gemetselde rotonde met spits verrijst tot een totale hoogte van 13 meter.

[40] (Hebreeuws) Zion = citadel, vesting (?), de naam van Davids hoofdstad ten zuiden van de Tempelberg, later van de Tempelberg zelf of van een heuvel ten zuidwesten van de stad. De Zionspoort is de zuidelijke toegang tot de oude stad en tot de Armeense wijk.

[41] In 1023 stichtten kooplieden uit Amalfi een hospitaal in Jeruzalem ten behoeve van de pelgrims. Deze instelling werd beschermd door de zogenaamde hospitaalridders met als schutspatroon Johannes de Doper. Met de verovering van Jeruzalem door de kruisvaarders in 1099 werd deze ridderorde door Godfried van Bouillon omgezet in een geestelijke orde, die in 1113 door de paus werd bevestigd. Toen Saladin de stad innnam, weken de Johanniter ridders uit naar Acco, later naar Cyprus, Rhodos en tenslotte Malta. Het oude hospitaal met de bijbehorende Romaanse kerk naast de Grafkerk raakte daarmee in verval. Het terrein werd in 1869 door de Sultan aan Pruisen verkocht en in 1891 werd met de bouw van een nieuwe kerk begonnen.

[42] Charles-Simon Clermount-Ganneau (1846-1923), de zoon van een beeldhouwer en zelf als schilder opgeleid door Ary Scheffer, kwam in 1867 naar Palestina. Daar was hij circa tien jaar werkzaam op diverse consulaten, om te eindigen als Frans consul te Jaffa. Hij interesseerde zich ook voor archeologie en fotografie en groef vanaf 1873 voor het Palestine Exploration Fund.

de omliggende daken en terrassen geheel vulde. Op het plein zelf stonden pelgrims en nieuwsgierigen van alle nationaliteiten, waarvan het aantal onophoudelijk toenam; het was vrij aardig om te zien.

Tegen acht uur stelden de Turkse soldaten die rondom het podium de wacht hielden waarop de voorstelling zou plaatsvinden, zich in rijen op en kwam de Patriarch uit de kerk naar buiten. Hij was gekleed in een schitterend statiegewaad en werd voorafgegaan door de archimandrieten, diakenen, enz. Hij nam plaats op een vergulde zetel die aan één kant van de estrade was opgesteld, en rechts en links waarvan banken stonden waarop 13 priesters gingen zitten, die allen rijke kostuums droegen en de apostelen voorstelden.

Na een voorlezing van de Bijbel en van de passages die betrekking hebben op de ceremonie waarbij Christus de voeten van zijn discipelen waste, gelezen door een diaken die zich tegenover de estrade op een andere kleine verhoging bevond, die tegen de kerkmuur was opgericht, stond de Patriarch (een eerbiedwaardige grijsaard van 96 jaar) op. Na zich te hebben ontdaan van zijn mijter, zijn staf en zijn schitterende gewaden, ging hij ertoe over de voeten van zijn priesters in een enorm verguld zilveren bassin te wassen. Na ieders beurt kuste de Patriarch de voet van de voorgestelde apostel. Na afloop van de ceremonie drongen de omstanders van alle kanten samen om een zakdoek of een ander doekje in het geheiligde bassin te dopen. De voorstelling heeft ongeveer anderhalf uur geduurd. De Griekse monniken van het klooster zijn zeer minzaam; vooral de broer van de overste is een vriendelijk man.

Na het klooster te zijn uitgegaan, hebben wij ons naar de S^t^. Stefanspoort[43] begeven, waardoor de moslim-pelgrims moesten terugkeren die zes dagen geleden op weg gegaan zijn naar het graf van Mozes[44]. Lang behoefden wij niet te wachten. Weldra hoorde men de verdovende muziek van de gelovige Musulmannen: grote tamboerijnen en bronzen cimbalen die een geluid van oud ijzer maakten. Vervolgens kon men de enorme bannieren onderscheiden, van groene of groen-rode zijde met opschriften uit de Koran. De stoet kwam naderbij onder het gebulder van een klein stuk geschut, dat nabij de poort stond opgesteld. Het was een plechtigheid van totaal verschillende aard dan die welke wij zojuist hadden bijgewoond: de een plechtig en afgemeten, de

[43] Deze poort is genoemd naar Stephanus, die als eerste Christelijke martelaar hier de stenigingsdood stierf. Het is de oostelijke stadspoort, direct ten noorden van de Tempelberg, en het begin van de Via Dolorosa. De poort heet ook wel Leeuwenpoort (naar de decoratie met vier leeuwen erboven) of Mariapoort (naar een Mariakapel bij de eerste kruisstatie).

[44] Volgens de tekst van Deut. 34:6 stierf Mozes op de berg Nebo in Moab en werd hij door God op onbekende plaats begraven. Het gevolg van deze traditie is dat er twee locaties van het graf worden aangewezen: ten eerste de Nebo zelf, en als tweede Nabi Musa (= de Profeet Mozes) op 8 kilometer ten zuiden van Jericho. Hier staat een 13de-eeuwse moskee, die jaarlijks door honderdduizenden pelgrims uit de hele Islamitische wereld wordt bezocht. De voornaamste pelgrimage valt samen met het Christelijke paasfeest, wanneer Christenen over dezelfde weg van Jeruzalem naar de Jordaan trekken om daar een bad te nemen.

ander vol verbeelding en ongedwongen. De niet al te talrijke pelgrims werden begeleid door Bachibouzouks[45], ongeregelde ruiterij waarvan ieder op zijn eigen manier was uitgerust. De ruiterij werd voorafgegaan en gevolgd door infanterie, met aan het hoofd een muziekkorps dat voortdurend hetzelfde speelde (waarschijnlijk het Osmaanse volkslied).

Na de lunch zijn wij te paard gestegen om het klooster van het Heilige Kruis[46] te bezoeken, een seminarie of college voor jonge Griekse priesters. De kerk is zeer oud maar tamelijk droevig gedecoreerd. Het klooster is zeer uitgestrekt en zeer goed van indeling. Men kan wel zien dat de Grieken geld hebben; het is meer dan waarschijnlijk dat alle instellingen van deze aard heel wat geldelijke ondersteuning van Rusland ontvangen. Op de terugweg zijn wij door de stad gereden, waarbij wij zelf de opmerkelijke eigenschappen van de plaatselijke paarden konden zien, in onmogelijke straatjes met steile hellingen en glibberig plaveisel. Na de stad te zijn rondgereden, zijn wij naar het kamp teruggekeerd.

Vanavond hebben wij gezamenlijk een brief opgesteld om naar de consuls te Kaïro, of liever te Alexandrië, te zenden, waarin wij ons beklag doen over de behandeling die men bij de woestijnstammen ondervindt, met name in Petra. De vreemdelingen die daarlangs gekomen zijn, zullen er hun handtekening aan toe voegen, in de hoop dat het Egyptische Gouvernement een beetje orde zal aanbrengen in, of als het kan een einde zal maken aan, deze vernederende afpersingen.

10 April. Jeruzalem.

Weinig opmerkelijks. De bazars bezocht, die zeer duister, zeer vuil en zeer slecht toegerust zijn. Met Masson ben ik de Heilige Grafkerk ingegaan, waar vele mensen waren. Voor de ingang tot het graf hield men een mis met muziek; een jongetje zong met begeleiding van een serafijn-orgel bespeeld door een oude monnik. De plechtigheid was weinig indrukwekkend; het was de dienst van de Latijnse (of Rooms-katholieke) kerk.

Verhoven geschreven, als antwoord op zijn brief die ik vandaag ontving. Mijnheer Ganaut belast zich ermee de brieven gratis te verzenden tot aan Marseille.

[45] (Turks) başbozuk = hoofdloos; ongeregelde soldaat, onbetaald maar met het recht tot plunderen.

[46] Het Kruisklooster ligt ongeveer 3 kilometer ten westen van Jeruzalem in een eenzame vallei. Het werd in de 5de eeuw door Georgiërs gesticht op de plek waar de boom groeide die het kruishout zou hebben geleverd; zelf zou deze boom nog door Abraham geplant zijn. Deze geschiedenis is afgebeeld op de iconostasis (altaarscherm) van de 25 meter lange kerk; centraal in de vloer prijkt één van de mooiste mozaïeken van Palestina, terwijl in de crypte de plek van de oorspronkelijke boom wordt aangewezen. Rondom ligt een priestercollege, dat in Testas' tijd zo'n vijftig studenten telde, en een fraaie tuin en wijngaard.

Zaterdag 11 April. Jeruzalem.

Vanochtend heeft Blavet[47], oftewel Goupil, onze photographie genomen, achter het kampement dichtbij een klein moslimgraf met koepel. Om tien uur hebben wij gelunchd; een Grieks priester die ons bij de plechtigheid van de Voetwassing goede plaatsen heeft verschaft, genaamd Jéronimo Mirianti, heeft met ons de maaltijd gebruikt. Vandaag had hij opnieuw plaatsen gereserveerd, opdat wij op ons gemak zouden kunnen kijken. Om geen onmogelijke mensenmenigten te hoeven doorkruisen, zijn wij vroeg weggegaan. Wij hadden tamelijk goede plaatsen in een soort van loges in de Griekse kapel. Vandaar kon men zien hoe de Patriarch de zijde waar het altaar zich bevindt, verliet en hoe hij zich begaf naar het graf van Christus, waar het vuur verspreid moest worden. Hij werd omringd door zijn Archimandrieten en voorafgegaan door bannieren. Er was een ongelooflijke menigte verzameld, allen een kaars in de hand houdende om te worden aangestoken aan het heilige vuur. Een bataljon Turkse infanterie handhaafde op kalme wijze de orde en waakte ervoor dat de processies konden voortgaan door deze golvende zee.

De Patriarch gaat alleen met één priester het graf binnen. Na enige ogenblikken komt de priester naar buiten, als een razende rennend om niet te worden overvallen, met een lichtje dat aan het heilige vuur in het graf zelf is aangestoken, om het over te brengen naar de Griekse kapel. Vrijwel tegelijkertijd steekt de Patriarch het heilige vuur naar buiten door twee openingen die in de muren van het graf zijn aangebracht, en iedereen stort zich naar voren om zijn kaarsen aan het gewijde vuur te ontsteken. Tegelijkertijd dreunt de gehele kerk van het geluid van de klokken en gongs, evenals van het roepen en schreeuwen van de dwepers, die elkaar verdringen en te lijf gaan om als eerste bij het vuur te geraken. In een oogwenk wordt het onmetelijke bouwwerk overspoeld met licht en rook; men stikt er bijna. Het is een stompzinnig schouwspel: men ziet mannen en vrouwen als gekken te keer gaan met hun lichtjes. Zij stellen zich voor dat dit vuur een reinigende uitwerking heeft en halen de vlam over hun gezicht, terwijl zij naar believen de behaarde delen van het lichaam verschroeien; het is waanzinnig!

Na deze vreemde plechtigheid hebben wij nog een soort van Armeense mis bijgewoond. Al deze opschudding vindt plaats rondom het graf van Christus, die zelf zo kalm en wars van uiterlijk vertoon was. Als hij kon zien op welke wijze men zijn nagedachtenis in ere houdt, zou hij medelijdend glimlachen over de volmaakte dwaling van hen die zich zijn dienaren en volgelingen noemen. Voor het diner hebben wij Mijnheer Ganot te gast gehad. In alle vrolijkheid hebben wij zo het laatste diner beëindigd dat wij in de Oriënt met

[47] Waarom Goupil deze bijnaam had, is niet bekend. Michel Blavet (1700-1768) was een Frans componist en fluitist onder Lodewijk XV.

onze zeer gewaardeerde Mijnheer Gérôme zullen hebben: morgenochtend vertrekt hij naar Jaffa.

12 April. Jeruzalem. Zondag.

Vandaag is Mr Gérôme naar Frankrijk vertrokken. Om 11 uur verlieten wij met hem het kamp. Wij hebben hem gedurende twee uur te paard uitgeleide gedaan, en toen hebben wij afscheid van hem genomen, evenals van Barthélemy, die naar Smyrna vertrekt en zich eveneens te Jaffa zal inschepen. Op de terugweg hebben wij Mijnheer Ganot ontmoet, die hem ook vaarwel had willen zeggen. Hij heeft echter de teugels gewend om met ons terug te gaan en is met ons blijven dineren, hetgeen ons, die het vertrek van de leider van onze karavaan zeer betreuren, enige afleiding verschafte. Vooral de eerste tijd zal het voor ons een grote leegte zijn!

13 April. Mar-Saba.

Tegen half 10 vanochtend hebben wij onze plek buiten Jeruzalem verlaten om onze tocht via Mar-Saba naar de Dode Zee te beginnen. Dichtbij de Jaffa-poort zijn wij in het Cedrondal[48] afgedaald. De weg was niet lang. Tegen half twaalf hebben wij onze lunch gebruikt, dichtbij een waterreservoir dat onder een grot was uitgehold. Een half uur later stonden wij voor het klooster van Mar-Saba of San Saba[49]; het was half 2. De op muildieren geladen bagage was ons gedurende onze rustpauze voorgegaan, en bij onze aankomst zagen wij de tenten al opgezet op een hoogte niet ver van het klooster. De moukres (drijvers van paarden en muildieren) zijn heel wat ijveriger en vaardiger dan de Bedoeïnen, zodat het op- en afladen van de bagage rap verloopt.

Op vertoon van onze aanbevelingsbrief, die men ons in Jeruzalem had verschaft, zijn wij het klooster binnengegaan. Het is een groot gebouw, opgetrokken op de rand en de helling van een afgrond, hetgeen er een heel

[48] De voortzetting van het Dal van Jehoshafat, waardoor het riviertje de Kidron in zuidoostelijke richting uiteindelijk de Dode Zee bereikt. Het eerste deel is nog tamelijk breed (Wadi ar-Raḥib = het Brede Dal), maar waar de Kidron het woestijngebergte van Juda passeert, is een nauwe kloof (Wadi an-Nar = het Vuurdal). Hier zijn vele grotten en enkele kloosters.

[49] De Heilige Sabba werd rond 439 geboren in Cappadocië en vestigde zich als kluizenaar in Palestina, waar hij met een tamme leeuw een grot in de Wadi an-Nar bewoonde, ongeveer 20 kilometer van Jeruzalem. Rondom hem vestigden zich leerlingen in andere spleten en grotten, en uit deze losse samenscholing (laura) ontstond geleidelijk een klooster. In 490 werd Sabba door de Patriarch van Jeruzalem aangewezen tot leider van alle monniken van Palestina, en later bezocht hij als ambassadeur de keizers Anastasius en Justinianus te Byzantium. Hij overleed in 532 in het naar hem genoemde klooster, waar men nog een door hem geplante dadelpalm aanwijst op één der hoven. Het klooster is zeer sterk gelegen op de rand van 80 meter hoge klippen en bovendien beschermd door hoge muren en torens. Er is een grote kerk met fresco's en een bibliotheek met duizend oude handschriften. In Testas' tijd woonden er nog dertig monniken; ooit waren dat er veel meer.

eigen karakter aan verleent. In het inwendige ontmoet men overal trappen; het is een waar doolhof van hoeken, gangen en binnenhoven. Eerst heeft men ons het graf van S[t].Saba getoond, vervolgens een in de rots uitgehouwen kapel, en daarna de kerk, die tamelijk ruim en versierd is, maar niet zo belangrijk als die van de Sinaï. Vervolgens hebben wij het klooster in alle richtingen doorgelopen. Ook hebben wij de grot bezichtigd, waar volgens de legende S[t].Saba heeft gewoond na er een leeuw te hebben verjaagd die daar zijn verblijfplaats had gevestigd.

Veel reizigers blijven in het klooster de nacht doorbrengen, en men zegt dat men het er zeer goed heeft. Daar de meesten van ons voor het kampement hadden gekozen, zijn wij naar onze tenten teruggekeerd, waar wij eveneens goed beschut zijn tegen de hitte door de twee zijden open te zetten en zo een luchtstroom te veroorzaken. Het is vandaag tamelijk warm geweest; helaas hebben wij Mr Barthélemy niet meer bij ons, die er belang in stelde de graden van warmte van iedere dag te noteren en de hoogte van iedere plek waar wij halt hielden. Hij was het die ons over deze materie op de hoogte stelde.

14 April. Jericho.

Vanochtend zijn wij om 4 uur opgestaan, om het grootste gedeelte van de weg naar de Dode Zee[50] af te leggen gedurende de minst hete uren van de dag. Om zes uur waren wij vertrokken. De weg door Wadi el Gnetra was mooier dan ik had gedacht; over het algemeen zijn de bergen in deze landstreek namelijk lelijk, afgerond, kortom zonder karakter. Dichtbij de Dode Zee waren plekken die werkelijk fraai waren: naakte rotsen, geduchte afgronden, en verder van tijd tot tijd een gezicht op de Dode Zee in de verte. Om tien uur stopten wij aan de oevers van de zee, waar wij ons voor het middagmaal neerzetten onder een soort van afdak, gebouwd door ik weet niet wie van de resten van bomen, witgebleekt als op een strand aangespoelde beenderen, zoals zij overal langs de oevers van de Dode Zee staan. Door onze plaids en mantels daarover te leggen, zaten wij volmaakt in de schaduw. Het was zeer warm, hoewel de lucht bewolkt was; van tijd tot tijd verkreeg het omringende landschap daardoor halftinten.

Reeds van verre hadden wij de salpetergeur geroken die dit vervloekte meer uitwasemt. De bodem langs de oevers is verzadigd met zouten. Aan begroeiing staat er veel riet. Het water heeft een groenachtig blauwgrijze kleur;

[50] De Dode Zee ligt op 396 meter onder de zeespiegel en is daarmee niet alleen het diepste gedeelte van de grote slenk door Palestina, maar ook de laagste plek van het aardoppervlak ter wereld. Het is een binnenmeer zonder afvoer, slechts gevoed door de Jordaan en, na de in deze streken zeldzame regenbuien, door enkele andere stroompjes. Door de grote verdamping is het water uitzonderlijk zout (30%, zes keer zoveel als een gewone zee), zodat hogere levensvormen er niet mogelijk zijn. De Dode Zee meet van noord naar zuid 78 kilometer, overdwars 4 tot 18 kilometer.

er staat enige golfslag, die net als bij open zee op het strand breekt, hoewel er natuurlijk geen getijden zijn. De bodem rondom de Dode Zee ligt 400 meter onder zeeniveau en de diepte bereikt soms bijna 400 meter. Na een schets van de Zee en van de donkere bergen eromheen te hebben gemaakt, zijn wij tegen half drie vandaar vertrokken. Ik had grote spijt dat ik mij niet gebaad had in dit beroemde meer, maar wij waren vergeten handdoeken enz. mee te nemen, zodat ik ervan afgezien heb. Het schijnt dat het zeer moeilijk is om zich af te drogen wanneer men zich erin heeft natgemaakt.

Op weg naar Jericho kan men langs de Jordaan de plaats passeren waar Christus zich heeft laten dopen[51]. Het is een mooie plek: de Jordaan maakt er een haakse bocht en stroomt er zeer snel. Eén van onze paarden is er bijna verdronken. Om vijf uur 's avonds stonden wij in ons kampement, gelegen op een hoogte niet ver van Jericho[52]. Het is een mooie kampeerplaats; men geniet er een zeer weids uitzicht. Onderaan de heuvel stroomt een klein en niet erg diep riviertje, waarin wij 's avonds niet hebben verzuimd ons heerlijk te baden. Vandaag hebben wij een afstand van zes en een half uur afgelegd, maar over het algemeen zeer snel voortgaande. Ik heb een kleine grijze merrie die een prachtige gang heeft; zij blinkt vooral uit wanneer zij tot draf of galop wordt aangezet. Onderweg hebben Lenoir en ik als een stelletje Hongaren de paardenjacht ondernomen, om het paard van Goubie te vangen dat er vandoor gegaan was toen hij was afgestapt om een nest met eieren te bekijken. Na veel moeite en een woeste rit door het zand ben ik er uiteindelijk in geslaagd het te grijpen.

15 April. Aïn el Sultân.

Vandaag hebben wij het kamp verplaatst. Gisteren bevonden wij ons dichtbij het armoedige dorpje Jericho, dat door de Arabieren Rîggha wordt genoemd en uit enkele ellendige hutten bestaat. Nu zitten wij een kwartier gaans verderop, dichtbij de zogenaamde bron van Eliza, die hier als Aïn el

[51] Deze plek, die bekend staat als al-Maǧṭis (= het Bad), was het doel van een massale pelgrimage op paasmaandag. Duizenden Christenen namen dan een bad in de Jordaan, gekleed in een linnen gewaad dat vervolgens werd bewaard om als doodshemd te dienen.

[52] Jericho, het Arabische ar-Riha, was in Testas' tijd slechts een armzalig boerendorp met nauwelijks tweehonderd inwoners. Op 10 kilometer ten noorden van de Dode Zee en 250 meter onder zeeniveau gelegen, heerst hier een vochtig en tropisch klimaat. De weidse vlakte is zeer geschikt voor landbouw dankzij het overvloedige water van de Ain as-Sultan (Sultansbron), die met de door de profeet Elisa gereinigde bron wordt geïdentificeerd (II Kon. 2:19-22). Rond 9000 v. Chr. ontstond hier al bewoning; Jericho is daarmee de oudste ommuurde stad ter wereld en geleidelijk ontstond zo een tell (ruïneheuvel) van 20 meter hoogte. Rond 1200 v. Chr. werd de stad door de Joden verwoest, om pas in de 9de eeuw te worden herbouwd. In de Romeinse tijd diende de Tell as-Sultan slechts als begraafplaats; een nieuwe stad ontstond rond een winterpaleis van Herodes aan de rand van de Wadi Qilt, 2 kilometer zuidelijker. De huidige stad ligt in de vlakte temidden van uitgestrekte plantages. De Tell werd vanaf 1867 onderzocht, eerst door het Palestine Exploration Fund onder leiding van Charles Warren, later onder meer door Kathleen Kenyon.

Sultân bekend staat. Het is net zo een groene plek als die welke wij verlaten hebben. Achter ons verheft zich de berg, waarop Christus zich gedurende veertig dagen zou hebben teruggetrokken[53]. Aan de voet van de berg ontmoet men vele ruïnes; waarschijnlijk was dat de plek van de echte stad Jericho, die ten tijde van de Kruistochten reeds was verwoest. Men ziet er overblijfselen van muurwerk en resten van gebouwen die uit de tijd van de Kruisridders dateren. De bron waar wij kamperen verbreidt zijn water over de omringende velden in de vorm van een klein stroompje dat een zeer aangenaam geruis maakt. Op de berghelling ligt ook nog een andere, zeer overvloedige bron op een zeer pittoreske plek. Vanaf die hoogte heeft men een prachtig uitzicht: op de voorgrond de groene vlakte, verderop de woestijn, die naar rechts wordt afgesloten door de Dode Zee, terwijl zich aan de horizon een donkere bergketen verheft. Terzijde van ons zijn er nog drie andere kampementen van reizigers.

16 April. Jeruzalem.

Daar zijn wij dan weer terug in Jeruzalem! Ons kamp is nu beter gelegen dan de vorige keer, dichtbij de Damascuspoort (in het Arabisch Bab el Hamoud)[54]. De wind heeft er minder vat op de tenten en het terrein helt niet. Vanochtend verlieten wij Ain el Sultân nabij Jericho om half 8. Na de vlakte te hebben verlaten, beklommen wij het gebergte, dat vrij indrukwekkend is om te zien. Als wij ons op de top omdraaiden, hadden wij een zeer fraai uitzicht over de vlakte van Jericho en de Dode Zee. De weg, die met al zijn stijgen en dalen tamelijk geaccidenteerd was, was desalniettemin heel goed begaanbaar. Waar hij door de dalen voerde, was hij vaak omzoomd door uitgestrekte stukken bouwland, terwijl massa's vogels door de korenvelden buitelden. Om half 12 hebben wij halt gehouden op een aardige plek aan de voet van een steile helling. Er was een waterreservoir dat Aïn el Alaq of ook wel Aïn el Haout wordt genoemd[55]; het is een oud bouwwerk. Aan één kant staan de resten van een ander gebouw, waar onze paarden in de schaduw

[53] Na zijn doop in de Jordaan zou Christus gedurende veertig dagen hebben gevast; tegelijkertijd werd hij tevergeefs door de duivel verleid (Matth. 4:1-11). De berg heet Jabal Karantal, een naam die afgeleid is van het Latijnse quadraginta = veertig (ook ons woord quarantaine is daarvan afgeleid).

[54] (Arabisch) bâb al-ʿamûd = Poort van de Zuil, genoemd naar een zuil met een beeld van Hadrianus die ooit op het plein buiten de poort stond. De Romeinse poort had de vorm van een driebogige triomfpoort en dateert uit de tijd van Agrippa (1ste eeuw na Chr.). Deze werd door de Kruisvaarders aangepast; de huidige poort is uit de Osmaanse tijd en onderscheidt zich van de andere door een rijke decoratie. Hij staat aan de noordwestzijde van de stad, op de grens van de Christelijke en Islamitische wijken.

[55] (Arabisch) allâq = glinsterend; ḥauḍ = bassin, reservoir. Deze bronnen liggen bij de pas Kefar Adummim en zijn waarschijnlijk identiek met de huidige En Mabbua en En Perat. De weg tussen Jericho en Jeruzalem dateert nog uit de Romeinse tijd en volgt aanvankelijk de Wadi Qilt.

konden staan. Wijzelf zijn een berghelling opgeklauterd, waar wij ons in de schaduw van een soort grot hebben neergezet om te déjeuneren. Daarvandaan konden wij onze bagage zien langskomen en die van twee andere reisgezelschappen, waarvan er één naast ons stopte, en met dezelfde bedoeling.

Om 1 uur zijn wij weer op weg gegaan. Een kwartier gaans vandaar kwamen wij langs Bethanië[56], een heel onaanzienlijk dorpje. Naar men zegt, ligt het trouwens niet meer op dezelfde plaats als het oude Bethanië uit de tijd van Martha en Maria. Kort na Bethanië kregen wij Jeruzalem in zicht. De stad is van deze kant zeer goed zichtbaar: men ziet de indrukwekkende stadsmuren en daarachter de grote moskee van Omar, en uiteindelijk de gehele stad, die zich op een helling verheft. Na langs de muren van de hof van Gethsémané te zijn gereden, gaat men in de richting van de S^t^. Stefanspoort. Daar wij buiten de stad kamperen, zijn wij de stad niet ingegaan maar zijn eromheen gereden tot aan de Damascuspoort, een schitterende poort en de mooiste van Jeruzalem. Om 2 uur bevonden wij ons in onze tenten, die reeds waren opgezet op de plek waar de markiezin van Ely heeft gekampeerd. Kort daarna ben ik een studie begonnen op een plek die mij al tijdens mijn eerste verblijf had bekoord. Na het diner hebben wij een bezoek van Mr Ganot gehad. Joseph Moussali, de drogman, is een weinig ongesteld; hij voelt zich reeds enkele dagen niet wel.

17 April. Jeruzalem.

Vandaag hebben wij met ons vijven een korte tocht naar Bethlehem[57] ondernomen (Beit Lachm in het Arabisch). Het kostte ons ongeveer een uur om er per paard heen te gaan. Daar aangekomen, hebben wij eerst de Geboortekerk[58] bezichtigd, die gebouwd is door de Byzantijnse keizerin

[56] Het dorpje Bethania ligt op de oostelijke helling van de Olijfberg, 3 kilometer van Jeruzalem. In het Arabisch heet het al-Azarieh, een naam die is afgeleid van Lazarion, de kerk die in de 4de eeuw over het graf van Lazarus is gebouwd. Een andere kerk staat over de resten van het huis van Martha en Maria.

[57] Bethlehem (Arabisch Beit Laḥm = Vleeshuis, maar oorspronkelijk waarschijnlijk Hebreeuws Beth Lachmu = Huis van de god Lachmu) ligt op ca. 8 kilometer ten zuiden van Jeruzalem en vormt tegenwoordig slechts een voorstad daarvan. In de vroege 19de eeuw telde de overwegend Christelijke bevolking nog geen 5000 zielen. Bethlehem wordt al genoemd in de Amarnabrieven van de 14de eeuw v. Chr. en werd later bekend als de stad van het geslacht David. Het werd versterkt door Rehoboam en verwoest door Hadrianus ten tijde van de opstand van Bar Kochba.

[58] De Geboortekerk werd in 325 gesticht door keizerin Helena; het huidige gebouw ontstond grotendeels tijdens een herbouw door Justinianus (na 528) en werd door de Kruisvaarders vestingachtig versterkt. Ramen en hoofdingang werden dichtgemetseld, een laag toegangspoortje belette moslims de kerk te paard te betreden. De kerk is kruisvormig met een houten dak, gestut door vier rijen van elf zuilen. Sinds het gebouw door de Osmaanse overheid bij opbod werd verkocht, is het in bezit van de Grieks-Orthodoxen; delen zijn echter afgeschermd voor de Rooms-Katholieken en de Armeniërs, en allen hebben een eigen toegang tot de geboortegrot onder het verhoogde koor. Daar zijn vloer en wanden geheel met marmer bekleed, terwijl een

Helena. Het is een zeer belangrijk bouwwerk. Het inwendige moet vroeger van een grote rijkdom geweest zijn, te oordelen naar de resten van superbe mozaïeken, die nog enkele muurvlakken boven de zuilen bedekken. De zuilen zelf zijn van fraai marmer. Vanaf het dwarsschip wordt de kerk in tweeën gedeeld door een tamelijk recent geconstrueerde muur. Het eerste gedeelte vanaf de ingang behoort aan de Rooms-katholieken; achter de muur begint het domein van de Griekse kerk, zoals gebruikelijk versierd met lampen, slechte schilderijen, verguldsel, enz. Onder dit deel van de kerk bevindt zich de kelder die de plaats bevat waar Christus geboren werd, en andere bemerkenswaardige plekken. Men daalt erin af langs een trap van enkele treden. De poortjes die als in- en uitgang dienen, zijn van marmer en mooi van stijl.

Na de kerk te hebben bezocht, hebben wij ons middagmaal gebruikt in de ontvangstzaal van een katholiek klooster[59] vlak naast de kerk. Er waren reeds enkele andere vreemdelingen, die met hetzelfde bezig waren. Wij hadden onze eigen provisie meegenomen, zodat men ons ter plekke daarnaast slechts een omelet en een afgrijselijke Cypriotische wijn heeft geserveerd. Wij hebben als dank voor de gastvrijheid één Napoleon bakshich gegeven. Aan de uitgang vonden wij onze paarden terug, toevertrouwd aan een zwerm Bethlehemse kwajongens, die onze dieren zo goed hadden bewaakt dat het zadel van Goupil (een fraai Engels zadel dat hij uit Europa had meegebracht) geheel aan flarden was!

Het was marktdag in de stad, zodat er veel volk op straat was. Bethlehem is een klein stadje, aangenaam gelegen op een berghelling, zeer schoon en tamelijk pittoresk. De vrouwen hebben een vrij aardige klederdracht[60] en hebben bovendien de reputatie zeer mooi te zijn; dat is mogelijk, maar ik heb er niet met eigen ogen over kunnen oordelen (de mooisten zaten waarschijnlijk thuis).

18 April. Jeruzalem.

Twee studies gemaakt. Joseph de drogman is niet beter.

zilveren ster in het plaveisel de plaats aangeeft waar de kribbe zou hebben gestaan. Onenigheid tussen de verschillende gebruikers van de kerk was één van de aanleidingen tot het uitbreken van de Krimoorlog in 1853.

[59] Het Franciscaner Katharinaklooster naast de Geboortekerk is speciaal ingericht voor de opvang van pelgrims. Het bezit nog een kloosterhof uit de kruisvaarderstijd. De stichting gaat terug tot de tijd van Paula, die bevriend was met Hiëronymus; deze schreef zijn Vulgata in een grot vlakbij. De Katharinakerk werd in 1881 geheel herbouwd; vanuit een crypt staat een kijkgat in verbinding met de geboortegrot.

[60] Deze dracht bestond volgens Flaubert uit een gestreept of effen rood lang hemd, versierd met een vierkant zijden appliqué op de borst. Hierbij droegen de vrouwen een mijterachtig mutsje met daarover een witte sluier, vaak bestikt met zilverstukken.

19 April. Jeruzalem. Zondag.

Vanochtend om 8 uur hebben wij ons naar Mr Ganaut begeven, die had aangeboden ons naar de beroemde moskee van Omar (Harâm el Cherîf)[61] te begeleiden. Deze moskee wordt door de Musulmannen beschouwd als de allerheiligste na die van Mekka. Het is daar dat Mahomet ten hemel is gevaren. Christenen is het verboden het moskeeterrein te betreden, maar met behulp van een aantal kawas van het Franse Consulaat ontmoet men geen enkel beletsel. Wanneer men binnentreedt door één der poorten in de muur die deze gewijde plaats omringt, ziet men eerst een uitgestrekt terrein dat is overdekt met de koepeltjes van de fonteintjes voor de bewassingen en met de brokstukken van oude zuilenrijen, en pas dan, in het midden op een verheven en met wit marmer geplaveid terras, de moskee zelf. Vanuit de verte treft zij niet door de schoonheid van haar uiterlijk voorkomen; pas wanneer men naderbij komt, bewondert men de rijkdom van haar bouwkundige details. De muren zijn geheel bekleed met kleurig faience tegelwerk, dat arabesken en regels met opschriften vormt. De moskee, die door een grote metalen koepel wordt bekroond, is achthoekig van vorm en gelijkt van verre op een grote bonbondoos, hetgeen niet zo indrukwekkend is.

Van binnen daarentegen wordt men getroffen door de rijkdom van haar decoratie. Vergulde en felgekleurde plafonds, met zeer rijke mozaïeken in Byzantijnse trant versierde boogstellingen, vensters van stuc waarin kleine stukjes gekleurd glas gevat zijn, die sierlijke arabesken vormen en die een schitterend licht werpen temidden van de halve duisternis die in dit gebouw heerst, alles draagt ertoe bij om het oog van de bezoeker te treffen. In het midden, precies onder de koepel en omringd door een houten traliehek, bevindt zich een vormeloze klomp die men voor een hoop aarde zou houden, maar dichterbij komende ziet men dat het een rots is. Deze rots is vermaard: het is daarvandaan dat Mahomet naar het Paradijs gevlogen is. De cheik van de moskee toont U bovendien een voetafdruk van Christus en een afdruk van de vingers van de aartsengel Gabriël!

Wat echter vaststaat en meer gegrond is dan deze curiositeiten, dat is dat deze plek door de Joden onder Koning David gespaard gebleven is toen zij

[61] (Arabisch) ḥaram aš-šarîf = het nobele heiligdom, beter bekend als de qubbat aṣ-Ṣakra = Rotskoepel. Deze moskee op de Tempelberg staat op de plek waar ook de Joodse tempel stond, die in 70 na Chr. door keizer Titus werd verwoest. Hij is van 669 tot 691 gebouwd door kalief Abd al-Malik (dus niet door Omar) rond de rots waarop Abraham Ismael wilde offeren. Later werd deze plek bovendien geïdentificeerd met de plaats waar Mohammed ten hemel zou zijn gestegen, en daarmee is de Rotskoepel na Mekka en Medina één der drie belangrijkste heiligdommen van de Islam. De moskee is achthoekig, met zijden van 20.6 meter lang, en wordt bekroond door een vergulde koepel van 35.3 meter hoog met een doorsnede van 20.5 meter. Uitwendig zijn de wanden bekleed met 16de-eeuwse tegels, inwendig met marmer en mozaïeken. Onder de koepel ligt de heilige rots, omgeven door twee omgangen met zuilen en pijlers. Pas sinds 1853 was het Christenen toegestaan het heiligdom te betreden.

het gehele plein van de Berg Moriah egaliseerden, waarop zij hun tempel bouwden. Zij beschouwden dit gedeelte van de rots als heilig, vanwege het Offer van Abraham, en hebben ervoor zorg gedragen het in het midden van de tempel op te nemen om er de Ark op te kunnen zetten. Onder de rots kan men via een trap van enkele treden een vierkante kelder of kamer betreden, waar offeranden en andere mysteriën plaats hadden. Er is een plek die hol klinkt wanneer men op de rots slaat: daaronder bevond zich een afvoer voor het bloed van de slachtoffers. De Musulmannen beweren dat het een ingang tot de hel is, waarvan zij denken dat hij onder de heilige rots ligt, die naar hun mening boven een afgrond hangt.

In de moskee kan men nog de bannier van Omar zien, verder een zeer oud schild dat aan Hamza heeft toebehoord (één der helden van de Islam)[62] en een marmeren plaat waarop ingeslagen spijkers kabbalistische tekens vormen die het einde van de wereld enz. voorspellen. Buiten de moskee toont men tegen de muur een plaat marmer waarvan de aders ruwweg het patroon van een vlinder hebben; men vertelt U dat het een vlinder is die in steen veranderd is omdat hij niet voor de luister van Salomo wilde buigen. Het is, naar ik veronderstel, simpelweg een stuk marmer dat in de dikte is doorgezaagd en waarvan de twee delen zorgvuldig zijn samengevoegd om dit patroon te vormen.

Na een veelheid van interessante zaken te hebben gezien (gebedskoepels enz.)[63], zijn wij een kelder of lange onderaardse gang ingegaan, die buiten de stad voerde door een uitgang die Zuidpoort heette. Het grootste gedeelte is dichtgemetseld, maar wat men ervan ziet is nogal groots. Deze onderaardse ruimte bevindt zich onder een andere, eveneens binnen de grote ringmuur van de Harâm gelegen moskee. Oorspronkelijk heette deze de Heilige Maria-basiliek[64], gebouwd door Justinianus. Ten tijde van de Kruistochten diende zij tot paleis voor de koningen van Jeruzalem. Men ziet zelfs nog een enorme zaal met arcaden, waar de eetzaal van de Tempeliers zich bevond. Nadat

[62] Hamza was een oom van Mohammed en werd door deze bekeerd. Hij was één van de legerleiders van de eerste Islamieten; veel geromantiseerde volksverhalen vertellen over zijn daden.

[63] Naast de Rotskoepel staat onder meer de zogenaamde Kettingdom, een van buiten elfhoekig en van binnen zeshoekig, door een koepel bekroond bouwwerk, waar volgens de legende een ketting vanuit de hemel afhangt, die slechts door een waarachtig persoon kan worden aangeraakt. Verder zijn er kleinere afdaken over de fonteinen voor rituele reinigingen.

[64] Aan de zuidzijde van het tempelterras is een verwarrende opeenvolging van bouwwerken en archeologische resten te zien. In 1867 ontdekte Charles Warren hier een 21 meter lange tunnel, die in Herodes' tijd de tempel verbond met de paleizen van de wijk Ophel. In de 6de eeuw bouwde Justinianus hier een kerk voor Maria. Toen Omar in 637 Jeruzalem veroverde, werd de kerk vervangen door een moskee (jâmi' al-aqsa = de verste moskee, d.w.z. de verste plek die Mohammed vanuit Mekka bereikte). Deze werd herhaaldelijk verbouwd en uitgebreid en kreeg in 1035 zijn huidige vorm: een basiliek met zeven door zuilen gescheiden schepen en een centrale koepel. In 1128 richtten de Kruisvaarders hier hun paleis in, terwijl Saladin het gebouw in 1187 weer als moskee geschikt maakte.

Jeruzalem door de Saracenen was heroverd, werd dit verbouwd tot moskee en heet nu Gama el Aksa. Deze is zeer fraai, zeer ruim, en gelijkt meer op een kathedraal dan op een moskee. Zij is rijk versierd met marmer en vergulde mozaïeken.

Verder hebben wij de zogenaamde Gouden Poort[65] bekeken, die dateert uit de tijd van Herodes. Deze poort bevindt zich in de ringmuur van de moskee, tegelijkertijd de stadsmuur, aan de kant van het dal van Josaphat of Cedrondal. Er bestaat een Arabische legende die zegt dat de stad door de Christenen zal worden heroverd en dat zij tijdens het gebedsuur door deze poort zullen binnendringen; zij hebben hem dan ook zorgvuldig dichtgemetseld! Op enige afstand vandaar ziet men een zuilschacht in de muur, die als een kanon door een schietgat steekt en naar het dal van Josaphat gericht is. Daarop, zeggen de Muslims, zal Mahomet op de Laatste Dag schrijlings plaatsnemen om de zielen van de gelovigen en de ongelovigen te oordelen.

Het bezoek aan deze moskee en haar omgeving is uitzonderlijk curieus en interessant; wij hebben alles dan ook zorgvuldig bezichtigd. Er zijn heel wat zaken die ik weggelaten heb, maar in de reisgidsen kan men alle details uitvoerig beschreven vinden. Het fanatisme is groot: zonder cawas zouden wij moeilijkheden hebben ondervonden. Terwijl ik daar rondwandelde en nieuwsgierig in alle richtingen keek, was er een individu die naar mij toe kwam en mij vroeg wat ik bij de Haram kwam doen. Ik antwoordde hem slechts: „Vraag dat aan de Kawas" en hij vertrok. Goupil heeft tijd gevonden om enkele photographieën te maken.

Na de ochtend bij de Haram el Cherîf te hebben doorgebracht, hebben wij bij de Franse Consul, Mr Barrère[66], die ons allen had uitgenodigd, het middagmaal gebruikt. Hij is een zeer vriendelijk man, die verbluffend rad praat, maar tegelijkertijd over zeer interessante zaken spreekt. Het is een man die een grote kennis heeft op het gebied van de Oriënt, maar vooral wat betreft de geschiedenis van Jeruzalem. 's Avonds hebben wij Mr Ganaut weer te dineren gehad, die zeer blij is bij ons wat afleiding gevonden te hebben van de last die hij ondervindt in deze onaangename en fanatieke stad. Morgen hopen wij van hier te vertrekken naar Damascus. Joseph, de drogman, voelt zich beter maar nog zwak. Het is een soort van kramp die hem het bed deed houden. Tegen de avond zijn Mijnheer Myrianti & zijn broer (de Griekse priesters) bij ons gekomen om afscheid te nemen en ons goede reis te wensen.

[65] Deze dubbele poort aan de oostzijde van het tempelterras, die sinds de 10de eeuw Porta Aurea heet, is grotendeels nog van laat-Romeinse constructie. Hij bezat ooit een centrale rij Korinthische zuilen die het gewelf steunden. De Kruisvaarders metselden hem grotendeels dicht. Op Palmzondag werd hij echter geopend, omdat Christus door deze poort zou zijn binnengetrokken. Vanwege het volksgeloof dat dit ook bij Christus' Wederkomst zal geschieden, werd de poort in 1530 door de Turken geheel dichtgemetseld.

[66] In 1856 ontmoette de Engelse reizigster Mary Eliza Rogers in Jeruzalem een Franse consul Barrière, ongetwijfeld dezelfde persoon.

6. NAAR DE BRONNEN VAN DE JORDAAN

20 April. Aïn Beïttin (Bethel).

Vanochtend hebben wij dan eindelijk Jeruzalem verlaten om ons op weg te begeven naar Damascus. Mijnheer Ganaut is al vroeg gekomen om ons een eind weegs te vergezellen. Om half 10 waren wij vertrokken, de weg naar Nabloes nemende. Mijnheer Ganaut kwam ons ook brieven brengen die zojuist met de koerier waren aangekomen. Gelukkig was er één voor mij, van de goede tante die zich nog steeds in Pau bevindt; haar brief heeft mij veel genoegen gedaan. Zij maakt het goed en het bevalt haar in Pau. Zij stelt mij in kennis van de verloving van Madelaine met C. Elout[1], hetgeen haar in de toekomst thuis een grote leegte zal veroorzaken. Het is de ongesteldheid van de drogman (die ons langer in Jeruzalem heeft doen verblijven dan wij van plan waren) die ons nog juist op tijd dit nieuws uit Europa heeft doen ontvangen! Joseph voelt zich vandaag veel beter.

Mr Ganaut heeft ons bijna totaan ons middagmaal (onderweg rond 12 uur) vergezeld, waarna hij naar Jeruzalem is teruggekeerd en wij onze weg in tegenovergestelde richting hebben vervolgd. Het was bewolkt weer en het landschap was eentonig. Gelukkig was de eerste etappe niet lang: om half 3 kwamen wij aan in het kampement, dat al was opgezet op een plek die Aïn Beïttin[2] heet, waar zich een bron bevindt. Wij kwamen juist op tijd aan om voor de regen te kunnen schuilen, die gedurende de rest van de dag is voortgegaan, zelfs vergezeld van donder. Naast ons kamperen verscheidene Fransen met twee dames, de familie l'Huillier, allen zeer vrome lieden die als serieuze pelgrims trouw al hun godsdienstige plichten hebben vervuld gedurende de Heilige Week te Jeruzalem. Op hun tenten wapperen wimpels met het kruis van Jeruzalem in de wind.

Wij hebben vandaag, toen wij langs een dorpje dat Biréh[3] heet kwamen, de

[1] In 1852 overleed een zuster van Testas' moeder, zijn tante Jenny (Jane Mary). Haar drie dochters werden daarop opgevoed door de andere zuster, Pauline Ram (geboren Duim). Marie Madelaine, geboren Rose (1841-1922), was dus een volle nicht van Testas; zij trouwde op 31 juli 1868 met Cornelis Hendrik Elout (1837-1897), vice-consul der Nederlanden te Pau en vanaf 1876 burgemeester van Domburg.

[2] Beitin ligt ongeveer 22 kilometer ten noorden van Jeruzalem, een uur gaans voorbij Ramallah. Hier ligt de bron van de beek die door de Wadi Qilt langs Jericho loopt. Twee kilometer verder ligt Beth-El, waar Jacob na een droom een altaar bouwde (Gen. 28:18-19).

[3] Al-Bireh (Arabisch bi'ra = cisterne) ligt op een bergtop direct ten zuiden van Ramallah. Herodes de Grote, die van 40-4 v. Chr. dankzij Romeinse steun koning der Joden was, voerde als een echt Hellenistisch vorst een enorm bouwprogramma, dat naast de tempel te Jeruzalem een groot aantal paleizen verspreid door het hele land omvatte.

Fig. 25. Testas, *Arabische ruiters*. Werktekening, potlood, 25,6 × 36,5 cm. Teylers Museum, Haarlem.

resten van een oude kerk en van een paleis van Herodes bezichtigd. Al met al is Palestina een tamelijk vervelend land, zeer eentonig: alle bergen gelijken op elkaar, evenals de toestand der wegen, die net als alles wat het oog ontmoet, bezaaid zijn met witachtige stenen, hetgeen de reis te paard uiterst traag maakt. Bij zeldzame tussenpozen treft men een vlakker terrein, dat het mogelijk maakt zijn rijdier de teugels te vieren en zich met een flink stuk galop te verstrooien. Ik hoop dat naarmate wij verder komen, de aanblik van het land zal veranderen. Tot dusver is het voormalige vaderland van de Joden werkelijk weinig aantrekkelijk en verdient het weinig de even geheime als vurige wens van de Israelieten om ooit hun verloren vaderland weer in bezit te komen nemen.

21 April. Nabloes (Sichem).

Na een vochtige nacht zijn wij om 5 uur 's ochtends opgestaan, en om kwart over 7 waren wij vertrokken. De lucht was onweersachtig en beloofde ons een slechte dag; desalniettemin heeft het mooie weer zich hersteld. Hoewel de omliggende bergen geen hoge indruk maken en eerder op afgeronde bulten gelijken, zijn wij sinds Jeruzalem al zodanig gestegen, dat de wolken als rook over het landschap gleden en soms de heuveltoppen bedekten, mèt de dorpen die in dit land bijna altijd op een bergtop zijn gebouwd. De weg liep door een mooi slingerend dal met talrijke olijfbomen, dat Dal van de Dievenbron heet (Aïn el Charamiëh)[4]. De grond is er erg vruchtbaar en er zijn talrijke dorpen. Wij zijn langs een grafmonument gekomen dat dat van Jozef[5] zou zijn.

Vroeger was deze streek niet veilig en zelfs nog korte tijd geleden heeft men onderweg vreemdelingen uitgeschud. De Franse Consul heeft er zeer op aangedrongen dat wij een soldaat van de politie of van de marechaussee met ons mee zouden nemen. Hij heeft er ons één gegeven, die ons begeleidt. Journault, die de gang van een paard net zo min kan verdragen als vroeger die van een dromedaris, reist per ezel en meestal zelfs te voet, en kan ons dientengevolge niet bijhouden. Hij is vandaag flink bang geweest dat hij gemolesteerd zou worden: nadat hij zich in de weg had vergist, heeft een met een soort van houten knots bewapend individu, die plotseling uit de struiken te voorschijn trad, hem de weg versperd en in het Arabisch aangesproken. Hij dacht al dat dit het ogenblik was om de held — of liever het slachtoffer — van een roversavontuur te worden. Gelukkig voor hem kwam onze soldaat, die wij teruggezonden hadden om te kijken waar hij bleef, juist opdagen op het ogenblik dat dit gebeurde, tot het grootste genoegen van Journault!

Om half 5 waren wij in onze tenten voor Nabloes[6]; zoals gewoonlijk had onze bagage een voorsprong kunnen opbouwen terwijl wij dejeuneerden. Op dezelfde plek, die vreemdelingen als kampeerplaats dient, bevonden zich reeds verscheidene families, Engelsen, Amerikanen en andere buitenlanders, met hun bannieren wapperend in de wind. Wij zijn dadelijk een ronde door de stad gaan maken met een man die Cheik Jacoub Chelebi[7] heette, leider van de Samaritaanse secte en een kennis van onze drogman. Nadat hij ons de stad

[4] Arabisch ʿain al-ḥarâmîya.

[5] Volgens Gen. 50:25-26 liet Jozef zijn zoons beloven hem in Palestina te begraven. Het graf, 3 kilometer ten zuidoosten van Nablus (Sichem) gelegen, werd een belangrijk pelgrimsoord voor Joden en Moslims. Het heeft de typisch Arabische vorm van een vrijstaande stenen bank van 1 x 2 meter, met aan hoofd- en voeteneind een pijler. Het ligt in een vierkante hof, omgeven door een muur met nissen voor lampen en vele graffiti in het Hebreeuws, Samaritaans en Arabisch.

[6] Nablus, 46 kilometer ten noorden van Ramallah, is het Sichem van de Bijbel. Het ligt strategisch op een knooppunt van wegen in een bergpas tussen de Ebal (940 meter) en de Gerizim (881 meter). De stad bestond al in de 19de eeuw v. Chr. en was het oudste religieuze centrum van de Joden (vóór de verovering van Jeruzalem). Met de splitsing van het rijk na Salomo maakte Jeroboam het opnieuw tot hoofdstad, die in 722 door de Assyriërs werd verwoest. De herbouw vond plaats in de 4de eeuw v. Chr. door de Samaritanen, een Joodse secte die de Gerizim als heiligdom inrichtten en daarom door de orthodoxen werden verketterd. Na tijdens de Joodse opstand in 67 te zijn verwoest, werd de stad als Flavia Neapolis door Vespasianus herbouwd. In de Turkse tijd was het bestuur van de stad in handen van een gouverneur, aangesteld door de Pasha te Jeruzalem.

[7] Yakub ash-Shallabi, de leider van de Samaritaanse minderheid in het overigens Islamitische Nablus (toen ca. 200 zielen op een totale bevolking van ongeveer 12.000), bezocht in 1855 Engeland om daar steun te winnen voor zijn gemeenschap. De moslims beschouwden de Samaritanen, die slechts de Pentateuch aanvaarden en de rest van de Bijbel als vervalsing beschouwen, als heidenen, en nog in 1842 waren ze wreed vervolgd. Shallabi's reis had echter succes en voortaan wierp de Britse consul in Palestina zich op als beschermheer van de Samaritanen.

heeft laten zien, die tamelijk groot is en zeer pittoresk met haar deels overwelfde straten en donkere doorgangen die op tunnels gelijken, heeft hij ons naar de Samaritaans-Joodse kerk[8] gebracht, die onbetekenend is, en vervolgens naar zijn huis, dat zeer schoon is. Masson heeft er oude Hebreeuwse handschriften en een koperen kandelaar kunnen kopen. Wat mij tijdens onze wandeling door de stad als een zonderling detail trof, dat was dat er op alle plaatsen waar een Turkse soldaat op wacht stond, naast hem tegen de muur een zandloper hing die de tijdsduur van zijn wacht aangaf.

Vanavond is Journault over de scheerlijnen van één van onze tenten gestruikeld. Hij heeft zich ernstig bezeerd aan zijn knieën toen hij ter aarde stortte, maar heeft gelukkig niets gebroken.

22 April. Djenîn.

Tegen half 8 hebben wij Nabloes verlaten. Het aangename weer maakte onze ochtendrit tot iets heerlijks. Tegelijk met ons braken alle andere reizigerskaravanen hun tenten op. De streek waardoor wij trokken was zeer mooi: wel bebouwd, zeer heuvelachtig, met superbe olijfbomen en kabbelende beekjes door de met rode, blauwe en witte bloemen bezaaide velden. Op de heuvels in de verte zag men overal goed gebouwde dorpen; in Egypte zijn de boerenwoningen slechts ellendige van modder gebouwde krotten zonder uiterlijke bekoring, maar hier, in het land van de steen, zijn alle huizen vervaardigd van goed gevoegde stenen. De streek is dichtbevolkt: overal ontmoet men mensen, op de velden was men met ossen aan het ploegen, en op onze weg kwamen voortdurend groepen vrouwen langs, voor het grootste gedeelte mooi en niet gesluierd, die heel niet schuw waren.

Halverwege zijn wij gestopt bij Sebastiëh[9], een dorp dat op de plek van het oude Samaria gelegen is. Dit dorp ligt nog op de top van een berg. Wij hebben er de resten van een kerk bezichtigd, die door de Kruisridders gebouwd werd en erg fraai geweest moet zijn. Volgens de overlevering herbergt zij het graf van de heilige Johannes de Doper, die op deze plaats onthoofd zou zijn in de tijd dat Herodes in deze stad woonde. Wij hebben het

[8] Deze synagoge is voornamelijk opmerkelijk door de aanwezigheid van een zeer oude kopie van de Pentateuch, volgens overlevering geschreven door een achterkleinzoon van Aäron zelf.

[9] Samaria (Hebreeuws: Shomron) ligt zeer strategisch op een heuveltop 100 meter boven het dal, 8 kilometer noordwestelijk van Nablus. Deze plek werd in de 9de eeuw door Omri tot nieuwe hoofdstad van het noordelijke rijk gemaakt; de imposante resten van Achabs paleis zijn nog steeds zichtbaar. Deze stad werd in 721 door de Assyriërs verwoest en in de Hellenistische tijd op Griekse wijze herbouwd. Onder Herodes de Grote ontstonden de stadsmuur, de 1000 meter lange hoofdstraat met kolonnaden, en een tempel voor Augustus (Grieks: Sebastos); ter ere van deze keizer werd de stad Sebaste genoemd. Aan de voet van de heuvel ontstond het moderne dorp Sebastiya rond het graf van Johannes de Doper (die in feite in Herodes' paleis te Machaerus aan de Dode Zee onthoofd werd!). De kruisvaarders vervingen de oude basiliek hier door een grote kathedraal, die op zijn beurt in de moskee van Nabi Yahya werd opgenomen.

graf, dat in een uit de rotsen gehouwen kelder ligt, bezichtigd. In het hogere deel van het dorp vindt men vele sporen van de vergane glorie van Samaria, in de vorm van een oneindig aantal zuilschachten, die helaas beroofd zijn van hun kapitelen en die nog overeind staan op land dat tegenwoordig wordt bebouwd. Er staan er zelfs tot in de vlakte onderaan de berg. Door hun plaatsing kan men zich een gedachte maken van de afmetingen van deze tempels, die zeer belangrijk geweest moeten zijn.

Na Samaria zijn wij door een groot dorp getrokken dat Borgaa[10] heet, goed gelegen op een berg tegenover diegene waar Samaria stond en iets verderop. Tijdens het klimmen heeft men steeds een schitterend uitzicht over het omliggende land. In de verte ziet men duidelijk de Middellandse Zee. Door aan de andere zijde af te dalen, komt men aan een plek waar men van enige afstand in een fraai dal kan kijken; daar heeft de scène van Jozef plaatsgehad, toen zijn broeders hem aan de Egyptenaren verkochten. Deze plek heet nog steeds Dothan[11]. Ook zijn wij langs een versterkt dorp gekomen dat Sânour[12] heet en op een hoogte gelegen is die de omgeving beheerst. In 1830 heeft men het belegerd, omdat het een twistzieke bevolking herbergde onder leiding van een cheik die al te zeer hield van onafhankelijkheid. De vader en de grootvader van onze drogman, en verscheidene andere familieleden, hebben aan deze onderneming deelgenomen in het leger van Hoskins Pacha. Het schijnt dat de inname van deze plaats veel bloedvergieten heeft gekost: 24 personen uit de familie van onze drogman hebben er het leven gelaten, naar hij zegt (wij zullen niet de moeite nemen te gaan navragen of dit aantal juist is).

Na een rit van zeven en een half uur zijn wij voor Djenîn[13] aangekomen, waar wij kamperen. De bagage was er al vóór ons aangekomen en alles was al op orde. De plaats van het kampement is zeer mooi. Naast onze tenten is er

[10] Burqa, ongeveer 3 kilometer ten noorden van Sebastiya.

[11] Dothan, waar de geschiedenis van Gen. 37:17 zich afspeelde, heet nu Tell Dotha. Het ligt in de bergen aan de zuidrand van de Esdraelon-vlakte, ca. 15 kilometer noordelijk van Sebastiya. De plaats ontleende zijn betekenis aan een oude handelsweg en aan de nabijheid van weidegrond; blijkens opgravingen was de tell continu bewoond van 3200 v. Chr. tot in de Mamelukkentijd. In de nabijheid ligt het moderne dorp Mevo Dotan.

[12] Sanur, op de top van een onneembare conische heuvel gelegen en geheel ommuurd, werd in het midden van de 19de eeuw op feodale wijze bestuurd door Sheich Ibrahim Jerrar. Deze duldde geen inmenging door het Turkse gezag, door wie hij vogelvrij was verklaard, en leefde op voortdurende voet van oorlog met Arraba en Nablus. Van 1829-1830 trachtte de Pasha van Sidon, Abdullah, dit niemandsland te annexeren, daarbij gesteund door de semi-autonome heerser over de Libanon, Bashir. Hoskins Pasha is niet bekend, maar moet één van de bevelhebbers van de alliantie zijn geweest. Deze poging was niet succesvol en in 1839 greep Ibrahim opnieuw in; ook in 1846 werd hier hevig gevochten.

[13] Jenin, ongeveer 40 kilometer ten noorden van Nablus, ligt in de zuidelijke spits van de ruwweg driehoekige vlakte Esdraelon (Jizreël), die een ononderbroken oost-west verbinding vormt tussen de kust en het Jordaandal. Het ontstond op het punt waar de belangrijke handelsweg langs het Karmelgebergte in deze vlakte uitmondt. In Testas' tijd telde het ongeveer 2000 inwoners.

nog een dertigtal andere reizigers, hetgeen er aardig uitziet. Het is een voortdurend geluid van belletjes, want alle lastmuildieren dragen er vele aan de hals, hetgeen vooral 's nachts een tamelijk hinderlijke muziek veroorzaakt. Vooral wanneer de kikkers in de nabijgelegen beek en de talrijke jakhalzen in de omliggende graslanden er de bekoringen van hun cantilenen aan toe voegen, is het een vreemd concert!

Bij de aankomst van de opeenvolgende bagagekonvooien zijn er ernstige twisten geweest tussen de moukres van de diverse gezelschappen, over de plaatsing van de tenten. Het schijnt dat onze mannen, onder aanvoering van onze kok Achmed, hun tegenstanders een flink pak ransel hebben gegeven. Zodra wij aankwamen, was alles echter weer rustig en heerste er alom een goede harmonie tussen drogmans en moukres.

23 April. Djenîn.

Vandaag waren wij genoodzaakt op deze plek vastgenageld te blijven vanwege de regen, die de tenten had natgemaakt en de grond in de gehele omgeving had doordrenkt. Ik heb de tijd van deze vertraging benut om wat te schrijven; ik heb aan tante Ram en aan Frits geschreven.

24 April. Nazareth.

Ondanks de dreigende lucht hebben wij besloten om toch van Djenîn te vertrekken: het terrein was zo drassig geworden dat het gevaarlijk was om langer te blijven, en buitendien kost iedere verloren dag ons 33.60 de man! Om 8 uur startten wij dan ook. Onderweg is het voortdurend mooi weer geweest. Om naar Nazareth te gaan, hebben wij niet de gebruikelijke weg door de vlakte genomen, die te modderig was, maar die over de heuvels, die door de dorpen Soulam[14] en Zer-aïn (Jisrail)[15] gaat en dicht langs het gebergte van de Kleine Hermon[16] loopt. Wij lieten de berg Thabor[17] op korte afstand aan onze rechter zijde, een heuvel die er al heel gewoontjes uitziet, afgerond en regelmatig als een kunstmatige berg; de Fransen ten tijde van de expeditie noemden hem de Politiepet.

[14] Jalama, 5 kilometer ten noorden van Jenin.

[15] Zer'in, het Jizreël van de Bijbel, ligt 8 kilometer van Jalama aan de voet van de 500 meter hoge berg Gilboa. Koning Achab had hier een residentie en koningin Izebel vond hier de dood. Bij deze plaats daalt de vlakte, die door meer dan 70 bronnen zeer moeilijk begaanbaar is, tot onder zeeniveau.

[16] De kleine Hermon (Hebreeuws hurmun = heilig, verboden) reikt ten zuiden van de Tabor tot 515 meter hoogte, en is te onderscheiden van de grote Hermon in het brongebied van de Jordaan verder noordelijk.

[17] De Tabor is een geïsoleerde berg van 588 meter hoogte in het noordoostelijke gedeelte van Esdraelon. Waarschijnlijk was het al vroeg een heilige berg; vanaf de 4de eeuw beschouwde men dit als de plaats van de Transfiguratie en ontstonden er kerken en kloosters op de top. De beboste berg ligt langs de belangrijke verbindingsweg tussen Megiddo en Damascus.

Om half 3 kwamen wij aan in Nazareth[18]. Het is een klein stadje, zeer proper en aangenaam tegen de helling van een berg gelegen. Wij hebben onze intrek genomen in het Latijnse klooster, waar men het heel goed heeft. De monniken en de overste, bijna allen Italianen, zijn goede lieden, zeer vriendelijk en voorkomend. Het klooster is zeer goed onderhouden en zeer schoon. Wij nemen een gedeelte van de Zuid-Oostvleugel in; beneden heeft men onze keuken ingericht en het is alsof wij thuis waren. Kort na onze aankomst hebben wij een ronde door de stad gelopen, die erg weinig opmerkelijks te bieden heeft, en wij hebben wat uitgerust in een door een Griek beheerd koffiehuis, waar zelfs een biljard te vinden was (!), hetgeen men zelfs in Jeruzalem niet ontmoet (het zou kunnen dat dit biljard daar werd neergezet tegen de verveling van de monniken?).

25 April. Nazareth.

Vanochtend is men ons komen zeggen dat Achmed, onze kok, nauwelijks beter was dan gisteren; hij heeft koude gevat, hetgeen hem heeft genoopt naar bed te gaan. Hij heeft vannacht niet geslapen, zodat wij hem deze dag rust zullen toestaan. In een poging om deze dag goed te benutten, ben ik een motief voor een studie gaan zoeken, maar zonder veel succes. Zelfs de fontein[19], die men als een interessant onderwerp voor schilders roemt, heeft mij niet erg kunnen bekoren: deze is veeleer van een tamelijk lelijke vorm. Er komen weliswaar vrouwen hun kruiken vullen, maar dat is zo vluchtig en zo weinig pittoresk van klederdracht, dat ik naar het klooster ben teruggekeerd, dat ik van top tot teen bezichtigd heb. De kerk[20] is wel niet oud (1730), maar toch vrij aardig. In een soort van grot, waarin men afdaalt langs een brede trap middenin de kerk en onder het altaar, bevindt zich de plaats waar het huis stond waarin de ouders van Jezus woonden. Zoals bekend, is het huis op

[18] Nazareth (Arabisch an-Nasirah) telde in het midden van de 19de eeuw ca. 4000 inwoners, voor het overgrote deel Christenen van diverse sectes (Grieks-Orthodoxen, Rooms-Katholieken en Maronieten). Het stadje, dat in een kom tussen de bergen ligt, valt dan ook op door het grote aantal kerktorens. In Christus' tijd was het slechts een onbetekenend boerendorp. Het klooster van Terra Santa, waar Testas verbleef, was in 1620 in het oosten van de stad gebouwd op de plek van een oudere kerk. Het was als vesting verdedigbaar; in 1832 woonden er ongeveer twintig monniken uit Spanje en Napels.

[19] Deze fontein was onder meer door David Roberts getekend in 1839. De bron ligt onder de Griekse kerk van Maria-Hemelvaart en het water stroomt vandaar in een marmeren sarcofaag onder een gemetselde boog. Omdat ook Maria hier ooit water moet hebben gehaald, staat de bron in hoog aanzien bij pelgrims. Volgens de Grieken had ook de Annunciatie plaats bij deze bron.

[20] De Annunciatiekerk staat boven een grot die volgens de Rooms-Katholieken de ware plaats van de Verkondiging is. Keizerin Helena stelde hier op grond van een droom twee zuilen op, die Maria en de engel symboliseren. Boven de grot zou ooit het huis van Jozef en Maria gestaan hebben, dat volgens overlevering in 1291 door engelen naar Dalmatië werd weggevoerd, en vier jaar later in Loreto in Italië belandde. De huidige Annunciatiekerk stamt uit 1966, maar bevat nog resten van de Byzantijnse fase en van de kruisvaarderskerk.

Fig. 26. Testas, *Bij de waterput*. Studie, potlood en pen in sepia, 13,4 × 17 cm. Rijksmuseum van Oudheden, Leiden.

zekere nacht naar Loreto verplaatst, waar men het tegenwoordig kan bezichtigen; hier bevinden zich nog slechts de funderingen. Die beste paters van het klooster vertellen ons dat alles op een goedgelovige manier die nogal vermakelijk is. 's Middags heb ik een studie gemaakt van de ingangspoort van het klooster, gezien vanaf de hof.

26 April. Tabariëh. Zondag.

Vanochtend vóór het vertrek zijn Goupil, Goubie en ik een mooie Arabische merrie gaan bekijken die toebehoorde aan een Syriër, onderscheiden met het Légion d'Honneur, genaamd Mohammed Aga es Safedi. Om 8 uur waren wij Nazareth uit; het was prachtig weer. Wij passeerden enkele dorpen, waarvan één Kafr Kana[21] heette, alwaar men zegt dat Christus tijdens een bruiloft water in wijn heeft veranderd. Lenoir schoot bij een val van zijn paard niet alleen uit zijn stijgbeugels, maar ook uit zijn laarzen! Voor men in het gezicht van het meer komt dat men om het even Meer van Tiberias

[21] Het dorp Kafr Kanna ligt aan de weg naar Tiberias, 5 kilometer ten noordoosten van Nazareth. Ingemetseld in de muur van een klein Grieks kerkje toonde men hier één van de potten waarin tijdens de bruiloft water in wijn zou zijn veranderd (Joh. 2:1-11); in 1881 verrees hier een grote Franciscaanse kerk. In feite lag het Bijbelse Kana waarschijnlijk bij Chirbet Qana, 15 kilometer noordwestelijk van Nazareth.

(Tabariëh) of van Genesareth noemt[22], komt men langs een heuvel waarvan men aanneemt dat het diegene is waar Christus zijn zogenaamde Bergrede heeft uitgesproken. Aan de voet van de berg strekt zich een hellende groene vlakte uit. Daarachter tekent zich aan de horizon het gebergte af, waarvan de besneeuwde top tegen de hemel afsteekt; dit is de Grote Hermon[23].

Weldra zagen wij, na aankomst op een heuveltop, het fraaie Meer van Tiberias (of van Genesareth) aan onze voeten liggen, terwijl het kleine stadje Tabariëh[24], verlicht door de zon, helder afstak tegen het water van het meer. Om twee uur reden wij ons kamp binnen, buiten de stad aan de oever van het meer. Ik ben onmiddellijk een kleine studie van het meer gaan maken, met de bergen die het omringen, de piek van de Hermon en een stuk van de oude stadsmuur, die een eindje verderop het water in loopt. Het stadje is maar klein. De meerderheid van de bevolking is Israelitisch; daarvan zijn er negenhonderd gezinnen. De stad wordt omgeven door een van torens voorziene muur, die geheel vervallen is: men betreedt de stad door een soort van bressen. Aan de oever van het meer ziet men op enige afstand ten Zuiden van de stad enkele gebouwen die warme bronnen[25] bevatten; dit zou de plek van het oude Emaus zijn.

Safed. 27 April.

Om 8 uur vertrokken wij uit Tabariëh in noordelijke richting. De weg, die onmiddellijk na de stad begon te stijgen, liep langs het meer, dat men bijna loodrecht onder zich ter rechterzijde zag liggen. Na opnieuw te zijn afgedaald

[22] Dit meer heet ook wel Meer van Galilea of Meer van Chinnereth (een harpachtig instrument waaraan de vorm van het meer herinnert); Gennesareth is de naam van de kustvlakte ten noorden van Tiberias. Het meer meet 21 bij 12 kilometer en ligt op 212 meter onder zeeniveau. Het vormt een natuurlijke verbreding in de loop van de Jordaan en is 50 meter diep.

[23] De grote Hermon is met zijn 2814 meter de hoogste berg van de Levant. De top vormt het zuideind van de Anti-Libanon; met zijn besneeuwde top heet hij in het Arabisch Jabal ash-Sheich = de Berg van de Grijsaard. Op de hellingen van de Hermon liggen de bronnen van de Jordaan, de Litani en de Barada.

[24] Tiberias is genoemd naar keizer Tiberius; het werd in 20 na Chr. gesticht als hoofdstad van Galilea door Herodes Antipas, een zoon van Herodes de Grote. De stad is gunstig gelegen aan de voornaamste handelsweg van Syrië naar Egypte; ook de visvangst en de bezoekers van de hete bronnen ten zuiden van de stad zorgden voor inkomsten. Ten tijde van de Joodse opstand speelde de stad een grote rol; vanaf de 3de eeuw werd Tiberias een centrum van Joodse cultuur en wetenschap. Hier werd de Mishna opgesteld en de Talmud geredigeerd. Ook de Joodse filosoof Maimonides (1135-1204) was in Tiberias werkzaam. In 1837 werd de stad door een aardbeving getroffen en pas rond 1900 was alle schade hersteld. In 1948 telde de stad 12.000 inwoners, waarvan de helft Joods.

[25] Deze badgebouwen werden in 1838 door Ibrahim geconstrueerd op de plek van oudere thermen, 2 kilometer ten zuiden van Tiberias. Het water heeft een temperatuur van ruim 60° Celsius. De plaats van het oude Emmaüs (het Hebreeuws woord voor warme bronnen) is niet bekend; we weten slechts dat het 60 stadiën van Jeruzalem lag (Lucas 24:13-35).

staken wij een vruchtbare vlakte over, waar vroeger Beth Saïda[26] en Genesareth of Kapharnaüm[27] lagen. Tegenwoordig vindt men op deze plaats slechts ellendige gehuchten. Het terrein waarover wij voortgingen, was plaatselijk in een moeras veranderd als gevolg van de overvloedige beken die van de bergen omlaag komen. Het kostte ons meer dan drie kwartier om verscheidene muildieren te bevrijden die in de modder gezakt waren. Verderop vonden zij een gelegenheid om zich te reinigen; de weg werd namelijk gekruist door een aardig stroompje, waarin een kudde runderen stond te baden en dat afwaterde naar het meer. Het was een pittoresk hoekje; een stuk van een oude ruïne, overdekt met klimop en oleanders, verhief zich op de tegenoverliggende oever. De plek deed sterk denken aan de motieven van de doeken van onze schilder Berchem[28].

Naarmate wij onze weg over een berghelling vervolgden, ontmoetten wij verscheidene van deze beekjes die zich naar beneden stortten; alle waren zij doorwaadbaar. Op de top van de berg zette dezelfde fraaie begroeiing zich voort. Er waren mooi uitgegroeide bomen die enigszins op eiken leken door de dikte van hun gebladerte; onder één daarvan zijn wij gaan zitten om onze lunch te gebruiken. Na het middagmaal hebben wij ons in de route vergist, hetgeen opnieuw voor oponthoud zorgde. Na de juiste weg weer te hebben gevonden, zijn wij langs superbe rotsen gereden over een nauw en vrij steil pad. Verderop werd de klim nog steiler. Bovengekomen kon men een fraai uitzicht genieten: voor ons zagen wij de stad Safed[29], gebouwd als een arendsnest en bekroond door de ruïne van een kasteel uit de tijd van de Kruistochten, en wanneer wij ons omdraaiden, hadden wij een prachtig

[26] (Hebreeuws) bet zayda = Huis van de Visser. Deze plaats, waarschijnlijk aan de noordoostelijke hoek van het meer gelegen, werd in 2 v. Chr. tot stad verheven, met als bijnaam Julias (naar Augustus' dochter Julia). Het geldt als de geboorteplaats van Petrus, Andreas en Philippus; tevens zou het wonder van het vermenigvuldigen van de broden en vissen er hebben plaatsgehad.

[27] (Hebreeuws) = dorp van Nahum. Deze plaats lag op de westelijke oever bij het huidige Tel Hum, 4 kilometer van de plek waar de Jordaan in het meer uitstroomt. In de Bijbel wordt het genoemd als de stad waar Jezus vele wonderen en genezingen verrichtte. Een synagoge uit de 1ste eeuw is bij recente opgravingen teruggevonden. Ook staat er een kerk uit de 5de eeuw over de resten van een ouder huis, mogelijk beschouwd als de woning van Petrus. Resten van Byzantijns-Arabische huizen geven aan dat Kapernaüm nog in de 8ste eeuw een welvarende plaats was.

[28] Nicolaes Pieterszoon Berchem (1620-1683), de belangrijkste Nederlandse schilder van de Italianiserende school, van wie meer dan 800 doeken bewaard zijn gebleven, meest landschappen.

[29] Zefat ligt ongeveer 20 kilometer ten noorden van Tiberias op de helling van de Har Kena^can ten westen van het Jordaandal. Het is met Jeruzalem, Hebron en Tiberias één van de heilige steden van de Joden, al is over de vroegste geschiedenis niet veel bekend. De grootste bloei van Zefat dateert van de Middeleeuwen, toen het door Boudewijn III in 1157 werd versterkt. In de 16de eeuw vestigden zich hier vluchtelingen voor de Spaanse Inquisitie, die onder Isaac Lourie Ashkenazi in Zefat een belangrijke rabbijnse school en drukkerij stichtten. In 1759 en 1837 werd de stad door aardbevingen grotendeels verwoest, waardoor het tijdelijk een meer Arabisch karakter kreeg; vanaf ca. 1860 vestigden zich hier weer vele Joden uit Polen, Rusland en Walachije en tegenwoordig is het een centrum van Chasidische Joden en kunstenaars.

uitzicht over het Meer van Tiberias en de bergen daaromheen. Om half 4 reden wij het kampement binnen, aan gene zijde van de stad (N.W. zijde).

De stad ligt trapsgewijs tegen een berghelling, waarbij het ene huis bijna bovenop het andere staat. Ondanks haar eenvoudige voorkomen, is zij tamelijk proper. De Joden, die drie kwart van de bevolking uitmaken, houden hun huizen zeer schoon en leiden een rustig bestaan met hun handel op kleine schaal, zoals overal. In Syrië en in Palestina zijn zij degenen die het meest intelligent en nijver zijn. Tegenwoordig bedraagt de bevolking van Safed niet meer dan 4000 zielen. In 1837 is er een aardbeving geweest, die vrijwel de gehele stad verwoest heeft; 5000 mensen zijn bij die gebeurtenis omgekomen. Bijna alle Joden in deze streek spreken een weinig Duits, hetgeen voor vele reizigers een grote hulpbron is. Zij komen naar de kampementen toe om zaken van allerlei aard te verkopen: groenten, kippen, enz. Ook vult men bij hen in het algemeen de broodvoorraad aan, en zij verkopen of vervaardigen tevens wijn en arakiëh. De Joden geloven dat het in Safed is dat hun beloofde Messias zijn troon zal vestigen op de dag dat hij de kinderen Israels zal verzamelen.

28 April. Meis el Gjèbl.

Om half 8 's ochtends zijn wij uit Safed vertrokken. De route bestond vandaag uit een voortdurend stijgen en dalen. Vaak zagen wij opnieuw de Hermon, die aan Zwitserland deed denken; het ontbrak nog slechts aan chalets! Tegen elf uur reden wij door een bijzonder fraaie kloof; een brede bruisende beek stroomde, of liever stortte zich, over de bodem van een door hoge rotsen omzoomd dal. Na de kleine stroom te hebben overgestoken, steeg de weg even plotseling en steil als de afdaling die wij zojuist hadden volbracht om beneden te komen. Bovenop deze rotsen bevindt zich een klein dorpje, dat uit enkele huizen bestaat die gelijken op de hutten van Algerije. Naar men mij gezegd heeft, zijn de inwoners inderdaad Afrikanen, die met Abd el Kader[30] in het land zijn gekomen. Deze plaats heet Deshoum of ook wel el Ghémé (de Tent)[31]. Even verderop hebben wij onder een grote boom halt gehouden voor het middagmaal, met een prachtig uitzicht op de gletsjer van de Grote Hermon. Wij zijn er gedurende twee uur gebleven, om de bagage een voorsprong te geven, die op deze steile wegen niet zo snel had kunnen voortgaan als gewoonlijk. Na weer op weg gegaan te zijn, zijn wij langs een

[30] Abd al-Qadir (1808-1883), Algerijns verzetsleider. Deze begon zijn strijd tegen de Fransen in de provincie Oran in 1832 en werd zelfs geruime tijd erkend als leider van een autonoom gebied. Na hervatting van de strijd gaf Abd al-Qadir zich in 1847 gewonnen, waarna hij in Frankrijk werd geïnterneerd. Napoleon III liet hem in 1852 vrij, en vanaf 1855 woonde hij te Damascus, waar hij de Franse politiek steunde en duizenden Christenen redde tijdens de Druzische opstand van 1860.

[31] (Arabisch) ḵaima = tent. Dishon ligt ongeveer 15 kilometer ten noorden van Zefat.

plaats gekomen die Kedes[32] heet, alwaar zeer oude ruïnes zijn die sommigen aan de Joden en anderen aan de Romeinen toeschrijven. Men zegt dat Sissera hier de dood gevonden heeft, toen zijn hoofd met een spijker aan de grond werd vastgenageld. Tegen half 4 hadden wij ons kamp opgezet voor Meis el Gjèbl[33]. Dit is een klein dorpje dat er nogal droevig uitziet; de velden rondom zijn daarentegen wel bebouwd. Hier heeft Goubie, die zowel eieren alsook vogels verzamelt, een ruime oogst behaald. Het hele dorp kwam hem er brengen; het werd zo een overdaad van nesten en vogeleieren van allerlei soort, dat hij er uiteindelijk zelfs moest weigeren!

29 April. Banias.

Wij hebben Meis zonder spijt verlaten. De weg tussen dit dorp en het dorp [34] is uiterst aangenaam. Men rijdt over een gebergte dat met kleine boompjes is overdekt, gelijkend op die welke men op de bergen in Duitsland ontmoet, terwijl kleine paadjes door dicht hakhout slingeren; het is bekoorlijk! Aan het einde van deze bergweg treft men een verrukkelijk schouwspel: dit is een onmetelijk breed dal, aan het eind waarvan de besneeuwde top van de Hermon (door de Arabieren Gebl Cheich genoemd) zich achter de bergen die hem omgeven verheft. Aan de rechterzijde ziet men midden in de vlakte het Houlehmeer[35]. Dit dal wordt door kleine beekjes doorsneden, waarvan men het geraas al van een flinke afstand hoort. Deze bergstromen, die zich verenigen en door het Houlehmeer en het Meer van Tiberias stromen om in de Dode Zee verloren te gaan, vormen de Jordaan. Deze wateren storten zich met veel misbaar door diepe ravijnen; op twee plaatsen komt men over bruggen van oude bouw, de andere waterloopjes met dezelfde bestemming kan men op doorwaadbare plaatsen oversteken. In waterplassen ploeterden runderen tussen het riet en de halfverdronken struikjes.

Tegen de tijd voor het middagmaal hebben wij rust genomen in de schaduw van twee enorme bomen, een soort van eiken die in het Arabisch baloud[36]

[32] Het huidige Tel Qadis, 5 kilometer voorbij Dishon, is waarschijnlijk de plaats van het Bijbelse Kedesh, bekend van het verhaal van Sisera (Richt. 4:11-17). Hier verzamelden zich de Israelieten voor de slag bij Megiddo (ca. 1125-1100 v. Chr.) tegen de Kanaänitische legermacht van de stad Hazor (tussen Zefat en Dishon).

[33] Meiss al-Jabal ligt ongeveer 20 kilometer ten noorden van Zefat, net over de huidige grens met Libanon.

[34] Mogelijk bedoelt Testas hier Tell Hay, een plaatsje op 8 kilometer van Meiss al-Jabal in de buurt van de moderne vestigingen Qiryat Shmona en Metulla.

[35] Het Huleh-meer was oorspronkelijk 6 kilometer lang en 4.5 kilometer breed. Nu ligt hier, op 70 meter boven zeeniveau, een vruchtbare en geheel geïrrigeerde vlakte; de rivier is gekanaliseerd en de moerassen zijn drooggelegd. Rondom rijzen de bergen tot 700 meter omhoog, in het zuiden ligt een natuurlijke dam van basalt.

[36] (Arabisch) ballûṭ = eik.

heten. Aan de voet van deze bomen stroomde opnieuw een helder beekje, dat even verderop een waterval vormde. Op dezelfde plek kwam ook een Franse dame dejeuneren, samen met drie heren: haar zoon en een vriend van haar zoon en een bode; het was de Gravin Rapp[37]. Toen wij onze weg naar Banias[38] vervolgden, trokken wij door een zeer fraaie streek. Een aaneengesloten plantengroei van welriekende heesters, waaronder de fill[39] welks geur gelijkt op die van de sinaasappelboom, gaven een heerlijke geur aan de lucht. Na een uur gaans bereikten wij Banias. De dagrit was niet lang, slechts 5 uur; uit Meis vertrokken om half 8, kwamen wij aan tegen half 3 in de middag.

Ons kampement is gelegen in een olijfboomgaard. Wij hebben vandaar een aangenaam uitzicht over het door begroeiing omgeven dorpje Banias. Op een berg die zich achter het dorp verheft, bevindt zich een indrukwekkende kasteelruïne die van zeer oude datum is. Tegen de N.O. zijde van het dal waarin Banias ligt, vindt men in de rotswand een enorme grot, die vroeger de Grot van Pan heette. In deze grot bevindt zich een meertje, waaraan talrijke beken ontspringen die deze bekoorlijke plek in alle richtingen doorsnijden en er de overvloedige plantengroei doen gedijen. Men vindt hier vele sporen van Romeins werk; het schijnt dat dit oord in de Herodiaanse tijd een belangrijke plaats was. Vanavond hebben wij bezoek gehad van Mr de Graaf Rapp en zijn vriend Mr Marti. Zij hebben een lange reis gemaakt alvorens hier aan te komen en hebben onze avond opgevrolijkt door enkele voorvallen te vertellen die hun onderweg zijn overkomen. Bij het geruis van de diverse beken, die zich (in Bijbelse stijl) als gazellen omlaag storten in de beddingen die zij sinds eeuwen hebben uitgeslepen, sliepen wij in. Overdag is men ons talloze scarabeeën komen brengen, groen of goud in zeer heldere kleuren.

30 April. Kafr-Hawar.

Wij zijn vroeg uit Banias vertrokken om de grote hitte midden op de dag te kunnen vermijden door een lange rustpauze in te lassen. Om 6 uur waren wij op weg. Men rijdt door Banias om de berg Merdg Hadar[40] te beklimmen, die zich achter het dorp verheft. Aan de linkerhand ziet men lange tijd de

[37] Vermoedelijk een nazaat van generaal Jean Rapp (1773-1821) uit Colmar in de Elzas, die zijn adelijke titel te danken had aan een carrière in Napoleons leger.

[38] Banyas ligt in de Golanhoogten op 1 kilometer van de Syrische grens. De naam is afgeleid van Panion, het heiligdom van de god Pan dat hier in de Grieks-Romeinse tijd lag bij de bron waar één van de beken ontspringt die even verder samen de Jordaan vormen. De plaats werd door Augustus aan Herodes de Grote gegeven; diens zoon Philippus gaf Panion de nieuwe naam Caesarea Philippi en herbouwde de stad naar Hellenistisch model. Vijf kilometer ten noordoosten van de stad ligt een oud kasteel, Qal'at Nimrud (= vesting van Nimrod) genoemd naar de legendarische jager uit de Bijbel (Gen. 10:8).

[39] (Arabisch) fill = Arabische jasmijn (Jasminum Sambac L.).

[40] (Arabisch) marj = steppe, grasland, weide; ḥadr = glooiend, hellend.

belangrijke ruïne van de citadel van Banias, die op een bergtop gelegen is. De gevolgde weg is tamelijk steil en loopt op een hoogte die de sneeuwzone dicht nadert. Wij zijn zelfs vlak langs een sneeuwplek gekomen, waar wij het water van onze veldflessen hebben ververst. Wij waren verbaasd om sneeuw te zien op een plek waar het in de zon zelfs zeer warm was. Na een vrij steile afdaling op een plek die voor de paarden nauwelijks begaanbaar was, zijn wij gestopt bij een Beit Djîn[41] geheten dorpje, aan de oevers van een zeer onstuimige bergbeek. Gezeten in de schaduw van een soort wilg hebben wij op ons gemak gedejeuneerd, genietend van het indrukwekkende gezicht op de beek die over de talrijke in zijn bedding opgehoopte stenen huppelde. In de verte kon men door de bomen het dorp zien, en als achtergrond fungeerde de Hermon of Gebl es Cheich met zijn met sneeuw bedekte top. Na twee uur rust hebben wij Kafr Hawar[42] in 1 $\frac{1}{2}$ uur bereikt, om half vier.

Syrië is heel wat mooier dan Palestina: het is minder melancholiek en heeft een minder grote overdaad aan keien over het land uitgestrooid. De velden zijn wel bebouwd en de hoeveelheid graan die men overal ziet, is verbazingwekkend. Ieder ogenblik ontmoet men bij de talrijke dorpen fraaie kudden geiten en schapen zowel als runderen, die er werkelijk zeer goed uitzien; zij zijn, tenminste vanuit ons gezichtspunt, groter en beter gevormd dan die van Egypte. De vogels in deze streek zijn ontelbaar; men ziet vooral allerlei soorten gieren in grote aantallen, waarvan enkele de afmetingen van adelaars bezitten. Patrijzen zijn zeer talrijk en leeuweriken treft men overal waar bebouwde velden zijn. Een vogel die ten zeerste onze hebzucht heeft opgewekt, dat is een soort van prachtig blauwe scharrelaar; wij hebben er verscheidene geschoten, die het benijdenswaardige lot hebben ondergaan van door Goubie te worden opgezet. Op bepaalde plaatsen vindt men ook grote aantallen ooievaars; misschien zijn er onder hen wel die met mij naar Holland zullen terugkeren — op hun eigen kosten natuurlijk! Scarabeeën bemachtigt men niet zo gemakkelijk; ik had er voor Jacob[43] en voor Roelofs[44] willen meenemen, maar het is vrijwel onmogelijk om ervan bijeen te zoeken, als men

[41] (Arabisch) bait = huis; jinn = demon. Dit dorpje aan de weg naar Damascus bezit enkele oude rotsgraven.

[42] Arabisch kafr = dorp, gehucht. Dit dorp is bekend door de resten van een vierkant Romeins tempeltje.

[43] Waarschijnlijk de Nederlandse schilder Jacob Henricus Maris (1837-1899), die net als Testas de Haagse tekenacademie van J.E.J. van den Berg had bezocht in de jaren 1849-1853. Tegelijkertijd had hij schilderlessen in het atelier van Stroebel. In 1853 verhuisde hij naar Antwerpen en vier jaar later was hij terug in Den Haag, waar hij één der vertegenwoordigers van de Haagse school werd.

[44] Testas was eveneens bevriend met de Nederlandse schilder Willem Roelofs (1822-1897). Deze was opgeleid in Utrecht en den Haag, waar hij één der oprichters van Pulchri Studio was. In 1848 ging hij in Brussel wonen en drie jaar later bezocht hij het beroemde Barbizon, waar hij de landschapsschilderkunst ontdekte. Roelofs combineerde het schilderen met een wetenschappelijke carrière als onderzoeker van snuitkevers en andere insecten, waarvan hij een beroemde verzameling had.

Fig. 27. Gérôme, *Kamelen grazend in een wadi*, ca. 1899. Olie op doek, 68,5 × 104 cm. Naar Ackerman, Gérôme, nr. 463.

zoals wij dat doen, reist met grote dagtrajecten per dromedaris of te paard. (Vooral het afstijgen van een dromedaris is een lange geschiedenis: eerst moet men het dier doen liggen, of wanneer men zich omlaag laat glijden zoals ik vaak deed, moet men hem nog altijd daarna doen liggen door keelklanken als Gh! Gh! uit te stoten, teneinde weer in het zadel te kunnen klimmen. De Arabieren met hun blote voeten klimmen achter tegen de poten van het dier op, maar dat moet men zich door lange omgang met kamelen hebben aangeleerd.) Deze streken hebben een overvloed aan hagedissen, maar slangen heb ik niet gezien. Goubie heeft twee kameleons gevonden, die zeer wonderlijk zijn om te zien. Gisteren en vandaag hebben wij schildpadden ontmoet, maar wij hebben er geen meegenomen, omdat wij niet wisten of zij goed zijn om te eten.

1 Mei. Damascus (Châm el Kebîr).

Wij verlieten Kaffr Hawar vroeg, om half 7, en korte tijd later daalden wij af in het dal, een grote platte vlakte waarin men al van verre het groen kan onderscheiden dat Damascus[45] omgeeft. Wij kwamen dicht langs een dorpje,

[45] Damascus (Arabisch dimašk al-šam of šam al-kabir; šam = links (gezien vanuit Arabië ligt Syrië links en Yemen rechts), kabir = groot) ligt in een natuurlijke oase, gevormd door de rivier de Barada die dichtbij de stad uit de Anti-Libanon breekt en voorbij Damascus uitloopt in een

en even verderop door het dorp Maraya[46]. Deze dorpen waren reeds zeer verschillend van die welke wij gewoon waren te ontmoeten. Men bemerkt terstond dat men een grote stad nadert: de huizen zijn regelmatiger gebouwd en de wegen evenals de beplantingen beter verzorgd. Tegen het midden van de dag zijn wij gestopt in een olijfbosje. Na vruchteloos te hebben gewacht op Bonnat, Goubie en Masson, die bij het vorige dorp waren achtergebleven om enkele vogels te doden die Goubie voor zijn verzameling begeerde, hebben wij ons aan het middagmaal gezet. Daar zij niet terugkwamen, zijn wij na een pauze van een uur opnieuw vertrokken.

Het platteland in de omstreken van Damascus is verrukkelijk. Men kan rustig ademhalen, de weg voert langs grote ommuurde hoven met fraaie fruitbomen, het wegdek is vlak en beter onderhouden, er zijn bruggen over de beekjes — kortom, men herkent niet langer de gewone zorgeloosheid en verwaarlozing die het oog mishaagt wanneer men door Syrië en vooral door Palestina reist. Overal ziet men een fraaie begroeiing en mooie kudden schapen of runderen. De voetgangers en ruiters die men ieder ogenblik passeert, zijn belangrijker van aanzien en verzorgder van uiterlijk. Om half 2 reden wij één der buitenwijken van Damascus binnen. Er heerste veel drukte en wij bevonden ons weer helemaal in één der grote steden van de Oriënt. De ene ruime en donkere bazar volgde de andere, ieder ogenblik vertoonden zich de overblijfselen van fraaie moskeeën — men zag kortom dat men zijn intrede had gedaan in een stad die beroemd moet zijn geweest om haar pracht, in de tijd dat de Oriënt op het gebied van beschaving de toon aangaf.

Weldra hielden wij halt voor een huis met een tamelijk lage en nauwe poort; dit was het Hotel van Kara Demitri. De aanblik van de hof van binnen contrasteerde met het weinig belangrijke voorkomen van de façade: temidden van een grote vierkante hof zag men een groot marmeren bassin met fonteinen of liever kranen langs de randen. Rondom stonden fraaie citroenboompjes geplant, die beladen waren met vruchten. Aan één der zijden

groot moeras. Door deze gunstige ligging werd de stad al vroeg een knooppunt van handelswegen. Vanaf de 12de eeuw was Damascus het centrum van het Aramese rijk, dat vaak in conflict kwam met Israel. In 732 v. Chr. werd dit rijk veroverd door de Assyriërs, in 333 v. Chr. door Alexander de Grote, en in 64 v. Chr. door de Romeinen. De Arabieren namen Damascus in 636 in, maar de Christelijke bevolking hield nog lang grote vrijheid. In 661 werd de stad het centrum van de Islam onder het bewind van de Omayyaden. Zij verbouwden de oude kerk van Johannes de Doper tot de beroemde moskee van Damascus. Tijdens de Middeleeuwen had de stad te lijden onder een opeenvolging van invallen en verwoestingen van onder meer de Mongolen en de Perzen. De indrukwekkende stadsmuur met zijn zeven poorten stamt uit deze tijd. Sinds de kruistochten was Damascus beroemd om zijn zijden weefsels en zijn stalen wapens. Met de Turkse verovering in 1516 zette echter het verval in. Vóór de verovering door Ibrahim Pasha in 1833 was Damascus niet toegankelijk voor Europeanen, en ook daarna bleven althans de moskeeën voor hen gesloten; dit verklaart Testas' zwijgzaamheid op dat punt. In zijn tijd telde de stad zo'n 150.000 inwoners, waarvan 30.000 (meest Armeense) Christenen.

[46] In feite heet dit plaatsje vlakbij Damascus Dareya.

van de hof verhief zich een hoog gewelf, dat een divan bevatte waar reizigers kunnen uitrusten. Het huis is een oud paleis dat men opnieuw heeft opgekalkt en dat onder het afschuwelijke moderne kladwerk nog sporen laat zien van zijn oorspronkelijke schoonheid. In het hotel vonden wij onze achterblijvers terug, die veeleer onze voorgangers waren: op de splitsing dichtbij het dorp hadden zij de weg genomen die direct naar de stad voerde, terwijl wij de andere hadden genomen om een plek te vinden die beschutting bood tegen de zon.

Men heeft ons ondergebracht in een onmetelijk grote zaal in oude stijl, met in het midden een marmeren fontein en ter weerszijden twee vleugels waarvan de vloer een trede hoger ligt en die divans bevatten. Ik voor mij heb de voorkeur gegeven aan een vertrek dat wel kleiner is, maar waar men meer rust heeft; ik ben daar samen met Lenoir. Ik ben geen groot liefhebber van dat voortdurende gemeenschappelijke leven op reis! Mijn eerste bezigheid was om mijn stoffige kleren uit te doen en mij enigszins te reinigen, hetgeen men in de tent slechts onvolledig kan doen.

Daarna hebben wij een beetje onze geldzaken geregeld, omdat wij besloten hebben om de diensten van de drogman te beëindigen, aangezien de reis eigenlijk gezegd afgelopen is. Na ons verblijf in het hotel zullen wij het rijtuig van Damascus naar Beyrout nemen, dat U er in twee of drie dagen brengt. Deze maatregel bespaart ons nog altijd een honderdvijftig franc per persoon, die wij nuttiger kunnen besteden. Het is ongelukkig voor Joseph dat hij met Moustapha, de baas van onze muildierdrijvers of Moukres, een contract voor 35 dagen had afgesloten, zodat hij een gevoelig verlies leidt als gevolg van zijn onvoorzichtigheid. Daar wij voortdurend zeer tevreden zijn geweest over zijn diensten (het is werkelijk een voortreffelijke drogman), hebben wij hem een bedrag gegeven dat hem zijn financiële tegenslag gemakkelijker zal doen verdragen. Ik denk trouwens dat hij een aardig sommetje zal hebben verdiend aan de reis die wij met hem hebben gemaakt. In het hotel hebben wij verscheidene oude kennissen van onderweg teruggevonden, onder wie zelfs enigen die wij in Petra hadden gezien!

7. NACHTEN VAN DAMASCUS

2 Mei. Damascus.

Vanochtend zijn wij begonnen met een bezoek aan een Oosters badhuis dat dichtbij het hotel gelegen is. Het heet Hamâm es Souk el Cheil[1]; wij hadden het voor 1 Napoleon voor ons laten reserveren om er meer op ons gemak te zijn. Men komt binnen in een grote vierkante zaal, zeer hoog en met een koepel die licht van boven ontvangt. Rondom deze zaal, en ook in drie kleinere aangrenzende vertrekken, die beter verzorgd zijn en op een aardige tuin uitkijken, bevinden zich ruime divans. In het midden van de grote ontvangstzaal bevindt zich een groot bassin; aan lange stokken in de lucht ziet men een groot aantal badhanddoeken hangen. Men ontkleedt zich in één der vertrekken, waarbij men zijn kleren opstapelt en voorwerpen van waarde aan de eigenaar in bewaring geeft. Wanneer men zich ontkleed heeft, wikkelt een jongen U doeken om de lendenen en over de rug, waarna men zich naar het bad begeeft; aan de voeten draagt men een soort sandalen, die op twee blokjes hout staan teneinde geen natte voeten te krijgen op de koude en vochtige marmeren tegels.

Allereerst loopt men door een gang naar een klein vertrek met hogere temperatuur, en vervolgens naar een vierkante zaal met drie nissen en met hokjes met heetwaterfonteinen in de hoeken. Deze zaal ontvangt zijn daglicht door talrijke ronde gaten in de koepel, voorzien van ronde ruitjes als horlogeglazen. De gepleisterde muren en de marmeren vloertegels zijn geheel nat door de stoom die dit vertrek vult, en het water sijpelt langs de wanden. Wanneer men binnenkomt, heeft men een onaangename gewaarwording alsof men stikt, maar men went er spoedig aan en gevoelt zich er uiteindelijk zeer wel. Het duurt niet lang of men zweet over het gehele lichaam, totdat men even nat is alsof men uit het water kwam; intussen loopt men heen en weer of gaat op de grond zitten, al naar gelang men wil. Wanneer de huid goed zacht is geworden en de poriën wijd open staan, neemt een badjongen U onder handen: men strekt zich uit op de lauwwarme vloer en hij begint U het gehele lichaam op te wrijven met behulp van een washandje gemaakt van een soort schorsachtige vezels[2]. Hij draait U om en om, nu eens op de rug en dan weer op de buik. De hoeveelheid stof die hij verwijdert, is wonderbaarlijk! Met

[1] (Arabisch) ḥammâm as-sûq al-k̲ail = het badhuis van de paardenmarkt.

[2] In het Nabije Oosten wordt hiervoor de luffa gebruikt: de ruwe sponsachtige kern van de komkommervormige vruchten van de Luffa aegyptiaca, een tot 6 meter hoge klimplant met gele bloemen (Arabisch lûf).

Fig. 28. Gérôme, *Het grote bad te Bursa*, 1885. Olie op doek, 70 × 96,5 cm. Naar Ackerman, Gérôme, nr. 334.

andere methoden van reiniging zou men nooit tot een dergelijk grondig resultaat komen! Na deze operatie zeept hij U in, ruimschoots evenwel, van de haren totaan de voetzolen, en spoelt u met grote hoeveelheden water af, waarbij hij U onderdompelt in warm water dat uit de zich voortdurend weer vullende bassins wordt geput.

Wanneer men goed schoon is, oefent de badjongen een soort van massage uit op Uw lichaam, om de ontspannen spieren weer tot leven te wekken, en laat Uw teengewrichten kraken. Daarna wordt men opnieuw in schone doeken gewikkeld, met eveneens een handdoek bij wijze van tulband om het hoofd gewikkeld, en men keert terug naar de eerste zaal, die men zeer koud vindt als gevolg van de overgang van een uiterst heet vertrek naar de gewone temperatuur, die dezer dagen zeker niet drukkend is. Men strekt zich losjes op de divan uit, waar men enige tijd rust neemt, slapende of rokende, en koffie of sorbets drinkende die altijd dichtbij het badhuis (of soms in de inrichting zelf) voorhanden zijn. Een stoombad is een goede zaak, en zo aangenaam dat ik het gunstig acht voor de gezondheid; wanneer men er uit komt, gevoelt men zich monter en als herboren. De badhuizen zijn in Damascus zeer talrijk, en dit is niet één der fraaiste. Er moeten er zijn die ouder zijn en bijgevolg bouwkundig interessanter, maar wat betreft de inwendige inrichting gelijken zij bijna alle op elkaar.

Met een jonge Maroniet genaamd David, een plaatselijke bode die ons naar het badhuis had gebracht, zijn wij vervolgens uitgegaan. Wij hebben enkele bazars bezichtigd, evenals een zekere Abou Antiqua[3] die interessante en met name ook oude curiositeiten verkoopt (vandaar zijn bijnaam Antiqua, die oudheden betekent). Na het middagmaal hebben wij opnieuw door de stad gelopen. Vooral de bazars zijn zeer opmerkelijk: zij hebben weliswaar niet het indrukwekkende karakter van die van Kaïro, maar zijn minstens zo goed gesorteerd in voorwerpen van allerlei aard. Met name de zijden weefsels van Damascus zijn vermaard; men vindt deze in de gehele Oriënt.

Wij hebben vandaag apart gedineerd, vanwege het grote aantal reizigers die de eetzaal te klein maakten om allen te bevatten. Men had voor ons een tafel in de open lucht gedekt in de divan, beschermd door een fraai gewelf dat in oude trant beschilderd was. Helaas stond er veel wind en het was ook een weinig koud, zodat wij ons er niet te lang hebben verpoosd en ons met Mr Lévèque, de kanselier van het Franse Consulaat, die met ons gegeten had, hebben teruggetrokken in onze mooie grote zaal. Vandaag hebben wij onze zaken met onze drogman afgesloten en de bakchichs uitgedeeld: 100 f^r^ voor de drogman, en 100 f^r^ te verdelen onder de 4 dienstboden (Michael Syriani, Ibrahim de Nubiër, Achmed de kok en zijn negerslaaf Gcheir). Ook Mustapha (de baas van de moukres) en zijn knechts hebben bakchichs ontvangen; iedereen was tevreden. Vanavond hebben wij een getuigschrift voor de drogman Joseph Moussali opgesteld, evenals certificaten van goed gedrag voor ieder der dienstboden. Allen hebben onderweg op bewonderenswaardige wijze dienst gedaan, altijd van goeden wille en vol begrip. De drogman zelf is goed en onder alle omstandigheden aan te bevelen. De kosten van de reis komen uit op 4566.79 fr. Het is heel vervelend voor hen die hier geld kunnen opnemen: op de 4000 fr. die Journault wilde nemen, had hij 400 moeten verliezen als hij toegestemd had in deze kostbare transactie! Ik denk niet dat zijn wens om hier geld op te nemen hem genoegen zal doen nemen met een dergelijke ongehoorde schurkenstreek!

3 Mei. Damascus. Zondag.

Vandaag heb ik behalve alle bazars van de stad ook het zogenaamde Huis van Jean Damasquin gezien, een oud gebouw dat momenteel door Christenen wordt bewoond. Het huis draagt nog de sporen van zijn oude luister; de stijl is geheel en al Islamitisch. De familie die het bewoont, was zeer vriendelijk. Misschien ga ik er een studie maken. Men heeft mij ook een huis binnengeleid dat volgens David de gids zeer fraai was; het was mooi omdat het groot, schoon en tamelijk rijk van bouw was, van stijl was het evenwel geheel modern en bijgevolg lelijk. Buiten de stad heb ik dichtbij de Bab Thoumas-

[3] (Arabisch) abû antîka = vader (d.w.z. bezitter) van oudheden.

poort[4] heerlijke tuinen bezocht. Deze vormen wandelplaatsen en vooral vandaag (Zondag) was er veel volk. Men kan er verversingen gebruiken. Langs de bosjes, en er tussendoor, stroomt de Barrada, een woelige beek. Er waren vele vrouwen, die er wandelden of, op de grond gezeten, hun narghilé rookten. Goubie heeft inkopen gedaan (zadels, enz.) en Goupil is erin geslaagd een oude koperen moskeelamp te kopen, waarvoor hij 15 Napoleons heeft betaald; naar het schijnt, zijn deze zeer zeldzaam.

Vandaag hebben wij de invloedrijke Joden der stad een bezoek gebracht, die zeer rijk zijn. Mr Gérôme had een rondschrijven van M^r^ de advocaat Crémieux[5] uit Parijs voor de Israelieten alhier. Deze Mr Crémieux heeft dankzij zijn talent als advocaat verhoed dat de Joodse bevolking van Damascus volledig geruïneerd raakte, door hen een proces te doen winnen tegen het Turkse gouvernement. Bij ontstentenis van Mr Gérôme heeft diens schoonzoon Goupil de brief overhandigd. Men heeft hem ontvangen als ware hij de gezant van een vorst, en misschien nog wel vriendelijker! Mr Stambouli, een schatrijke Israeliet, heeft ons allen morgen te dineren genood.

4 Mei. Damascus.

Vanochtend ben ik een studie gaan maken in het huis van een handelaar in oudheden, bijgenaamd Abou Antiqua. 's Middags hebben wij een rit door de stad gemaakt met een Duitse Israeliet, genaamd Weiskopff. Hij is een heer die door de Société Israélite de France is uitgezonden om de Joodse scholen in Damascus te leiden. Hij heeft ons naar zijn school gereden. Wij waren verbaasd over de orde en de properheid die daarbinnen heersten. Verscheidene leerlingen, zelfs onder de kleinsten, waren al vrij gevorderd in de Franse taal en schreven de Europese letters lang niet slecht. Na de school verlaten te hebben, heeft hij ons naar twee Joodse huizen gebracht, die zeer mooi waren, vooral dat van ene Mr Lisbona. Behalve een fraaie ontvangst-divan met een hoog gewelf en in de open lucht, bevatte het huis een grote statiezaal van grote schoonheid en in de allerfraaiste stijl; er waren drie enorme divans, met

[4] Deze poort ligt aan de noordoosthoek van de oude stad en geeft toegang tot de Christelijke wijk. Buiten langs de stadsmuur loopt de Barada.

[5] Isaäc Moïse Crémieux (1796-1880), Frans rechtsgeleerde en politicus van linkse signatuur en een belangrijk leider van de Franse Joodse gemeenschap. Crémieux was tevens een voorvechter van de Alliance Israélite Universelle, die overal opkwam voor Joden die vervolgd werden, met name in Algerije. In 1840 greep Crémieux in bij de zogenaamde Damascusaffaire, toen bloedige Jodenvervolgingen uitbraken na de verdwijning van een capucijner monnik in Damascus. Er vormden zich geruchten dat hij door de plaatselijke Joden was vermoord ten behoeve van hun Paasritueel, geruchten die door de Franse consul ter plaatse werden aangewakkerd. Door bemiddeling van Crémieux en zijn Engelse medestrijder Sir Moses Montefiore kwam het tot internationale druk op Frankrijk en op de Turkse overheid. Pas maanden later werden de overlevende Joden bevrijd. Crémieux speelde tevens een rol bij de revoluties van 1848 en 1870 en werd in beide gevallen tijdelijk Minister van Justitie.

Fig. 29. Testas, *Binnenplaats van een antiquair in Damascus*. Olie op doek, 60 × 80 cm. Particuliere verzameling (foto Rijksbureau voor Kunsthistorische Documentatie, Den Haag).

in het midden op een lager niveau de ingangsgalerij met een fontein in een marmeren bekken. Onder de curiositeiten bevonden zich enkele opmerkelijke kommen van Chinees porcelein.

Om 4 uur waren wij bij Mr Stambouli, waar wij voor het diner waren uitgenodigd. Zijn huis is geheel nieuw: hij heeft het in oude stijl laten bouwen en het is zelfs nog niet geheel klaar. Het heeft weliswaar de hoofdvormen van de huizen van oude datum, maar in detaillering is het minderwaardig. Nadat wij zeer vriendelijk waren ontvangen door de eigenaar, Mr Stambouli, heeft hij ons de gebruikelijke verversingen en sigaretten laten serveren. Weldra kwamen de muzikanten aan: het waren twee korpsen, het ene Arabisch en het andere een Turks militair korps uit Aleppo. De Arabische muziek, ofschoon zij Europese oren niet kan bekoren, was de beste die ik ooit gehoord heb. Iedere muzikant bespeelde zijn instrument zeer goed; er was een ghanoun[6], een soort van luit, twee violen, een tamboerijn en cymbalen. De andere muziek, voortgebracht door Europese instrumenten, geleek op kermismuziek, vooral wanneer zij ertoe overging Europese wijsjes uit te braken. Er waren cymbalen en een onvermoeibare Turkse trom; het was verschrikkelijk en

[6] (Arabisch) qânûn = citherachtig snaarinstrument met een platte trapezoïdale klankkast, dat horizontaal voor de speler wordt opgesteld.

afschuwelijk! Het orkest in Europese stijl speelde onveranderlijk dezelfde muziek, een mars uit Alessandro Stradella[7].

Tegen half 7 arriveerden de genodigden één voor één. Een dozijn Joodse dames, getooid met al hun diamanten, nam plaats op de ruime divan; men serveerde hun dadelijk narghilés en suikergoed. Zij droegen zeer rijke kostuums, zij het van een slechte smaak[8]; allen maakten de indruk mismaakt te zijn, al waren er die niet al te lelijk waren. Onder de genodigden bevond zich een aanzienlijke Engelse dame die met een Cheik van Palmyra is getrouwd, die haar vroeger had verblind. Zij heet Lady Digby[9] en moet zeer schoon zijn geweest. Zij had haar grootse manieren niet verloren en is zeer vriendelijk; ik heb veel met haar gesproken. De zoon van Mr Stambouli, die als een jonge fat uit de rijke buurt gekleed ging, sprak een weinig Frans; de vader spreekt of verstaat tot zijn grote spijt in het geheel geen Frans.

Om half 8 verplaatste men zich naar de eetzaal. Wij troffen daar een rijke dis, gedekt op Europese wijze, en talrijke spijzen. Ik was tussen twee Joodse dames geplaatst. Wij drieën dronken uit hetzelfde glas (als drank was er wijn uit Damascus en arakiëh) en mijn buurvrouwen gebruikten geen vork; ik denk dat zij weinig tevreden moeten zijn geweest over dit diner à la Franque! Ik heb naar beste kunnen Arabisch gebrabbeld. Tijdens de maaltijd bleef de muziek doorspelen. Eén uur was voldoende om korte metten te maken met de talrijke gerechten, die evenwel weinig voortreffelijk waren. De heer des huizes noch zijn vrouw namen plaats en eten deden zij evenmin: zij namen er genoegen mee toe te kijken en hun gasten te bedienen.

Na het diner zijn wij weer teruggegaan naar de grote zaal, waar men al rokende en onder het eten van voortreffelijk geconfijt fruit bleef praten. Weldra kwamen er nog andere genodigden voor de avond binnen, onder wie

[7] Alessandro Stradella (1644-1682), Italiaans componist, zanger en violist, werkzaam te Venetië en Rome.

[8] Hier spreekt Testas' puritijnse smaak. Gérôme schrijft over dezelfde dames: „Hun kostuum was op de borst geheel open, waarbij de borsten slechts door een doorzichtig gaas werden verhuld."

[9] Jane Digby (1807-1881), een beroemde femme fatale. De beeldschone dochter van een Engels admiraal uit Norfolk, trouwde ze in 1824 met een oudere weduwnaar, Lord Ellenborough. Deze scheidde van haar toen ze al drie kinderen van andere minnaars had en in Parijs een veelbesproken leven leidde met de Oostenrijkse prins Felix Schwarzenberg. In 1830 werd ze ook door deze verstoten en trok ze naar München, waar ze furore maakte aan het hof van Ludwig I van Beieren en in diens Schönheitsgalerie werd geportretteerd. Na enige tijd in Italië gewoond te hebben met haar tweede echtgenoot Baron Karl von Venningen, die ze twee kinderen schonk, vluchtte ze met een Griekse graaf, Spiridion Theotoky, die ze uiteindelijk trouwde op Korfu. Jane ging er echter vandoor met een Albanese bendeleider, om nadat ook deze relatie was bekoeld in 1853 naar Syrië te reizen met plannen voor archeologisch onderzoek. Daar ontmoette ze Sheich Medjuel al-Mesrab van Palmyra, die haar vierde echtgenoot werd. De ene helft van het jaar woonde ze in Bedoeïnenstijl in de tenten van de sheich, de andere op Europese wijze in een groot huis in Damascus. Dat ook Testas zeer van haar onder de indruk was, blijkt uit een knipsel met haar necrologie dat hij in zijn dagboek bewaarde.

verscheidene vreemdelingen uit het hotel waar wij verblijven, onder andere de markiezin van Ely en haar zoon. Twee Israelitische jongedames hebben dansen uitgevoerd. Eén van hen heeft de sabeldans gedanst; daar geen der genodigden wapens droeg, gaf de koningin van de Palmyreense struikrovers, Lady Digby, een teken aan een magnifique neger die haar overal als een schaduw volgt, een rijk geklede jongeman. Hij trok zijn sabel, die als een bliksem schitterde, en bracht daarmee ongerustheid op menig Israelitisch voorhoofd; vervolgens bood hij zijn wapen zonder iets te zeggen aan het meisje aan. De zaal werd verlicht door massa's kaarsen in enorme Europese luchters. De muziek wist de gehele avond niet van ophouden, voortdurend dezelfde wijs!

Om half 12 waren wij terug in het hotel. Om in het hotel te komen moesten wij een oneindig aantal straten doorlopen, die alle verlaten en zwak verlicht waren en die vaak met zware poorten waren afgesloten, die men door een ernaast slapende wachter moest laten openmaken. Ook moesten wij heel wat stokslagen uitdelen aan de talrijke zwerfhonden, die zich vol woede werpen op hen die hun slaap komen verstoren. Een dergelijk feest is stellig één van de opmerkelijkste zaken die men in dit land kan zien. Weinig reizigers hebben de kans om er één te zien dat in zulke omstandigheden wordt gehouden, waaruit zozeer de overdadige rijkdom spreekt. Men zag dat niets was veronachtzaamd om diegenen op passende wijze te fêteren die door Mr Crémieux waren aanbevolen.

5 Mei. Damascus.

Vanavond hebben wij een interessant feest meegemaakt: de zoon van Mr Stambouli is ons komen zeggen dat er een verlovingsplechtigheid plaatshad in welgestelde Joodse families, en dat, indien wij dit wilden zien, wij ons slechts naar zijn huis behoefden te begeven, vanwaar hij ons naar het feest zou brengen. Om half acht, na het diner, hebben Lenoir, Goupil en ik ons per ezel naar huize Stambouli begeven, waar wij behalve de jongeman (die 18 jaar oud is en getrouwd en vader!) Mr Weiskopf aantroffen. Zij hebben ons vergezeld naar het huis van de jongverloofde, een jonge knaap van 14 jaar. De hof stond vol mensen. Talloze vrouwen riepen de zararît[10], een soort van keelklank, doordringend als een ratel; verscheidenen van hen waren van het feest van gisteren. In de hof, die nog in oude staat was, waren talrijke lichtjes aangebracht: lange snoeren verlichte glazen kruisten elkaar boven het bassin in het midden, op de randen waarvan men grote kandelaars met kaarsen had geplaatst. Het had een verrukkelijke uitwerking! Er stonden grote citroenbomen, beladen met fruit, alsof zij speciaal voor het feest waren neergezet.

10 (Arabisch) zaġarîd = schel keelgeluid, door vrouwen gemaakt als uiting van vreugde of verdriet.

Fig. 30. Testas, *Nachtelijke scène bij stadspoort*. Tekening, pen en inkt in sepia, gewassen, 17,4 × 14,9 cm. Rijksmuseum van Oudheden, Leiden.

Bij binnenkomst leidde men ons naar ereplaatsen in de ontvangst-divan. Na enige ogenblikken ging men op weg naar het huis van de fiancée, met muziek voorop: het was de kroegmuziek van gisteren! Na enkele kronkelstraatjes te hebben gevolgd, hield men stil voor het huis, en iedereen verdrong zich in de nauwe doorgang die toegang gaf tot de hof van een huis dat volkomen geleek op dat welk wij zojuist verlaten hadden. Op de divan waar wij plaatsnamen, bevonden zich reeds enkele rabbijnen, die de verlovingsbelofte moesten bekrachtigen. Na wat te hebben gerookt en verversingen te hebben gebruikt, kwam de vader van het meisje op de divan zitten, waar hij het huwelijksaanzoek van de kant van de vader van de jongen aannam en hem (naar het mij voorkwam) in het bijzijn van de rabbijnen garanties of andere schikkingen ten aanzien van deze vereniging beloofde. Vervolgens werd de jongeman aan de gehele (mannelijke) familie voorgesteld. Daarmee was de plechtigheid afgelopen en iedereen zette zich weer in beweging naar het huis waar zij vandaan waren gekomen, steeds met het bom-bom van de Turkse trom.

Wij hebben de menigte voorbij laten gaan om ons weegs te gaan, en om half 10 waren wij thuis. In iedere oosterse stad is men verplicht een lantaarn bij zich te dragen, anders wordt men gevangen gezet door de eerste ronde nachtsoldaten die men tegenkomt. Tijdens zulke nachtelijke excursies moet men steeds denken aan de bezoekjes die de grote kalief Haroun el Rashîd[11] en zijn vizier 's nachts in Bagdad ondernamen. Het curieuze hiervan zat minder in de plechtigheid zelve, als wel in de aanblik van die verlichte huizen met hun binnenhoven vol mannen en vrouwen in hun mooiste toiletten. Het effect werd nog versterkt door een maan die zo helder was dat men in de open lucht kon lezen. De kleine, door lantaarns verlichte steegjes waar men in processie langs kwam, en het maanlicht dat de daken verlichtte, waarop vrouwen van de Joodse wijk met hun witte sluiers zich verdrongen om de feeststoet te zien voorbij trekken — het was schitterend en deed denken aan dergelijke episoden in de Duizend en Eén Nacht (elf leil 'u leil)[12].

Het Israelitische volk alhier heeft weinig gelijkenis met onze ziekelijke Joden in Europa[13]. In Tabarieh en in Safed ontmoetten wij vele Duitse Joden, veelal blond en getooid met afschuwelijke zwarte hoeden zoals de

[11] Harun al-Rashid (766-809), de beroemdste kalief uit het huis der Abbasiden. Hij kwam in 786 op de troon, maar nam pas 17 jaar later daadwerkelijk de regering ter hand. Zijn bewind was een bloeiperiode, waarin Bagdad tot een centrum werd van wetenschap, kunst, literatuur en muziek. Volgens Europese bronnen had hij contact met Karel de Grote. Na zijn dood tijdens een veldtocht werd hij de held van vele sprookjes en volksverhalen.

[12] (Arabisch) alf laila wa laila. Vgl. noot 1.45.

[13] Vermoedelijk is deze opmerking van de auteur niet ingegeven door racistische motieven (waarvan zijn tijd niet vrij was), maar een eenvoudige constatering van het feit dat de Europese Joden in het algemeen in behoeftiger omstandigheden leefden dan de bevolking die hij nu in Damascus ontmoette.

Poolse Joden en met lange lokken die ter weerszijden van het hoofd neerhangen. Hier in Damascus maken zij een ongedwongener indruk; zij zijn zeer proper en hun huizen zijn bekoorlijk. Men ziet dat hun bestaan hier openlijker en vrijer dan elders is. Met name onder de grijsaards ziet men prachtige koppen en de vrouwen zijn ook niet slecht; ik heb er verscheidene gezien die zelfs zeer mooi en zeer blank waren. Op straat dragen zij over het algemeen de witte sluier en de borka[14], die het gezicht bedekt met een stof van transparante kleur, maar thuis vertonen zij zich met onbedekt gezicht aan vreemdelingen. Zij zijn heel wat onafhankelijker dan de vrouwen der Musulmannen: in hun huis zijn zij de absolute meesteres, maar met de zaken van hun echtgenoot bemoeien zij zich niet. Deze kan een tweede vrouw nemen, doch dit is zeldzaam. Men heeft mij twee rijke Joden genoemd die een tweede vrouw hadden gehuwd omdat zij geen zoon hadden; de twee vrouwen konden goed met elkaar opschieten en alles liep wonderwel in deze huishoudens!

Journault heeft er vanavond de voorkeur aan gegeven thuis te blijven. Bonnat, Goubie en Masson zijn niet naar de bruiloft gegaan omdat zij met M^r^ L'évèque op grote afstand van hier een jachtpartij te paard gingen ondernemen; zij moesten hier al 's avonds vertrekken, om niet te laat aan te komen op de plek waar zij morgen de jacht zullen aanvangen.

6 Mei. Damascus.

Vanochtend ben ik mijn studie bij Abou Antiqua gaan afmaken, en in de namiddag heb ik mij naar het oude huis van Jean Damasquin begeven (in het Arabisch: Mar Johanna Dameschi[15]). Ik heb er een studie in waterverf opgezet van de liwan (ontvangstzaal)[16]; deze is zeer schoon en is niet overladen met kladschilderingen, zoals het merendeel van de door rijke lieden bewoonde fraaie huizen. De bewoners van het huis van Jean Damasquin zijn niet welgesteld, maar zeer vriendelijk; de schilderkunst verbaast hen zeer.

De jagers zijn tegen de tijd van het avondmaal teruggekeerd. Over hun excursie waren zij tevreden, doch zij brachten slechts één enkele haas mee terug en spierpijn van de vermoeienissen! Dat was het enige stuk wild dat zij hebben bemachtigd, hoewel zij ook een vos, twee hazen en een gazelle hebben gezien en met windhonden hebben achtervolgd. Zij hebben in de buurt van Kaffr Hawar gejaagd, waar wij de dag vóór onze aankomst alhier hebben gekampeerd. Na vijftien uur te paard te hebben gezeten waren zij zeer afgemat.

[14] (Arabisch) burquʿ = lange gezichtssluier die de ogen onbedekt laat.
[15] (Arabisch) mar' Yûhannâ Dimasqi; mar' = man, heer.
[16] (Arabisch) liwan = met een gewelf overdekte hal, aan één eind geopend naar de centrale hof van een huis of moskee.

7 Mei. Damascus.

Vanochtend heb ik een studie gemaakt in een straat die langs het oude paleis van Saladin Malek ed Daher[17] loopt, naar men mij gezegd heeft. Tegenwoordig is dit een moskee, Gama Malek ed Daher. In de middag ben ik mijn werk in het huis van Jean Damasquin gaan afmaken, waar men mij verzocht een portret te maken van de dochter van de vrouw des huizes. Ik heb me daar gewillig van gekweten, hetgeen mij helaas tijd voor mijn studie onttrok.

8 Mei. Beyrout.

Wij zijn zeer vroeg opgestaan, om half 3, ten einde op ons gemak te kunnen ontbijten vóór het vertrek van de diligence van Damascus naar Beyrouth. Lenoir vergezelde ons tot aan het kantoor van de rijtuigmaatschappij: hij blijft nog enige tijd te Damascus, zodat wij hem vaarwel hebben gezegd. Om 4 uur verlieten wij het emplacement van de Ottomaanse Rijkspostdiensten, in galop meegevoerd door zes Arabische paarden, drie aan drie ingespannen. Deze zijn niet altijd gemakkelijk te mennen: op tweehonderd pas afstand van het vertrekpunt begonnen de voorste paarden elkaar te bijten en met elkaar te vechten. Een van de vechtersbazen viel steigerend achterover! Dit was het eerste incident, maar gelukkig was er niets gebroken. Van uur tot uur zijn er pleisterplaatsen om te wisselen van paarden of muildieren; deze laatste zijn bijna even groot als paarden. De diligence heeft de vorm van de oude Europese postkoetsen: zes plaatsen binnen, 3 in de achterbak en 3 op het imperiaal, terwijl zo nodig één persoon naast de koetsier kan zitten. Ook de conducteur neemt plaats op het imperiaal. De bagage wordt bovenop de wagen geladen.

De weg is zeer fraai, een macadam[18] zoals in Europa, met stenen bruggen over de beken en ravijnen. Deze weg moet veel geld gekost hebben; het is een Franse maatschappij die hem heeft aangelegd. Rijtuigen en lastdieren met bagage die van deze weg gebruik maken, betalen een tamelijk hoge tol. Bij het vertrek uit Damascus loopt de weg langs de rivier die door Damascus stroomt, de Barrada. Verderop, waar men het gebergte binnenrijdt, geniet men van magnifieke uitzichten. Wij hebben het middagmaal gebruikt te Stora[19], een klein dorpje met een pleisterplaats. Wij hebben aldaar een

[17] Saladin Malik al-Zahir (1185-1218) was een zoon van Sultan Saladin, die in 1171 de Ayyubidische dynastie had gesticht over Egypte en Syrië. Zowel Damascus als Aleppo kenden grote bloei onder zijn bewind.

[18] Weg bestaande uit lagen grove steenslag, ingewassen met leemzand en afgedekt met een laagje fijn steenslag; genoemd naar de uitvinder ervan, de Schotse ingenieur John Loudon MacAdam (1756-1836).

[19] Shtawra, een plaatsje nabij Zahle in de Beqaa-vallei tussen de parallelle bergketens van de Anti-Libanon en de Libanon.

Franse familie ontmoet die wij ook te Jeruzalem hadden gezien, de Huissiers; deze gingen in tegengestelde richting van ons en begaven zich naar Damascus. Na Stora is er een steile klim, ofschoon de weg talrijke zigzags maakt. Boven gaat het verder over de toppen van het Libanongebergte, waarbij men van tijd tot tijd plekken tegenkomt waar sneeuw ligt. Op de kam van naburige toppen ligt gedurende het gehele jaar sneeuw. Het uitzicht in de diepe en brede dalen is magnifiek. Overal kan men er dorpjes, wouden en akkers onderscheiden; het is verrukkelijk.

Onderweg hebben wij een tweede ongeluk gehad, gelukkig zonder gevolgen, als gevolg van een vechtpartij tussen de paarden van het achterste span. Eén paard is over de grond in een ondiepe greppel langs de weg gerold. Wij hebben geluk gehad dat dit niet gebeurd is op de rand van één van de talrijke afgronden waar wij langs gereden zijn! Eens is de diligence van een heuvel naar beneden gerold, meegesleept door een geschrokken paard van het span; onder de reizigers was er slechts één gebroken arm, terwijl het rijtuig in duigen lag. Dit is echter het enige ernstige ongeluk dat er in jaren is gebeurd.

Naarmate men Beyrouth[20] nadert, daalt men uit het gebergte weer af in de groene bebouwde vlakte, waar men vele dadelpalmen kan onderscheiden. Het uitzicht op de stad is indrukwekkend, met zijn rede waarop een groot aantal schepen ligt te wiegen, de volle zee die in de verte in een vage horizon uitloopt als gevolg van de nevel, en de grote uitgestrektheid van het water die men door het hoge standpunt van waaraf men kijkt, kan overzien. Beneden aangekomen, zet de weg zich kaarsrecht en effen voort, zoals in ons eigen vlakke land. Verspreid langs de weg liggen kleine koffiehuizen met tuinen; men ziet er Europese matrozen of Engelse soldaten op hun gemak rusten. Dichter bij de stad ontmoet men vele lieden die per koets of te paard een ritje maken; de laatste rijden ons onder een ongelukkig gesternte tegemoet, want de meeste paarden zijn bevreesd voor het zware en lawaaiige rijtuig dat hen passeert, en de berijder loopt een groot gevaar om uit het zadel te worden geworpen. Een Syriër is met paard en al onder het rijtuig gerold; het is een wonder dat noch hij, noch zijn paard zijn vermorzeld! Daar ik dichtbij het portier van de achterbak zat, zag ik hen verdwijnen en hoorde ik het geschreeuw; ik dacht dat het voorgoed afgelopen was! Men is zo snel

[20] Beirut was in Testas' tijd al de grootste havenstad van Syrië. De plaats kende al grote bloei onder de Phoeniciërs en heette in de Grieks-Romeinse periode Berytus. Na een aardbeving in 529 werd het door Justinianus geheel herbouwd. In 635 werd Beirut Arabisch, en ten tijde van de kruistochten was het een belangrijk Christelijk steunpunt. Vanaf 1517 was de stad, met de rest van de Libanon, een deel van het Osmaanse rijk. Net als tegenwoordig werd het land voortdurend geplaagd door burgeroorlogen, met name tussen de Druzen en de Maronieten (in 1844 resp. 150.000 en 525.000 personen). De Osmaanse regering wakkerde deze tegenstellingen bewust aan om het land zwak te houden; zo was er in 1860 een bloedige vervolging van Maronieten geweest, die slechts na westerse interventie werd gestaakt. Libanon werd daarop een autonome provincie van het Osmaanse rijk, met uitzondering van Beirut en de andere havensteden die Turks bleven. Daarmee zette een periode van rust in die tot 1914 zou duren.

mogelijk gestopt, en wij hebben vastgesteld dat ruiter en paard ongedeerd waren, afgezien van enkele kneuzingen aan het hoofd van de heer.

Om half 6, na dertien en een half uur in het rijtuig, kwamen wij aan op de hof van de diligencemaatschappij. Vandaar hebben wij ons naar het Hotel Andrea laten rijden, een vrij aardig hotel met uitzicht op de rede. Wij hebben er verscheidene families ontmoet die wij gedurende onze reis hadden gezien: M^r^ en Mevrouw Bruce, kennissen sinds Jeruzalem, en de familie Foster, die tegelijk met ons langs Petra kwam. De markiezin van Ely is van Damascus naar Palmyra[21] vertrokken, waar zij verplicht zal zijn 200 pond Sterling doortocht per persoon te betalen! Ik denk dat zij zich deze gril wel kan betalen, want ik geloof dat het anders waanzinnig is om de onaangenaamheden van een reis en een verblijf als dat te Petra ter herhalen, om slechts een verhoudingsgewijs ingebeeld genoegen te vinden. Want naar men mij zegt, is Palmyra vooral interessant vanwege de moeilijke reis, die maakt dat een bezoek door Europeanen er zeer zeldzaam is. Maar zo zijn de Engelsen: zij zullen ongemakken en flinke uitgaven verduren, om te kunnen zeggen dat zij op een plek geweest zijn waar niet iedereen komt!

Beyrouth is een tamelijk grote stad met talrijke bazars. Er is veel verkeer en vele Europeanen, maar weinig interessante monumenten: het is een allergewoonste Oosterse stad, vuil en zonder karakter op pittoresk gebied. Wij hebben er Joseph ontmoet en onze dienstboden, die nog niet naar Egypte hebben kunnen vertrekken. Joseph zal te Kaïro het paard van Ali Pacha ophalen, om het naar Mr Gérôme in Parijs te brengen.

9 Mei. Beyrouth.

Vanochtend zijn Goupil en ik bij de douane de koffers gaan ophalen die wij vanuit Kaïro hadden opgestuurd. In Damascus hadden Bonnat & Lenoir de koffers die zij vanuit Beyrout hadden laten komen, al met opengebroken sloten aangetroffen. Van degene die hier achtergebleven waren, waaronder de mijne, waren alle sloten geforceerd en verwijderd! Wij zijn flink te keer gegaan; de gehele douane was in rep en roer. Dreigen met een klacht bij de Consul veroorzaakte een heilzame schrik onder dit Ottomaanse tuig: zij boden aan om voor alle veroorzaakte schade te betalen en maakten duizend

[21] Palmyra (Grieks: de Palmenstad; de Arabische naam is Tadmur) is een belangrijke oase op 250 kilometer ten noordoosten van Damascus. Vroeger lag de stad op een knooppunt van karavaanwegen, en als zodanig wordt Tadmur al in de Assyrische bronnen van 1100 v. Chr. genoemd. In 17 na Chr. werd Palmyra een vazal van Rome en onder Septimius Severus een kolonie; tussen 260 en 273 voerde koningin Zenobia echter een politiek van onafhankelijkheid, waarbij grote delen van Syrië, Egypte en Klein-Azië werden geannexeerd. In 634 werd Palmyra Arabisch, in 1517 Turks. Van de Romeinse stad zijn vele resten over, met name van de Baältempel, het theater, de triomfboog van Septimius Severus, de colonnaden langs de hoofdstraten en de graftorens buiten de stad.

verontschuldigingen. Gelukkig was er niets uit onze koffers gestolen, zodat wij eraf kwamen met het laten repareren van onze sloten. Ik heb plaats besproken op de Oostenrijkse boot tot aan Smyrna.

's Avonds vóór het diner zijn verscheidenen van ons een Arabisch bad gaan nemen. Het badhuis was niet zo groot en schoon als dat waar wij te Damascus waren geweest, maar men werd er veel beter bediend. Voortreffelijke massages brachten onze door stof en hitte vermoeide ledematen weer tot rust, kortom: de eigenaar en zijn knechts waren zeer voorkomend. Net als in Damascus hebben wij hier de gelegenheid voor ons gereserveerd voor 20 fr., daarbij inbegrepen de verversingen die men na afloop van het bad op de divans liggende gebruikt. Na het diner hebben Goupil, Bonnat en ik een klein uitstapje ondernomen naar de Walachijse[22] kroegen, dichtbij de zee in de omgeving van het hotel.

[22] Walachije, tegenwoordig dat deel van Roemenië dat tussen de Karpaten en de Donau ligt, was vóór 1862 nog een zelfstandige mogendheid. Het gebied heeft steeds een eigen geschiedenis gekend. Na een tijd lang een speelbal tussen de Hongaren en de Turken te zijn geweest, kreeg het in 1526 onafhankelijkheid; in 1698 werd Bukarest de Walachijse hoofdstad. Na sinds de Russisch-Turkse oorlog van 1768-1774 in feite een Russisch protectoraat te zijn geweest, kregen Walachije en Moldavië in 1859 weer een eigen vorst. In 1862 ontstond zo Roemenië, dat van 1866-1881 door Carol I von Hohenzollern-Sigmaringen werd bestuurd onder Turkse soevereiniteit.

8. VAN BEYROUTH NAAR BYZANTIUM

10 Mei. Aan boord van de Arciduchessa Carlotta.

Om half 6 's middags hebben wij ons aan boord laten brengen van het stoomschip de Archiduchesse Charlotte van de Oostenrijkse Loyd. Het schip is vol passagiers; er is vooral een groot aantal pelgrims aan boord, mannen en vrouwen, die het achterdek bevolken. Men heeft het dek in tweeën gedeeld, waarvan één gedeelte voor het onderbrengen van deze reizigers. De boot is niet zeer groot en de gemeenschappelijke salon klein en nauw, omdat de hutten der 1e klasse aan weerszijden op deze zaal uitkomen. Daardoor zit men tijdens de maaltijden zozeer opéén aan tafel, dat men zich nauwelijks kan verroeren. Gelukkig is het mooi weer en een kalme zee.

11 Mei.

Bij het ontwaken zagen wij vanochtend het eiland Cyprus. Het anker werd voor de stad Larnaka[1] uitgeworpen, waar wij aan wal zijn gegaan om ons in de bazars wat te vertreden. De plaats is niet buitengewoon interessant, maar het is er vrij proper en vol leven. Om twee uur in de namiddag vertrokken wij weer. De zee is kalm, maar de lucht is vochtig.

12 Mei.

De zee is nog altijd mooi, met een enigszins bedekte lucht en een aangename wind. Er heerst aan boord een grote harmonie tussen de passagiers. Men praat en lacht wat en de tijd verstrijkt op aangename wijze. Verscheidene reizigers zijn kennissen van vorige ontmoetingen tijdens onze reis. M^r en M^w Foster gaan met hun vriend Mr Freeman van Smyrna naar Triëst. Er is ook een Amerikaanse familie aan boord, dezelfde waarmee wij aan boord van de Saïd hebben gereisd, vanaf Messina waar zij aan boord kwamen. Het zijn dezelfde jongedames die medelijden kregen met het lot van Lenoir, toen deze zich als Arabier verkleed had. Ook hebben wij de gravin Rapp aan boord, met haar zoon en de vriend van haar zoon, Mr Marti. Zij is een zeer vriendelijke dame, licht vatbaar voor indrukken en levendig, kortom een echte Française. Ook de heren die haar vergezellen, zijn zeer pleizierig en doen heel niet gewichtig. Vandaag zwerven wij de gehele dag in het zicht van

[1] Havenstad aan een baai aan de zuid-oostelijke kust van Cyprus. Cyprus was in 1570 door de Turken veroverd en bleef dit ondanks herhaaldelijke Griekse opstanden.

de Klein-Aziatische kust, waar bergen met sneeuwgedekte toppen een zeer fraaie aanblik bieden.

13 Mei.

Vannacht waren wij aangekomen op de ankerplaats voor het eiland Rhodos[2]. De vorige dag had men ons gewaarschuwd dat het schip om 9 uur 's ochtend van Rhodos zou vertrekken, zodat iedereen al vroeg op was. Toen ik aan dek kwam, stond de zon op het punt op te komen van achter de tegenover het eiland Rhodos gelegen bergen. Weldra kon men op een bergtop een klein gouden randje onderscheiden, en vervolgens het gehele, snel en zelfs zichtbaar rijzende hemellichaam; ik heb het nog nooit met een dergelijke snelheid van achter de horizon te voorschijn zien komen. Het was een superbe zonsopkomst! De hemel was wolkeloos, zij het een weinig nevelig, en de zee was kalm als een olieplas; het was werkelijk fraai! Aan de tegenoverliggende zijde, achter mij, begon het eiland Rhodos zich af te tekenen, verlicht door de eerste zonnestralen. Het is een allerpittoreskst eiland. De bergen die men op een zekere afstand achteraan ziet verrijzen, hebben schone vormen en zijn bedekt met huizen en begroeiing. De stad zelf heeft een indrukwekkend middeleeuws aanzien. De versterkingen lopen aan de zeezijde uit in twee van torens voorziene forten. Een derde toren, die de tegenhanger vormde van de toren aan het eind van één der zijden van de haven, is niet lang geleden als gevolg van een aardbeving ingestort.

Kort nadat wij ons in één der roeibootjes hadden laten zakken die langszij gekomen waren om liefhebbers naar wal te varen, stonden wij op de havenkade. Wij waren aan boord genomen door een Jood, die een weinig Frans sprak en ons in de stad als gids diende. Voor een Oosterse stad is er weinig opmerkelijks en de bazars zijn weinig belangrijk, maar de overblijfselen van de grootsheid uit de tijd der Grootmeesters van S[t] Jan zijn echt aanzienlijk. Er zijn bekoorlijke architectonische details, met name in de Straat der Ridders, waarvan de huisgevels met een groot aantal wapenschilden van de ridders zijn getooid. Wij zijn door de gehele stad gelopen, zelfs door de Joodse wijk, in een poging wat oude rommel te vinden, en daarna naar de sponzenmarkt. Ook hebben wij gepoogd de Engelse Consul te zien, die een verzameling oudheden bezit, maar hij was er niet, zodat wij deze niet hebben

[2] Rhodos was in de oudheid een machtige handelsrepubliek en een centrum van kunst en cultuur. De gelijknamige hoofdstad was in 408 v. Chr. gesticht. In de Romeinse tijd werd het eiland een deel van de provincie Asia. Na veroveringen door de kaliefen, de Grieken en de Genuezen kwam Rhodos in 1310 aan de uit Palestina verdreven Johanniter Ridders (zie noot 5.41), die het tot 1522 tegen de Turken wisten te verdedigen. Pas na de Tweede Werreldoorlog werd Rhodos weer Grieks. De stad Rhodos heeft met zijn 16de-eeuwse muren en poorten nog een middeleeuws aanzien. De centrale kruisriddersstraat voert langs de huizen van de ridders naar het eind 14de-eeuwse paleis van de grootmeesters op het hoogste punt.

Pl. I. Testas, *De expeditie in de Oriënt, Akabah, 19 maart*. Van links naar rechts: Gérôme, Barthélemy, Bonnat, Journault, Testas, Lenoir, Joseph Moussali, Goupil, Goubie; uiterst rechts toegevoegd: Masson (*is in Jerusalem bij ons gekomen*). Aquarel, 12,9 × 20,2 cm. Rijksmuseum van Oudheden, Leiden.

Pl. II. Testas, *Het Ezbekiehplein te Kaïro*, 1858 (?). Aquarel, 34 × 51 cm. Particuliere verzameling.

kunnen zien. Eén voor één kwamen wij alle passagiers van boord weer tegen, en uiteindelijk waren wij allen verzameld voor een koffiehuis op de havenkade, in de schaduw van enkele moerbeibomen en ons verfrissend met limonades en sorbets.

Om negen uur lichtte de boot het anker en vertrokken wij. Er was een woordenwisseling aan boord (gelukkig zonder felheid) over de plaats van de Kolos[3], een kwestie die niemand op redelijke wijze heeft kunnen oplossen. Daar het nog steeds mooi weer is, heeft de zeereis geheel en al het karakter van een pleiziertochtje. De gehele dag ziet men ter rechter- en ter linkerzijde bekoorlijke groene eilanden, en het is een sprookjesachtig mooie zee. Daar zijn wij dan in die vermaarde archipel, waarvan alle eilanden beroemde namen dragen! Ook de Syrische kust is steeds in zicht; af en toe varen wij bijna onder de rotsen door. Men kan duidelijk de dorpjes onderscheiden, met hun bebouwde velden die zich als rechthoeken aftekenen op de berghellingen. De zee is zo helder dat men, wanneer men aan de achtersteven van de boot omlaag kijkt, de kleinste voorwerpen op de zeebodem kan onderscheiden op minstens twintig vadem diepte.

14 Mei. voor Smyrna.

Om tien uur 's ochtends zijn wij voor Smyrna[4] aangekomen. Wij hebben ons aan wal laten brengen in één van de talrijke bootjes die om het schip heen krioelen; het zijn barken met voor en achter een spitse punt, die zeer licht op het water drijven. Wij zijn in alle richtingen door de stad gelopen; zij is groot maar weinig fraai. De bazars zijn talrijk en ofschoon zij niet meer de belangrijkheid van vroeger vertegenwoordigen, hebben zij een zekere bekoring door de variëteit van de voorwerpen die men er vindt. Wij hebben tevergeefs naar mooie Smyrna-tapijten gezocht; alle welke wij onder ogen kregen, waren afschuwelijk. 's Avonds zijn wij na het diner opnieuw van boord gegaan om enkele cafés-chantants enz. te zien. Het wemelt in Smyrna

[3] De Kolos van Rhodos was één der zeven wereldwonderen van de Oudheid. Het was een 32 meter hoge bronzen figuur van de zonnegod Helios, vervaardigd door de beeldhouwer Chares van Lindos. Deze figuur werd aan het begin van de 3de eeuw v. Chr. naast de haven opgesteld als dank voor een met succes doorstane belegering. Bij een aardbeving in 224 v. Chr. brak het beeld bij de knieën; het werd nooit hersteld.

[4] Het huidige Izmir, een natuurlijke haven aan de gelijknamige golf en de tweede stad van Turkije. Het ligt op de plek van het oude Smyrna, een Ionische stad uit ca. 300 v. Chr. die zelf de opvolger was van een nog oudere nederzetting 4 kilometer noordelijker aan de monding van de rivier de Hermus; deze was in 600 v. Chr. verwoest door de Lydiërs. Smyrna was met name in de Romeinse tijd een bloeiende handelsstad, maar werd in de Byzantijnse tijd geleidelijk door Constantinopel overschaduwd. In 1424 werd het door de Turken ingenomen, maar behield zijn Griekse karakter. De oude stad ging grotendeels verloren in de Eerste Wereldoorlog en bij een aardbeving in 1928; tegenwoordig telt Izmir ongeveer 1 miljoen inwoners en is het een centrum van toerisme, handel en industrie, en een marinehaven.

van de koffiehuizen; alle zitten zeer vol. Naast Grieken, die in Smyrna zeer talrijk zijn, ontmoet men er vele Europeanen met hun lelijke zwarte hoeden.

15 Mei. voor Smyrna.

De bazars bezocht. In heel weinig steden ontmoet men zulk een zichtbare neiging om reizigers te bedriegen! Men kan flink afdingen tot een kwart of een vijfde van de waarde die de handelaars reizigers vragen voor hun tweederangs koopwaar. Ik ben M^{r} van Lennep[5] gaan opzoeken, onze Consul te Smyrna. Hij spreekt Hollands, maar niet al te gemakkelijk; hij zei mij dat hij zo zelden de gelegenheid heeft het te spreken, dat hij het geheel was ontwend. Het is een bejaard man vol voorkomendheid.

16 Mei. Arciduchessa Carlotta.

Vanochtend zijn wij opnieuw naar de stad gegaan. Toen ik tegen twee uur aan boord terugkeerde, vertelde Mad. Rapp mij dat zij vernomen had dat de Consul van Holland buiten de stad door rovers was overvallen en gekneveld, en dat hij een aanzienlijk bedrag moest betalen voor zijn vrijlating. In zulk een afschuwelijke gebeurtenis kon ik niet geloven, maar daar niets onmogelijk is, heb ik mij opnieuw aan wal laten brengen in een poging de waarheid te achterhalen. Bij aankomst in het Consulaat der Nederlanden vernam ik van de komst van M^{r}. van Lennep, die kort daarna binnenkwam. Hij vertelde mij dat zijn neef, een zoon van zijn broer Mr Charles van Lennep[6], gisteren samen met een Engelsman die bij hem was, door een tiental Griekse rovers was verrast, dichtbij een boerderij op een uur gaans vanaf de stad in de richting van de bergen. De rovers hadden de Engelsman naar de stad gezonden en hadden de jongeman mee de bergen in genomen. De Engelsman had van hen de opdracht gekregen een bedrag van 15000 pond te eisen als losgeld.

M^{r} van Lennep zag er terneergeslagen uit, en hij verkeerde over heel wat zaken min of meer in onzekerheid, met betrekking tot wat hem te doen stond, vanwege het gevaar dat zijn neef zou lopen in geval van een poging hem gewapenderhand te verlossen. Hij heeft een telegram naar Constantinopel gezonden, maar had nog geen antwoord ontvangen. Ik hoop in Constantinopel

[5] Richard Jacob van Lennep (1811-1890), telg uit een sinds 1738 in Smyrna wonend koopmansgeslacht en onder meer bekend als verzamelaar van oudheden, waarvan hij veel schonk of verkocht aan het Rijksmuseum van Oudheden te Leiden.

[6] Charles David van Lennep (1818-1886), tabaksplanter te Tchiftlik Malcadjik, het 30 kilometer van Smyrna verwijderde landgoed van de Van Lenneps, en later consul van Zweden. Zijn zoon Alfred Oscar (1851-1913) zou de ontvoering overleven (de ontvoerders werden gedood en hun hoofden op pieken tentoongesteld als afschrikwekkend voorbeeld) en werd later vice-consul te Smyrna. Ook hij leverde oudheden aan het Leidse museum, voor een deel gevonden in de grafheuvels op het familielandgoed.

Pl. III. Testas, *Huizen in Kairo*, 1858 (*ad Nat. del.*). Aquarel, 33,5 × 24 cm. Particuliere verzameling.

Pl. IV. Testas, *Eene Egyptische danseres*, 1863. Aquarel, 32,5 × 26 cm. Rijksprentenkabinet, Amsterdam.

de afloop van deze ongelukkige gebeurtenis te vernemen. Het is ongelooflijk dat dergelijke zaken zich in de nabijheid van een grote beschaafde stad als Smyrna kunnen voordoen! Om vier uur hebben wij het anker gelicht voor het vertrek naar Stamboul. Er zijn veel mensen aan boord gekomen, vooral Levantijnen. Het weer en de zee zijn superbe.

17 Mei. Zondag. Arciduchessa Carlotta.

Gisteravond tegen elf uur lagen wij stil voor Mytilene[7], de hoofdstad van het eiland Samos. Een groot aantal barken kwam langszij de boot; het was een nogal aardig gezicht, al die door lantaarns verlichte scheepjes op de phosphorescerende zee en onder een heldere met sterren bezaaide nachthemel. Weldra begaven wij ons weer op weg en vanochtend om 7 uur waren wij voor Tenedos[8]. Ook hier hebben wij niet lang stilgehouden. Om half één kwamen wij bij Ghanak Kalisji[9] aan de ingang van de Dardanellen; hier kwam opnieuw een flink aantal passagiers aan boord en de boot zit stampvol. De oevers van de zeestraat naderen elkaar sterk. Men komt vele schepen tegen en merkt daardoor dat men een grote stad nadert. De plek waar de geschiedenis van Hero en Leander[10] zich heeft afgespeeld, is het minst breed, maar heeft toch een breedte van minstens 2000 meter. Daar heeft ook Lord Byron[11] de zeestraat zwemmend overgestoken.

Om 4 uur lagen wij voor Gallipoli[12], een aardig gelegen doch weinig

[7] Mytilene is de hoofdstad van het eiland Lesbos, niet van Samos. Het eiland, dat in de Oudheid beroemd werd door de dichteres Sappho, was in de Middeleeuwen geruime tijd zelfstandig. Van 1354-1462 was het onder Genuees bestuur, daarna Turks tot 1912 en tegenwoordig weer Grieks.

[8] Dit kleine eiland ligt strategisch voor de Turkse kust bij Troje. Het werd in de Oudheid gekoloniseerd door Aeoliërs en was gedurende de Middeleeuwen in Byzantijnse handen. Daarna werd het Turks, wat het met uitzondering van een korte periode van Grieks bestuur (1921-1923) steeds gebleven is; de Turkse naam is Bozca.

[9] Çanakkale of Ghanak Kale, een centrum van handel en industrie op de Aziatische oever van de Dardanellen; tevens uitgangspunt voor het toerisme naar Troje.

[10] Dit verhaal wordt door de Romeinse dichter Ovidius verteld. Hero was een priesteres van Aphrodite in Sestos op de Europese oever van de Dardanellen. Haar geliefde Leander uit Abydos, ongeveer 5 kilometer ten noorden van Çanakkale op de Aziatische oever gelegen, zwom elke nacht naar de overkant, geleid door het licht van een fakkel. Toen deze tijdens een storm uitwoei, verdronk Leander, waarop ook Hero zich in zee stortte.

[11] George Gordon Byron (1788-1824), Engels dichter en schrijver. Byron verliet Engeland in 1809 voor een rondreis door het Middellandse Zeegebied, wat hem inspireerde tot vele oosterse verhalen. Na een kortstondig huwelijk verliet hij Engeland in 1816 opnieuw, en nu voorgoed. Hij woonde onder meer in Zwitserland en Italië en nam in 1823 deel aan de Griekse vrijheidsoorlog tegen de Turken. Door zijn leven en werk werd Byron de meest invloedrijke vertegenwoordiger van de romantische school.

[12] De Turkse vloot- en visserijhaven Gelibolu, op de Europese oever bij de noordelijke uitgang van de Dardanellen gelegen. De stad werd in de 5de eeuw v. Chr. gesticht als Kallipolis; het vormde reeds toen een belangrijk steunpunt op de weg van Europa naar Azië. In 1356 werd het als eerste Europese stad aangevallen door de Turken, en ook in de Krimoorlog en de Eerste Wereldoorlog speelde het een belangrijke rol.

belangrijke stad. Naar men ons zei, biedt zij weinig bezienswaardige zaken. Ook hier hield men niet lang stil, en geen van de passagiers is aan wal gegaan om een ronde door de stad te maken. Morgenvroeg zullen wij in Constantinopel zijn.

18 Mei. Constantinopel.

Toen wij ontwaakten, waren wij al in het zicht van Constantinopel[13]. De zon wierp haar stralen door een mistige sluier. Wij maakten snel vordering; de Zee van Marmora was kalm als een meer en ontelbare dolfijnen speelden in het water, terwijl zij hun buitelingen tot vlakbij het schip maakten. Beetje bij beetje ontrolde de onmetelijke uitgestrektheid van Constantinopel zich voor ons. Allereerst voeren wij langs de punt van de stad die de Zeven Torens[14] heet, na met misnoegen een groot aantal buiten de muren gebouwde fabrieken van Europese trant te hebben gezien. De stadsmuur reikt hier tot aan het water, zoals verderop de huizen, waarvan de fundering door de wateren van de Zee van Marmora worden bespoeld. Achter deze opeenhoping van stadsmuren en huizen verheft zich een menigte daken, spits zoals die in Europa. Hier en daar steken grote moskeeën hun koepels en hun slanke minaretten in de lucht.

Bij het omvaren van de kaap met de oude serail staat men plotseling voor het schoonste gezicht op Constantinopel: de Gouden Hoorn[15]. Deze aanblik is magnifiek: ter weerszijden van deze brede zeearm, die op de monding van een rivier gelijkt, klimt de stad op langs heuvels waarvan de toppen bekroond worden door grote moskeeën. Links ziet men Stamboul, de grote stad die bij uitstek Turks is, met de St Sophie enz., het paleis van de Sultan en het paleis

[13] Deze stad werd onder de naam Byzantium in 660 v. Chr. gesticht als kolonie van het Griekse Megara. In 330 na Chr. maakte keizer Constantijn het tot hoofdstad van zijn rijk onder de nieuwe naam Constantinopel. Na de splitsing tussen het Oost- en het West-Romeinse rijk in 395 werd Constantinopel de belangrijkste stad van het oostelijke Middellandse Zeegebied en de residentie van de Byzantijnse keizers. De stad werd in 413 door Theodosius ommuurd en trok in de Middeleeuwen vele Europese handelaars. Van 1204-1261 werd Constantinopel door de kruisvaarders bezet, waarmee het verval inzette. In 1453 werd de stad uiteindelijk door de Turken ingenomen, waarmee het de residentie werd van de Osmaanse sultans tot 1922. Daarna werd de stad andermaal omgedoopt tot Istanbul, terwijl in 1923 de hoofdstad naar Ankara werd verplaatst.

[14] De burcht met de 7 torens (Heptapyrgion of Cyclobium) ligt aan het water bij het zuidelijk uiteinde van de westmuur van de stad. De aanleg dateert van 480, maar de tegenwoordige staat ontstond bij een verbouwing in 1350.

[15] De Gouden Hoorn is in feite de brede monding van een riviertje, dat hier in de Zee van Marmora uitstroomt. De oude stad ligt ter weerszijden, met het in 1462 door Mehmet II begonnen paleizencomplex van de Serail (nu het Topkapi-museum) en de daarachter gelegen Aya Sophia (zie noot 8.24) op de zuidelijke landtong en de wijken Pera (tegenwoordig Beyoglu) en Galata (het centrum van handel en financiën, met het Dalmabuhce-paleis aan de Bosporus) op de noordoever.

Pl. V. Testas, *Herinnering aan de woestijn tussen Dashour en Tamiëh op 3 februari 1868*. Aquarel, 24,6 × 41,6 cm. Teylers Museum, Haarlem.

Pl. VI. Testas, *Mijn reisezel in de Fayoem*, 1868. Aquarel, 13,2 × 21,5 cm. Rijksmuseum van Oudheden, Leiden.

Pl. VII. Testas, *Herinnering aan ons kamp bij de berg Sinaï van 6 tot 10 maart 1868*. Aquarel, 18 × 25,5 cm. Prentenkabinet der Rijksuniversiteit, Leiden.

Pl. VIII. Testas, *In galop op reis door Palestina*. Van links naar rechts: Testas, Goupil, Bonnat. Aquarel, 17,2 × 23,5 cm. Particuliere verzameling.

van Blaquernas[16]. Rechts onderscheidt men Galata en Pera, de wijk waar de Europese Christenen wonen en waar alle ambassades zich bevinden. De grote toren van Galata, die door de Genuezen is gebouwd, beheerst de hoogten. Midden op de zeearm is het een voortdurend komen en gaan van stoomboten van alle landen, zeilschepen en snelle roeiboten die caïks[17] worden genoemd. Drie bruggen overspannen de Gouden Hoorn; op één daarvan, de eerste en grootste, betaalt men een tol van 10 paras[18] (of een sou).

Nadat de boot het anker had uitgeworpen, bracht een zwerm barkjes van iedere vorm zwermen plaatselijke dienstboden en dragers, en in een oogwenk was het hele dek ingenomen door deze luidruchtige, vuile en lastige menigte. Goupil had vanuit Smyrna een telegram gezonden naar zijn vriend Maout, schoonzoon van de Ambassadeur van Frankrijk te Constantinopel, Mr Bourée[19], met het verzoek om voor ons plaats te reserveren in een geschikt hotel. Voortdurend verkeerden wij in de hoop iemand aan boord te zien komen die door hem gezonden was, maar ma fish, oftewel niemand! Het wachten moe, zijn Goupil en ik aan wal gegaan en wij hebben ons naar de ambassade laten brengen, een superbe paleis met schone tuinen en verbonden met een grote kapel. Mr Maout lag nog te bed, maar verscheen weldra om zijn vriend de hand te komen drukken. Hij had geen telegram ontvangen, en was bijgevolg bedroefd dat hij ons niet van dienst had kunnen zijn door logies voor ons te zoeken. Gelukkig zijn er hier vele goede hotels; wij slaagden erin plaats te vinden in het Hotel de Byzance, tegenover het onderkomen van het gezantschap van Nederland. Vervolgens zijn wij vergezeld van een cawas van het Franse gezantschap naar boord teruggekeerd om onze metgezellen en onze bagage op te halen. Dankzij de cawas zijn wij bij aankomst aan de douane zeer oppervlakkig gevisiteerd en weldra beklommen wij te voet de steile hellingen van de straten, voorafgegaan door zeven dragers, die met onze kisten en koffers waren beladen.

In het hotel vond ik bij het middagmaal Sonnaville terug, die over Athene had gereisd en van plan was morgen naar Varna en de Donau te vertrekken, evenals de gravin Rapp, haar zoon en Mr Marti. 's Middags zijn wij de bazars van het oude Stamboul gaan bezichtigen. Deze zijn zeer uitgestrekt, zeer gevarieerd en goed toegerust: men vindt er van alles en er loopt steeds een massa mensen. Wij zijn verscheidene winkels met curiositeiten, wapens, koperwerk, tapijten enz. binnengegaan, waarvan de Joodse of Christelijke eigenaars voor het merendeel redelijk Frans spraken. Alles is hier zeer duur, duurder dan in enige andere plaats waar wij tijdens onze omzwervingen door

[16] Blachernae, sinds de 7de eeuw keizerlijke residentie, ligt aan de noordwestelijke hoek van de stadsmuur.

[17] Turks kayik = smal roeibootje.

[18] 10 paras = ¼ piaster = 2 ½ cent.

[19] Frédéric Albert Bourée (1838-1914), Frans diplomaat, achtereenvolgens te Athene, Parijs, Constantinopel (1867-1870), Parijs, Amerika, China, Kopenhagen, Brussel en opnieuw Athene.

het Oosten langs gekomen zijn. Waarschijnlijk is dit als gevolg van de neiging der Europeanen om overal en altijd af te dingen; men kan in alle gerustheid een derde of een kwart bieden van de vraagprijs!

Na het diner, dat in het hotel zeer goed is, hebben wij een gedeelte van de avond doorgebracht met Mevr. de Gravin Rapp. Wij hebben daar een Turkse generaal ontmoet, Safed Pacha, die voortreffelijk Frans spreekt. Daarna heb ik mijn avond beëindigd in een tuincafé-chantant, waar men zich naar één of andere stad in Europa verplaatst waande. In Galata en Pera is het Oosterse karakter vrijwel geheel verdwenen. In de straten die men doorloopt, ziet men slechts volmaakt Franse of Duitse winkelpuien en café's, en heren en dames die volgens de laatste mode gekleed gaan. Men vindt er boekhandels, photographische ateliers, en zelfs een passage met winkels zoals in Frankrijk en elders, met asfalt geplaveid en met een glazen koepel overdekt.

19 Mei. Constantinopel.

Vanochtend ben ik een bezoek gaan afleggen bij Mr Berg van Middelburg, onze minister-resident[20]. Hij was in de stad vanwege de postdag; gewoonlijk woont hij te Beïkos[21] aan de oever van de Bosporus. Hij was zeer vriendelijk; ik heb hem de bijzonderheden verteld die ik wist over de ontvoeringszaak van de zoon van Mr C. van Lennep te Smyrna. Ik heb ook Stoetwegen[22] gezien, die zijn onderkomen in het gebouw van het gezantschap heeft. Hij was zeer verbaasd mij te zien en wij hebben lange tijd samen over het verre vaderland gesproken. Het was mij een waar genoegen om mijn eigenlijke taal weer eens te spreken; het is triest te bemerken hoe snel men het spreken verleert van een taal, welke ook, wanneer men hem gedurende enkele maanden in het geheel niet spreekt. Vanzelfsprekend was ik de mijne niet vergeten — het zou absurd zijn dat ook maar te denken — doch ik moet bekennen dat ik, ongetwijfeld vanwege het verschil in uitspraak dat er bestaat tussen het Franse en het Hollandse idioom, verbluft was te bemerken hoezeer ik moeite had om te spreken, en vooral om ieder woord op de juiste wijze totaan de laatste letter te voleindigen. Nu begrijp ik hoe het een Fransman physiek onmogelijk is om een taal als de onze correct te leren spreken; hij is werkelijk moeilijk en inspannend om uit te spreken!

Tegen half drie zijn wij de plechtigheid van de draaiende derviches[23] gaan

[20] Jonkheer Otto Willem Johan Berg, heer van Middelburgh (1828-1895), later gezant te St.Petersburg en kamerheer in buitengewone dienst.

[21] Beykoz ligt 15 kilometer ten noorden van Istanbul aan de Aziatische kant van de Bosporus. Langs de beboste kust lagen veel villa's en buitenplaatsen van diplomaten en notabelen.

[22] Jonkheer Edmond Willem Ferdinand Wttewaall van Stoetwegen (1840-1908), later eveneens werkzaam te St.Petersburg als buitengewoon gezant en gevolmachtigd minister.

[23] Zie noot 1.59. Door gedurende lange tijd in het rond te draaien, ritmische bewegingen te maken en godsdienstige formules eindeloos te herhalen trachten de derwisjen in trance te komen.

zien. Het is een curieus, doch tamelijk vervelend schouwspel. Vroeger heb ik er in Kaïro gezien die heel wat pittoresker waren. Naast de draaiende was er in Kaïro ook een kring van brullende derviches, die de zikr deden terwijl de anderen in het midden ronddraaiden. Hier heeft de plechtigheid plaats in een goed onderhouden zaal met een gladde, in de was gezette houten vloer; de muren zijn getooid met versieringen die aan de cafés-chantants doen denken; verder was het een gedrang van luidruchtige nieuwsgierigen. Het was alles erg weinig indrukwekkend en het ontbrak volledig aan karakter. Toen wij weer buiten stonden, hebben wij nog wat door de stad geslenterd. Stoetwegen heeft in het hotel gedineerd, waarna verscheidenen van ons naar een avond bij Mr Bourée gingen, terwijl ik met Stoetwegen ben uitgegaan. Ik heb hem een eind weegs vergezeld op weg naar de Pruisische Consul, waar hij zijn avond ging doorbrengen. Ik ben teruggekeerd naar het hotel om wat kranten te lezen, in gezelschap van Masson, die thuis moet blijven vanwege een loslijvigheid in het ingewandssysteem.

Ik heb vandaag horen vertellen dat de aanslag die op de persoon van M^r^ van Lennep en een Engelsman werd uitgevoerd, midden op de dag plaats had, op het uur dat de landarbeiders zich hadden teruggetrokken om te eten, en dat zij zich toen plotseling omringd hadden gezien door gewapende mannen, alsof deze uit de aarde waren voortgekomen. Ofschoon zij niet voorbedacht waren geweest op een dergelijk avontuur, daar zij in alle rust bezig waren een locomobiel voor het ploegen uit te proberen, hadden zij nogthans geweren bij zich. Toen zij op hun aanvallers schoten, alarmeerden zij de arbeiders, die in aller ijl kwamen aanrennen, maar helaas te laat. De metgezel van M^r^ van Lennep heeft kunnen ontsnappen, terwijl deze zelf is meegevoerd. Men zegt dat men bij die gelegenheid drie rovers gevangen heeft genomen. Ik weet niet of dit nieuws juist is, ik betwijfel het zelfs, gezien de uitzonderlijke onverschilligheid van het Turkse gouvernement.

20 Mei. Constantinopel.

Vandaag is mijnheer Maout, vergezeld door zijn vrouw (een dochter van Mr Bourée, de Ambassadeur van Frankrijk), ons komen ophalen voor een bezoek aan enkele moskeeën. Dankzij de geheel met goudgalon overdekte kawas van de Ambassade die zij met zich meegenomen hadden, hebben wij vrijelijk in de moskeeën kunnen binnengaan en rondlopen. Allereerst zijn wij de St Sophie[24] ingegaan, die terecht beroemd is om zijn pracht. Er is zulk een

[24] De Hagia Sophia of Aya Sophia werd in 537 gewijd op de plaats van een oudere kerk. De kerk werd voor keizer Justinianus gebouwd door Isidorus van Milete en Anthemius van Tralles en geldt als het hoogtepunt van de Byzantijnse architectuur. Hij bestaat uit een centrale koepel van 55.60 meter hoog en 39 meter doorsnee, geflankeerd door twee halve koepels. Van binnen is hij rijk versierd met mozaïeken uit de 9de-12de eeuw. Na de Turkse verovering van 1453 werd het

luxe van marmer en goudmozaïeken dat men verbluft staat. Het bouwwerk is groot en majestueus, en de details van het Byzantijnse beeldhouwwerk zijn van de schoonste stijl. Na de St Sophie hebben wij de moskee van Ahmed Pacha[25] bezichtigd, eveneens een zeer grote moskee, maar na de St Sophie weinig interessant om te zien. Vandaar uitgaande en over het At Meïdanplein[26] lopende, waar twee obelisken staan, hebben wij een wijk gezien die de sporen draagt van een onmetelijke brand. Daar dichtbij betraden wij door een weinig opvallend poortje het museum van de Janitsaren[27]; dit is het zeker waard om gezien te worden. Men ziet er in kleine kamertjes, die op grote zalen uitkomen waar wapens uit alle tijden zijn tentoongesteld (zelfs wapens van de Kruisridders), ik zeg, daar ziet men paspoppen gekleed in oude Turkse klederdrachten. Het zijn zeer bizarre uitdossingen, die evenwel een heel eigen karakter dragen. Het is zeer vreemd; er zijn er die van een grote rijkdom zijn, vooral de kostuums van de hoge hovelingen. Dit alles is veranderd; nu draagt men aan het hof semi-Europese kostuums: donkerblauwe tot bovenaan toegeknoopte jas en rode muts. Slechts de oudere Turken die tegenstanders van de vooruitgang zijn, weigeren te breken met de turban en de bontmantels; men herkent hen dadelijk. Misschien hebben zij vanuit hun gezichtspunt geen ongelijk. Ik meen dat indien Turkije uiteindelijk zal zijn doordrongen van de beschaving en de liberale denkbeelden, dat het dan afgelopen zal zijn met Turkije en met de kracht van de Islam. Hetgeen haar nog overeind houdt, dat is de onwetendheid, het despotisme van het gouvernement en het fanatisme van de natie.

W. van Stoetwegen is opnieuw in het hotel komen dineren. Ik geloof dat het verblijf in Constantinopel hem maar matig bevalt. Hij verveelt zich: er zijn weinig aangename betrekkingen tussen de verschillende gezantschappen, men ziet elkaar bijna niet, iedereen blijft in eigen huis. De door de ambassadeurs gegeven avonden zijn zeer zeldzaam, in totaal drie of vier gedurende de winter. Hij is nog steeds dezelfde, eet en drinkt voor drie en is weinig geneigd tot de genoegens die de kunsten kunnen verschaffen. Hij zoekt zijn geluk slechts in het materieel welzijn; daarom verbaas ik mij geenszins dat de Oriënt

gebouw een moskee; er werden vier minaretten op de hoeken toegevoegd en het interieur werd witgekalkt en voorzien van gebedsnis en sultansloge. Pas in 1932 werd de oude luister hersteld.

[25] Van de tweehonderd moskeeën van Istanbul is dit de beroemdste. Gebouwd door sultan Ahmed I in 1616 heet deze moskee met zijn zes minaretten en rijke faience bekleding ook wel de Blauwe Moskee. Hij staat vlakbij de Aya Sophia en het Topkapi-museum.

[26] (Turks) at meydan = paardenplein. Dit was het oude hippodroom, de renbaan die in de Byzantijnse tijd zo'n belangrijke rol speelde in het politieke en culturele leven. Er staat een obelisk (niet twee!) die door keizer Theodosius (347-395) werd opgericht op de spina of middenas van de renbaan. Oorspronkelijk stond deze voor de 7de pyloon van de Amontempel van Karnak, vanwaar hij al door keizer Constantius naar Alexandrië was verscheept. De obelisk is van rood graniet, draagt inscripties van farao Thoetmosis III (1479-1425 v. Chr.) en is in zijn huidige staat 20 meter hoog.

[27] Zie noot 1.15. De opstand van dit legerkorps in 1826 had zijn centrum in het hippodroom.

hem niet kan verschaffen wat hem zou behagen. Men vindt hier noch concerten, noch theaters, noch café's, noch restaurants die kunnen wedijveren met zulke in de hoofdsteden van Europa. De keuken van het Hotel de Byzance is evenwel zeer goed. Stoetwegen was blij ermee te hebben kennisgemaakt; hij was er tevoren nooit gekomen. Men betaalt in dit hotel 16 fr. per dag voor logies en kost, hetgeen voor de Oriënt niet buitensporig is. Te Kaïro in het Aurie was het ook 16 fr., te Jeruzalem Mediterranean Hotel 12, te Damascus 11 en te Beyrout Hotel Bellevue 15 franc.

Vanochtend zijn wij om naar de moskeeën te gaan voor de eerste keer in een Caïk gestapt, een zeer langgerekt licht bootje dat zodanig schommelt dat men verplicht is op de bodem neer te hurken, in plaats van op banken te zitten, en dan nog moet men opletten voortdurend het evenwicht te bewaren, omdat men anders het gevaar loopt om te slaan. Een tochtje met deze bootjes kost 3 piaster (12 Franse sous). De weg naar de St Sophie leidde door de voormalige tuinen van de serail[28], waar zeer schone bomen staan. Twee jaar geleden zijn de gebouwen van de serail, die op de punt liggen tussen de Gouden Hoorn en de Marmora, geheel uitgebrand en men kan nu vrijelijk rondlopen over deze vroeger ontoegankelijke plek. Dichtbij de moskee van St Sophie staat een bekoorlijke fontein: het is een klein vierkant monument met overhangend dak, voorzien van ramen met traliewerk en fijn bewerkt beeldhouwwerk en verguldsel.

21 Mei. Constantinopel.

Na het middagmaal hebben wij de Galata-toren[29] beklommen. Deze is zeer hoog en zeer massief. Vanaf de top, die men door middel van 230 treden bereikt, heeft men een superbe uitzicht over de gehele stad: Stamboul, de Gouden Hoorn, de zoete wateren van Europa[30], Galata, Pera, Tophane[31], de Bosporus, Scutari[32], de Zee van Marmora en de Eilanden der Prinsen[33]. Het is een onvergelijkelijk uitzicht, een zee van huizen en van moskeeën met witte minaretten, zo slank als naalden. Men ziet de bruggen vol mensen, de haven

[28] Turks saray = paleis, hof, hier als aanduiding van het Topkapi paleis, de voormalige residentie van de Turkse sultans.

[29] Deze ronde toren met vergulde spits stamt oorspronkelijk uit de vroege 5de eeuw. Tussen 1348 en 1446 werd hij door de Genuezen opgehoogd, en na een laatste verhoging onder Mehmet II is hij nu ca. 50 meter hoog.

[30] D.w.z. de bronnen en riviertjes achterin de Gouden Hoorn, waar een parkachtige omgeving met watervallen, vijvers en watervallen te vinden was.

[31] Deze wijk, genoemd naar het arsenaal (Turks top = kanon; hane = magazijn) ligt onmiddellijk ten oosten van de Galata-toren.

[32] Scutari (Turks Üsküdar) is dat deel van Istanboel dat op de Aziatische oever van de Bosporus ligt en sinds 1973 door een brug met de rest van de stad verbonden is.

[33] Kizil Adelar, de eilandengroep ten zuidoosten van de Bosporus.

met zijn duizenden schepen, stoomboten en roeibootjes; het is waarlijk magnifiek en wellicht het schoonste wat men kan zien op het vlak van stadspanorama's. De ligging van Constantinopel is naar de mening van alle reizigers uniek in de wereld. De Galata-toren dient als uitkijkpost in geval van brand. Branden komen hier veel voor en zijn vreselijk. Het merendeel der huizen is van hout gebouwd en staat zeer dicht opeen, hetgeen maakt dat het vuur in een oogwenk afschuwelijke afmetingen aanneemt. Hele stadswijken worden in enkele uren in de as gelegd. Na het bezoek aan de toren ben ik met Goubie naar het kantoor van de Lloyd Austriaco gegaan om een plaats te boeken op de stoomboot naar Varna. Ook Goubie en Masson zullen waarschijnlijk morgen vertrekken. Van Constantinopel naar Wenen kost een gemengde reis (oftewel 1e klasse op de boot en 2e in de trein) 283.75 franc.

Al met al is Constantinopel slechts schoon wanneer men het uit de verte ziet. De straten halen het niet bij die van Kaïro, noch zelfs van Damascus; de houten huizen hebben weinig aanzien, de bouwwijze is alledaags, de fonteinen en de moskeeën, hoe groot ook, hebben over het algemeen niet de verfijnde smaak van de islamitische monumenten van Egypte. Slechts bij zeldzame tussenpozen ontmoet men opmerkelijke gezichten; dat is, wanneer men bij aankomst in hoge straten een doorzicht tegenkomt waarin men in de verte het water ziet, hetgeen altijd indrukwekkend is. Zelfs de bazars, waar men alles vindt wat de Oriënt voortbrengt, hebben niet het karakter dat U aan de Duizend en Eén Nacht doet denken, zoals wanneer men in Kaïro is. De mannenkostuums zijn vrij gevarieerd, maar die van de vrouwen (althans op straat) zijn weinig pittoresk en halen het niet bij die van Arabische vrouwen.

9. LANGS DONAU EN RIJN

22 Mei. Pluto.

Om drie uur vanmiddag hebben Goubie, Masson en ik het Hotel de Byzance verlaten, om ons aan boord van de Pluto te begeven, een schip van de Oostenrijkse Lloyd. Om 4 uur lichtten wij het anker en voeren wij de Bosporus in. Dit is wel het meest aanbiddelijke vaartochtje dat men kan maken! In anderhalf uur passeert men oevers die met geboomte, huizen en paleizen bezet zijn; schepen van alle mogendheden doorklieven deze schone zeestraat in alle richtingen. Halverwege vaart men tussen de ruïnes van twee zeer oude versterkingen door: dit zijn de torens van Europa en de torens van Azië[1], die vroeger de doorgang verdedigden. Tegen half 6, bij het binnenvaren van de Zwarte Zee, luidde men de bel voor het diner. De boot is aanzienlijk minder vol dan de Charlotte, evenwel was de eettafel flink bezet. Verscheidene heren die wij reeds kenden, hadden evenals wij passage naar Varna geboekt om over de Donau terug te keren. Het is aan boord van dit schip dat ik voor het eerst kaviaar proefde, die mij nogal smakelijk voorkwam. De zee is nog steeds kalm als een rivier. Ik moet zeggen dat ik begin te geloven dat ik geen Jonas ben, daar ik tot op heden altijd mooi weer op zee gehad heb!

23 Mei. Donaustomer Frans Josef.

Vanochtend om 7 uur kwamen wij voor Varna[2] aan, een tamelijk grote stad. Voor wij van boord gingen, ontvingen wij genummerde kaartjes voor de rijtuigen die ons gratis naar de spoorweg zouden vervoeren, waarvan het station zich op enige afstand buiten de stad bevindt. Om 11 uur zaten wij gerieflijk ingericht in te Brussel vervaardigde rijtuigen der 1e klasse. Men waande zich geheel teruggekeerd in de beschaafde wereld en wij vertrokken,

[1] Deze bouwwerken, ongeveer 10 kilometer ten noorden van Constantinopel gelegen op het punt waar de Bosporus het smalst is, vormen een deel van de verdedigingslinie van de stad. Het zijn enorme witte torens met kantelen, ophaalbruggen en donjons, onderling verbonden door een muur van de bergtop tot de waterlijn. De versterking op de Europese oever werd door de Turken in 1452 gebouwd, het jaar voor de inname van Constantinopel; die aan de Aziatische kant is enkele jaren ouder.

[2] Deze belangrijke havenstad, aan de monding van de Devna in het huidige Bulgarije gelegen, werd in de 4de eeuw v. Chr. gesticht onder de naam Odessos en kende grote bloei onder de Romeinen. Sinds de verovering door de Bulgaren in 681 heet de stad Warna. In 1444 namen de Turken er de macht over van de Hongaren. Tijdens de Krimoorlog was Varna het hoofdkwartier van de geallieerde troepen. In 1878 werd het toegewezen aan Bulgarije.

op sleeptouw genomen door een locomotief uit Manchester. Deze spoorweg is onder Engels beheer, zodat men het tijdens deze reis zeer goed heeft. Men komt langs een groot aantal stations, waar evenwel geen buffet is. In de trein zelf is een compartiment waar een man verblijft die op aanvraag verversingen verschaft; hij loopt voortdurend af en aan door de rijtuigen, als een als koksjongen verklede conducteur.

De streek waar men doorheen rijdt, is verrukkelijk: overal is het groen en de lijnen van het landschap zijn zeer pittoresk, tamelijk heuvelachtig en rijkelijk golvend. Het is wel bebouwd en van tijd tot tijd ziet men in enorme uitgestrekte graslanden ontzaglijke runderkudden grazen, of groepen van duizenden paarden. Om 7 uur 's avonds kwamen wij aan te Rachouk[3], aan de oever van de Donau, alwaar een stoomboot (de Frans Josef) wachtte om ons naar Bazias te brengen. Wij ontmoetten er M[w] de Gravin Rapp, die een aantal dagen in Boekarest had doorgebracht. De boot is zeer goed en gerieflijk gebouwd. De grote salon is bovendeks en daaromheen heeft men aan de buitenzijde een wandelgalerij ingericht. Bovenop de zaal bevindt zich het bovendek, voorzien van gerieflijke zitbanken. Er is een rookkamer, en onder de salon bevinden zich de slaapverblijven, waar het op het ogenblik flink warm is.

24 Mei. Zondag.

De rivier de Donau is zeer breed en in deze streken weinig opmerkelijk om te zien. Hij gelijkt in veel opzichten op onze grote rivieren in Holland, met hun grote uitgestrektheid aan vlak land op de oevers. Men ziet hier kleine groene eilandjes, die uitlopen in rietkragen, net zoals bij ons. Slechts van tijd tot tijd, wanneer men steden passeert waarboven minaretten uitsteken, komt men opnieuw tot het besef dat men zich nog in een land dichtbij de Oriënt bevindt. Die Oosterse aanblik komt echter tot een einde en weldra ziet men in het geheel geen minaretten meer, hetgeen doet denken dat men tot de Christelijke bron terugkeert. Voor de wachtposten langs de rivier, die men geregeld passeert, presenteren de Walachijse douanesoldaten en de Turken op de andere oever hun wapenen bij het langsvaren van het schip.

Tegen negen uur in de avond landden wij dichtbij de stad Turnus Severîn[4] om daar de gehele nacht voor anker te liggen, vanwege het gevaar om in het donker de plek te passeren die de IJzeren Poorten wordt genoemd en waar

[3] Deze plaats heet nu Ruse en ligt op 75 kilometer ten zuiden van Bukarest aan de Bulgaars-Roemeense grens, die hier de Donau volgt. De geregelde scheepvaart op de Donau was pas mogelijk gemaakt door het Congres van Parijs aan het einde van de Krimoorlog in 1856. Vóór de aanleg van de Oriënt Express in 1890 was dit de gerieflijkste verbinding met Constantinopel.

[4] Turnu Severin ligt op de noordelijke oever aan de huidige Roemeens-Joegoslavische grens, even benedenstrooms van de beruchte IJzeren Poort. In Testas' tijd hoorde het al tot Roemenië, in 1862 ontstaan uit de vereniging van Moldavië en Walachije, terwijl de zuidoever Turks was.

zich rotsen onder water en zeer sterke stromingen bevinden. Om onze verveling een weinig te verdrijven, zijn De Sonnaville en ik, in het gezelschap van een Moldo-Walachijse officier genaamd Polîso, een kapitein der lansiers, aan wal gegaan om wat van de stad te zien. Na enkele cafés-chantants te hebben bezocht, waar men La belle Hélène[5] en een bal hoorde spelen, zijn wij aan boord teruggekeerd. Dit is de laatste Walachijse stad.

25 Mei. Maandag.

Ten gevolge van een zeer vroeg vertrekuur hebben wij de IJzeren Poorten niet kunnen zien, die naar men zegt zeer pittoresk zijn. Tegen 6 uur in de ochtend kwamen wij te Orsova[6] aan de Oostenrijkse grens, alwaar men ons moest visiteren. Zij die zonder het te hebben aangegeven tabak bij zich hadden, zijn flink afgezet, getuige Masson, die slechts weinig tabak had en weinig zijden voorwerpen: hij werd verplicht om 58 franc te betalen!

Na Orsova zijn de oevers van de Donau superbe, zelfs veel schoner dan de oevers van de Rijn. Zij hebben weliswaar niet die grote hoeveelheid pittoreske ruïnes of de drukte van de talrijke schepen, doch de oevers met hun onmetelijke loodrechte rotsen langs de rivier, die hier talrijke bochten maakt, zijn geheel bebost; het is verrukkelijk! De gehele weg tot aan Baziash is schoon. Het zeer rotsachtige gedeelte eindigt vlakbij de ruïnes van een superbe kasteel, dat vroeger werd bewoond door een piraat die op zijn eigen manier tol liet betalen door een ketting te spannen tussen zijn kasteel en een vrijstaande rotspunt in de rivier die Papagaï heet.

Om 4 uur in de namiddag waren wij te Basiash[7], alwaar wij de spoorweg naar Pest moesten nemen. Na iets te hebben gegeten, zijn wij om 6 uur in het rijtuig gestapt. Het spoor was minder slecht dan men ons gezegd had. De streek waar men door rijdt, is plat maar zeer vrolijk, zo groen en van zulk een aanblik dat het mij weer aan Holland deed denken. Schone weilanden, schone kudden, alles zag er welvarend uit. Helaas doen zich af en toe perioden van droogte voor, die zo lang duren dat men het vee loslaat, zodat het zich kan voeden waar het maar kan. De volgende morgen vroeg (7 uur) kwamen wij aan in het station van Pest[8], waar wij afscheid namen van Mevrouw Rapp, die direct naar Parijs vertrok.

[5] Operette uit 1864 van de Duits-Franse componist Jacques Offenbach (1819-1880).

[6] Orsova ligt 30 kilometer bovenstrooms van Turnu Severin in Transsylvanië, dat in Testas' tijd behoorde tot Oostenrijk-Hongarije en thans Roemeens is. Op de zuidoever lag Servië, dat zojuist in 1867 bevrijd was van de Osmaanse overheersing.

[7] Bazias ligt 70 kilometer ten oosten van Belgrado aan de huidige Joegoslavisch-Roemeense grens, dat wil zeggen aan de westgrens van het bergachtige Transsylvanië met zijn toppen tot 1300 meter hoogte en aan het begin van de laagvlakte van Hongarije en Vojvodina.

[8] Pest, op de oostoever van de Donau in de vlakte gelegen, werd pas in 1872 verenigd met de versterkte hoogten van Buda en Obuda op de andere oever. Deze waren al in de Keltische tijd bewoond. De Romeinen stichtten iets noordelijker hun legerkamp Aquincum, met de burger-

26 Mei. Pest.

Wij hebben ons intrek genomen in Hotel Reine d'Angleterre, een mooi hotel tegenover de Redoute[9], een groot gebouw dat door de stad is gebouwd om er tentoonstellingen, bals enz. te houden. Het eerste wat wij gedaan hebben, was om een bad te gaan nemen in een mooie inrichting aan het plein tegenover de grote brug[10]. Vervolgens ben ik een verkooptentoonstelling van schilderijen gaan bekijken in de Redoute; het was zeer middelmatig. Ik heb ook de grote feestzaal gezien, die magnifiek is. Na wat te hebben gedejeuneerd, hebben Goubie en ik een ritje per koets gemaakt, terwijl de twee anderen (Masson en Sonnaville) er op eigen houtje op uit waren. Wij zijn het schilderijenmuseum gaan bekijken, dat niets echt opmerkelijks te bieden heeft, en daarna de vergaderzaal van het Hongaarse parlement, waar men even luidruchtig als overal aan het discussiëren was. Daarna zijn wij een grote en mooie Joodse kerk of synagoge[11] ingelopen, die gloednieuw was.

Toen wij in het hotel terugkeerden, waren onze reisgenoten er nog niet, zodat wij opnieuw zijn uitgegaan. Wij zijn de schone brug over de Donau overgestoken, waarvoor men moet betalen, evenals voor de erop volgende tunnel[12] (op de brug 14 Kronen en in de tunnel ?). Van dichtbij de kerk van Matthias Corvinus[13] op de heuvel van Ofen (of Buda) heeft men een superbe uitzicht over de stad Pest en haar omgeving. Na een tochtje door Ofen zijn wij naar Pest teruggegaan en naar het Stadswäldchen[14] vertrokken, het wandelpark van de stad, waar wij de Thiergarten hebben bezichtigd, een aardige tuin maar met weinig dieren (het is waar dat hij slechts één jaar bestaat). Om vijf uur waren wij in het hotel, waar Goubie en ik alleen hebben gedineerd.

nederzetting Contra-Aquincum op de plaats van het huidige Pest. Vanaf de 9de eeuw woonden hier de Magyaren. Na de bevrijding van de Turken in 1686 werd Hongarije door de Habsburgers bestuurd. In 1848 brak er een opstand uit tegen de Oostenrijkers, en in 1867 leidde dit tot meer vrijheid voor de Hongaren door de instelling van het Hongaarse koningschap naast het Oostenrijkse keizerschap. Budapest werd daardoor de snelst groeiende hoofdstad van Europa.

[9] Het zogenaamde Vigadó, in 1859 aan de Donau-oever gebouwd door Frigyes Feszl en één van de meest opmerkelijke gebouwen in de Hongaarse romantische stijl.

[10] De in 1838-1849 door William Tierny Clark en Adam Clark gebouwde Széchenyi-Lanchid of Kettingbrug, 375 meter lang en hangend tussen twee 48 meter hoge torens. Op de westoever ligt hier het beroemde Gellert badhotel.

[11] De grote synagoge van Pest is door de Weense architect Ludwig Förster in Moors-Byzantijnse stijl ontworpen; het interieur is opnieuw van Frigyes Feszl.

[12] Deze 350 meter lange tunnel (Alagut) kwam in 1857 gereed en voert onder de citadel van Buda door.

[13] De Matthiaskerk of Onze Lieve Vrouwe van Buda stamt uit de 14de en 15de eeuw; de koningskapel en zuidtoren dragen de wapens van koning Matthias Corvinus (1470). Deze kerk, waar de Hongaarse vorsten werden gekroond, werd in 1526 door de Turken verwoest en later tot moskee omgebouwd. De huidige neo-gotische ombouw ontstond van 1874 tot 1896.

[14] Varosliget, in de 19de eeuw aan de noordrand van Pest aangelegd volgens plannen van de Franse tuinarchitect Nebbion. Dit park omvat onder andere een dierentuin, kermis, circus, theater, sporthal, en diverse baden en musea.

Pest is een tamelijk aangename stad, ruim opgezet. Het uitzicht over de Donau met Buda of Ofen, dat op de andere oever op een hoogte is gebouwd, met haar keizerlijk paleis[15] en haar versterkingen, is zeer schoon. De zeden schijnen in deze stad erg losbandig te zijn. Hetgeen vooral verrassend is, is dat men U in alle hotels komt vragen of U gezelschap voor de nacht wenst; en als men U dat niet vraagt, maakt men niet de minste opmerking wanneer men een of andere dame meeneemt. Dit is nog heel wat krasser dan zelfs in de Oriënt!

27 Mei. Wenen.

Om half 8 vanochtend verlieten wij Pest. Men vertrekt in de richting van Basiash, maar draait weldra naar het noorden en naar de oevers van de Donau, die men tot Gran[16] blijft volgen. Het landschap is zeer fraai. Vóór Gran ziet men (aan dezelfde kant als Gran, op de andere oever) het kasteel van Wissegrats[17], een grootse ruïne; het is een voormalige residentie van de koningen van Hongarije. Om 2 uur in de namiddag kwamen wij geheel bestoft en uitgeput door de hitte in Wenen aan, waar wij ons naar het Hotel des Goldenes Lamm in Leopoldsstadt hebben laten brengen. Na een ritje door de stad zijn wij het Prater[18] en de Dierentuin gaan bekijken, die al evenzeer interessante dieren ontbeert als die van Pest. Wij hebben het rijtuig weggestuurd en zijn in een tuin gaan zitten, aan de grote allee van het Prater. Er speelde militaire muziek, evenals in andere etablissementen van dezelfde aard langs het wandelpad. Ik was verrukt weer goede Europese muziek te horen! Tegen de avond kwam de gehele stad aan ons voorbij, te voet, te paard of in koetsen. Wij hebben een zeer slechte en zeer dure avondmaaltijd gehad in dit etablissement, waar de muziek nog het beste was.

28 Mei. Wenen.

Vanochtend hebben wij de mooie schilderijenverzameling in het Belvédère[19] bezichtigd; deze is uiterst interessant. Vooral de Italiaanse school is

[15] Van oudsher stonden op de citadel van Buda de paleizen van de Hongaarse koningen. Nadat het middeleeuwse en renaissancistische paleis bij een beleg in 1686 was verwoest, liet Maria Theresia een nieuwe residentie van meer dan 200 vertrekken neerzetten door haar architecten Hauszmann en Ybl. Dit werd op zijn beurt verwoest tijdens de Tweede Wereldoorlog en is thans geheel herbouwd om als museum te dienen.

[16] Tegenwoordig Esztergom geheten, één van de oudste steden van Hongarije en lange tijd residentie van de Prins-Aartsbisschop. De stad ligt op de zuidoever in de zogenaamde Donaubocht.

[17] Visegrad, waar bij recente opgravingen grote delen van het paleis uit de 14de tot 17de eeuw zijn blootgelegd; erboven ligt op een heuveltop nog een 13de-eeuwse citadel.

[18] Een beroemd park aan de noordoostzijde van de stad tussen de rivier en het Donaukanaal. Op een oppervlak van 1700 hectare omvat het onder meer een planetarium, kermis, renbaan, stadion en andere sportaccomodatie.

[19] Dit paleis aan de zuidrand van de stad werd van 1714 tot 1723 door Lukas von

goed vertegenwoordigd, en ook de Hollandse school tamelijk wel. Rubens heeft er verscheidene zeer grote doeken, van Velasquez ziet men verscheidene groot opgezette portretten, voor het merendeel leden van de koninklijke familie van de Spaanse koning Philips voorstellende. Van het Belvédère zijn wij naar de St Stephan[20] gegaan, een zowel uitwendig als inwendig schitterende Gothische cathedraal. Men was bezig de klokketoren over te kalken, zodat men deze schone slanke toren niet goed in al zijn schoonheid kon bewonderen.

Om half 5 zijn Goubie en Masson naar Parijs vertrokken; ik heb hen naar de spoorweg gebracht. Dat waren dan de twee laatsten van onze karavaan om van te scheiden! Ik ben naar het hotel teruggekeerd, waar ik Sonnaville aantrof, die 's middags uit Pest was aangekomen. De avond hebben wij samen in de Volksgarten[21] doorgebracht, waar muziek was van het regiment van de Hertog van Wurtemberg. Het was een uitstekend muziekkorps. Men kwam de gereserveerde tuin waar de muziek speelde binnen door 40 Kronen te betalen. Men zag er vele militairen en de grand- en de demi-monde met elkaar omgaan, vrij curieus om te zien. Wij hebben de avond beëindigd in de Sperl, een soort van Mabille[22]. Daar het overdag geregend had, waren er weinig mensen; ik vond het zelfs tamelijk saai. Er werd gedansd, de muziek was zoals overal in Wenen goed, maar de dansers en danseressen waren schaars. Het was een volmaakt fiasco: men moest opnieuw 80 Kronen betalen om er binnen te mogen, waarvan ik grote spijt had.

29 Mei. Wenen.

Vanochtend hebben wij gepoogd het Arsenaal[23] te bekijken, alwaar een fraaie verzameling oude wapens is. Helaas was het even voor 12 uur, de tijd waarop het gesloten was, zodat wij niet konden binnengaan. Het Arsenaal is een onmetelijk bouwwerk, zo groot dat het een kleine stad binnen zijn muren zou kunnen opnemen. Het ligt op een twintig minuten van het hotel, buiten de tolhekken van de stad. Nogthans hebben wij behalve een groot aantal veroverde kanonnen ook de beroemde ketting kunnen zien, waarmee men de

Hildebrandt gebouwd als zomerslot voor prins Eugen. Vóór de bouw van het Kunsthistorisches Museum bevond de belangrijkste schilderijenverzameling van Wenen zich hier.

[20] Deze beroemde stadskerk ontstond van 1263 tot 1511, deels in Romaanse stijl maar overwegend Gothisch. De toren is 137 meter hoog.

[21] Deze tuin ligt nabij de Hofburg, net binnen de stadsmuren van het oude Wenen (die aan het eind van de 19de eeuw werden gesloopt om plaats te maken voor de Ring).

[22] Het theater van Mabille werd in 1840 door de gelijknamige danser opgericht aan de Avenue Montaigne en was tot 1875 één van de populairste Parijse uitspanningen. Hier werd voor het eerst de cancan geïntroduceerd.

[23] Het Arsenaal werd van 1850 tot 1856 door Theophil Hauser in Moors-Byzantijnse stijl gebouwd. Het staat ten zuiden van de oude stad nabij het Belvédère en herbergt nu het Heeresgeschichtliches Museum.

Donau afsloot; deze voorwerpen lagen in de open lucht. Om 4.30 uur zijn wij uit Wenen vertrokken, plaatsen besprekende tot aan Mainz (30 Gulden 38). Wij hadden evenwel niet de bedoeling om dit lange traject in één keer af te leggen, daar wij de mogelijkheid hadden er vijf dagen over te doen. Daarom zijn wij in Regensburg uitgestapt, waar wij tegen drie uur in de ochtend aankwamen.

30 Mei. Regensburg.

Daar er aan het station geen rijtuigen, noch zelfs dragers of lanterfanters waren, hebben wij ons, beladen met onze koffers als wij waren, beijverd om bij het eerste hotel aan te bellen dat wij zouden vinden. Het was het Nürnberger Hof, vlak naast het tolhek; het was weliswaar tamelijk onaanzienlijk en weinig proper, maar daarentegen zeer goedkoop. Na enkele uren rust zijn wij in een klein rijtuigje uitgegaan, bespannen met één paard als de helft van een tweespan, om het vermaarde Walhalla[24] te bezichtigen, dichtbij het dorpje Donaustauf. De weg daarheen kan gemakkelijk in een uur worden afgelegd. Het Walhalla is een tempel die is gebouwd naar het voorbeeld van het Parthenon te Athene en in zijn uitgestrekte inwendige ruimte een reeks bustes van Carrara marmer bevat, portretten van de grote mannen van de Germaanse rassen. Daaronder zijn verscheidene Hollanders, zoals Erasmus, Prins Willem de Zwijger, Prins Maurits, Willem III Koning van Engeland, De Ruyter, Tromp, Boerhave en wellicht nog anderen. Het inwendige van de zaal is rijk gebouwd in Duits marmer, het uitwendige is tamelijk indrukwekkend en de ligging is wel gekozen. Het uitzicht van bovenaf is superbe: aan de voet van de heuvel stroomt de Donau en in de verte strekken vruchtbare vlakten zich tot in het oneindige uit. De hitte is deze laatste dagen verschrikkelijk, ongeveer 95° Fahrenheit. Daarom waren wij blij ons in de schaduw van een prieel van het Walhalla Wirtschafft in het dorp te kunnen zetten.

Om twee uur waren wij terug in Regensburg. Dit is een oude stad, met een zeer fraaie Gothische kathedraal[25]. Om 4.50 zaten wij opnieuw in de trein, die om 7.30 stopte te Neurenberg, alwaar wij in het rijtuig van Hotel Golden Adler zijn gestapt. Wij zijn in de Himmelsleiter wat gaan eten en goed bier gaan drinken, en daarna in een andere Bierhalle, Leistle (de twee plaatsen die in Neurenberg het beroemdste zijn om hun bier). Er schijnt een helder maantje, hetgeen een nachtelijke wandeling door een pittoreske stad als Neurenberg zeer aangenaam maakt.

[24] In opdracht van de Beierse koning Ludwig I gebouwd tussen 1830 en 1842 door Leo von Klenze. Het wit marmeren monument diende als 'Tempel deutscher Ehren' en bevat een verzameling borstbeelden van beroemde Duitsers.

[25] De St. Peter stamt uit de 13de en 14de eeuw, maar werd pas in de 19de eeuw voltooid. De kathedraal bezit torens van 101 meter hoog.

31 Mei. Neurenberg. Zondag.

Vanochtend hebben wij de St Laurenskerk (St Lorenz Kirche)[26] bekeken. Het uitwendige is niet zo sierlijk als verscheidene andere opmerkelijke cathedralen, maar inwendig heeft hij een zeer sterk middeleeuws voorkomen. Langs de muren hangen wapenschilden van de oudste families van de stad. Er zijn fijn bewerkte ijzeren lampen of kroonluchters, vervaardigd door de beroemde Meester Fischer[27]. Een uiterst opmerkelijk monument in deze kerk is een sierlijk bewerkte constructie in Gothische stijl, die dient om het sacrament te bevatten; dit werkstuk staat tegen één der pijlers van het koor en de top ervan is zo hoog dat hij bovenaan de kromming van het gewelf volgt. Het is uiterst rijk en sierlijk; het onderstuk lijkt gedragen te worden door drie figuren, waarvan er één de bouwmeester zelf voorstelt. In deze kerk bevindt zich een grote hoeveelheid schilderijen. Alle panelen zijn vervaardigd door de beste meesters der Middeleeuwen en verkeren in volmaakte staat van conservatie. Hoewel deze kerk dienst doet voor de Lutherse eredienst, heeft hij alle attributen van de Roomse eredienst (die vroeger binnen deze muren werd gehouden) trouw bewaard. Er is een groot aantal kapellen met kleine altaren, koorbanken die van achteren met oude tapisserieën zijn bekleed, gekleurde glazen van grote schoonheid en heiligenbeelden die tegen de pijlers staan. Het totaal is zeer indrukwekkend en interessant.

Na deze kerk hebben wij een andere bezichtigd, de Lutherse Sebaldskirche[28]. Ook deze is de moeite van het bekijken waard. Hij is in drie perioden gebouwd en voltooid en daardoor in verschillende stijlen, met Byzantijns als oudste. Het meest opmerkelijke monument van het inwendige is beslist het graf van St Sebald; dit is een Gothische compositie in ijzer, vervaardigd door .... Fischer. De kerk bezit ook zeer opmerkelijke schilderijen: er zijn er van Wohlgemuth (de leermeester van Dürer), van Dürer zelf, van zijn leerling Kullenbach, van Holbein, van Merian enz. Ook de vensters met gekleurde glazen zijn tamelijk schoon.

Na het middagmaal hebben wij door de stad gewandeld, die terecht beroemd is om de liefde van de inwoners voor de schone resten van haar oude pracht. Zij heeft een zeer uitgesproken middeleeuws voorkomen bewaard. Het merendeel der huizen is van oude datum, groot en rijk aan versiering —

[26] Vóór de Tweede Wereldoorlog was Neurenberg de best bewaarde middeleeuwse stad van Duitsland. De St. Lorenz stamt uit de 13de tot 15de eeuw.

[27] Hermann Vischer de Oude richtte in 1453 in Neurenberg een bronsgieterij op, die voortgezet werd door zijn zoon Peter de Oude (1460-1529) en zijn kleinzoons.

[28] De St. Sebald is een laat-Romaanse tot vroeg-Gothische pijlerbasiliek die in 1240 werd begonnen. De westtorens werden pas in 1490 voltooid. Het graf van Sebaldus is een werk van Peter Vischer uit 1519. De door Testas genoemde kunstenaars zijn, naast de bekende Dürer en Holbein, Michael Wohlgemut (1434-1519), Hans Suess von Kulmbach (ca. 1480-1522) en Matthäus Merian der Altere (1593-1650).

deuren, balkons, daken met spitse gevels en Gothische of Renaissance-vensters — alles zeer wel onderhouden. Het is een uiterst curieuze stad om te zien. Helaas dragen de inwoners niet langer de klederdracht die past bij hun behuizingen; zij hebben deze lang gedragen, maar tegenwoordig heeft de onverbiddelijke mode hen voorgoed aan zijn kar gebonden en men ziet overal de kleine hoedjes met haarwrongen enz. Drie jaar geleden is één der twee torens van de St Laurenskerk door blikseminslag in brand gevlogen en verschrikkelijk beschadigd geraakt. Nu is deze volmaakt gerestaureerd en men zou bijna niet kunnen zeggen welke der twee gelijke torens verbrand werd!

Wij zijn buitenom de wallen, getooid met hun oude torens, rond de stad gelopen en zijn daarbij een uitgestrekte tuin ingelopen die Rosenau heet. Er was goede muziek en veel volk, de beau monde der stad. Over aardige waterpartijen zwierven kleine bootjes in de kleuren van Beieren, blauw en wit. Daarna hebben wij ons naar een ander oord laten rijden, dat verder van de stad ligt en Tüllnau heet. Er is daar een zomertheater, dat vanavond niet speelde. Er was evenwel muziek en voor daarna waren er tableaux vivants aangekondigd, die al evenmin werden opgevoerd. De tuin zat vol mensen, voor het merendeel burgers die uitgegaan waren om Pinksterzondag te vieren. In een tamelijk grote vijver bevonden zich opnieuw verscheidene bootjes, die voortdurend bezet waren. Een vuurwerk dat de avond moest afsluiten, werd dadelijk afgestoken zodra de zon onder was, daar talrijke bliksemschichten en dreigende wolken het op handen zijn van een onweer lieten voorspellen. Inderdaad veroorzaakten windstoten en regen overal ontreddering, nog vóór het vuurwerk was afgelopen. Het werd een ordeloze vlucht over de weg naar de stad: men werd in wolken stof en neerplenzende regen gehuld, en er waren geen rijtuigen en geen paraplu's, daar iedereen vertrouwd had op het weer, dat deze afgelopen dagen zo onveranderlijk mooi en zo geducht warm is geweest.

1 Juni. Mainz.

Vertrokken om 7 uur 's ochtends. Toen wij langs Würzburg kwamen, ontwaarden wij de grote kerk, waarvan één der beide torens gedurende deze zelfde nacht door de bliksem is getroffen, die de gehele spits had verwoest! De grote hoeveelheid regen die de vorige dag gevallen was, maakte de reis per spoorweg aangenamer door de afwezigheid van dat onaangename stof dat ons de laatste tijd zoveel last had bezorgd. De warmte bleef evenwel nog tamelijk groot. Het was pas na Aschaffenburg, toen wij door een enorme tunnel waren gereden, dat de temperatuur merkbaar koeler werd: men gevoelde dat men een andere windstreek was binnengekomen.

Om half 3 kwamen wij in Mainz aan, waar wij onze intrek namen in Hotel

Reinischen Hof, niet ver van het spoor. Wij hebben de kathedraal[29] bezichtigd, een bizar bouwwerk zonder duidelijke stijl, dat in verschillende tijdvakken gebouwd is. Het interessantste gedeelte leek mij de kloostergang of het onderkomen van de kanunniken, een overwelfde galerij met spitsbogen en met een tuin in het midden. In de kerk bevinden zich verscheidene vrij opmerkelijke monumenten. Ik werd getroffen door een grote stenen plaat die in één der pijlers was ingemetseld, met een hoogreliëf dat de kroning voorstelde door bisschop Siegfried III von Epstein van Heinrich Raspo von Thüringen en van Rooms Koning Graaf Willem II van Holland[30].

Om 11.30 vannacht vertrek ik naar Utrecht, en Sonnaville vertrekt morgen naar Wiesbaden.

2 Juni.

Vanwege de Pinksterfeesten was de aankomst der treinen vertraagd. Wij vertrokken om middernacht uit Mainz. Bij het ontwaken vanochtend reden wij onderlangs de ruïne van Godesberg[31]. Tegen half 8 vertrokken wij uit Keulen en om half 2 zag ik de grijze klokketoren van onze goede oude Dom weer terug.

[29] De Dom van Mainz werd in 975 begonnen in Romaanse stijl. Door een opeenvolging van branden, herbouw en wijzigingen zag het bouwwerk er in Testas' tijd inderdaad zeer heterogeen uit. Het huidige neo-Romaanse aanzien is het resultaat van een ingrijpende restauratie aan het eind van de 19de eeuw door P.J.H. Cuypers.

[30] Willem II (1228-1256), graaf van Holland en Zeeland, werd in 1247 tot Rooms Koning gekozen en in 1248 gekroond. Hendrik Raspe was de laatste vorst uit het Huis der Ludovingen; hij stierf in 1247.

[31] Godesberg op de linker Rijnoever is sinds 1969 een deel van de stad Bonn. De Godesburg stamt uit 1210; de huidige ruïne is het gevolg van een verwoesting in 1583.

LIJST MET AFBEELDINGEN

FIGUREN

Fig. 16. Gérôme, *Gezicht op het Sinaïklooster*. Studie. Naar Lenoir, Le Fayoum, le Sinaï et Pétra, t.o. p. 232 (p. 78).

Fig. 17. Gérôme, *Gezicht op de Golf van Aqaba (quaerens quem devoret)*, 1889. Olie op doek, 62 × 109 cm. Naar Ackerman, Gérôme, nr. 362 (p. 86).

Fig. 18. Testas, *Bedoeïnen van Arabia Petraea*. Aquarel, maten onbekend. Naar een foto uit Testas' documentatiemap in Teylers Museum, Haarlem (p. 92).

Fig. 19. Gérôme, *De grote Romeinse tempel in Petra*. Studie. Naar Lenoir, Le Fayoum, le Sinaï et Pétra, t.o. p. 296 (p. 100).

Fig. 20. Testas, *Aanvoerders der woestijnstammen*, 1868. Aquarel, maten onbekend. Naar een foto uit Testas' documentatiemap in Teylers Museum, Haarlem (p. 107).

Fig. 21. Testas, *Schaapherder bij Bedoeïnentent*. Aquarel, 6,9 × 11 cm. Rijksmuseum van Oudheden, Leiden (p. 111).

Fig. 22. Testas, *Bedoeïnenkamp*. Gekwadreerde werktekening, potlood, 29,1 × 45,5 cm. Teylers Museum, Haarlem (p. 113).

Fig. 23. Testas, *Straat in Jeruzalem*, 1868 (?). Olie op doek, 57 × 44,5 cm. Particuliere verzameling (foto Gemeentearchief Utrecht) (p. 117).

Fig. 24. Gérôme, *De klaagmuur te Jeruzalem*, ca. 1876. Olie op doek, 93 × 72 cm. Naar Ackerman, Gérôme, nr. 258 (p. 121).

Fig. 25. Testas, *Arabische ruiters*. Werktekening, potlood, 25,6 × 36,5 cm. Teylers Museum, Haarlem (p. 136).

Fig. 26. Testas, *Bij de waterput*. Studie, potlood en pen in sepia, 13,4 × 17 cm. Rijksmuseum van Oudheden, Leiden (p. 142).

Fig. 27. Gérôme, *Kamelen grazend in een wadi*, ca. 1899. Olie op doek, 68,5 × 104 cm. Naar Ackerman, Gérôme, nr. 463 (p. 149).

Fig. 28. Gérôme, *Het grote bad te Bursa*, 1885. Olie op doek, 70 × 96,5 cm. Naar Ackerman, Gérôme, nr. 334 (p. 154).

Fig. 29. Testas, *Binnenplaats van een antiquair in Damascus*. Olie op doek, 60 × 80 cm. Particuliere verzameling (foto Rijksbureau voor Kunsthistorische Documentatie, Den Haag) (p. 157).

Fig. 30. Testas, *Nachtelijke scène bij stadspoort*. Tekening, pen en inkt in sepia, gewassen, 17,4 × 14,9 cm. Rijksmuseum van Oudheden, Leiden (p. 160).

Platen

REGISTERS

1. HEERSERS

2. OVERIGE PERSONEN

3. PLAATSEN

ORIENTALISTE, P.B. 41, B-3000 Leuven